赵樹理小说的改编与传播

段文昌 著

山西出版传媒集团
山西人民出版社

图书在版编目(CIP)数据

赵树理小说的改编与传播 / 段文昌著. —太原：山西人民出版社，2014.12

ISBN 978-7-203-08880-6

Ⅰ. ①赵… Ⅱ. ①段… Ⅲ. ①赵树理(1906～1970)—小说—文学研究 Ⅳ. ①I207.42

中国版本图书馆CIP数据核字(2014)第284789号

赵树理小说的改编与传播

著　　者：段文昌
责任编辑：吕绘元
装帧设计：刘彦杰

出 版 者：山西出版传媒集团·山西人民出版社
地　　址：太原市建设南路21号
邮　　编：030012
发行营销：0351-4922220　4955996　4956039
0351-4922127(传真)　4956038(邮购)
E-mail：sxskcb@163.com　发行部
sxskcb@126.com　总编室
网　　址：www.sxskcb.com

经 销 者：山西出版传媒集团·山西人民出版社
承 印 厂：晋城市景潮办公用品印制有限公司

开　　本：787mm×1092mm　1/16
印　　张：14.5
字　　数：221千字
印　　数：1-1200册
版　　次：2014年12月　第1版
印　　次：2014年12月　第1次印刷
书　　号：ISBN 978-7-203-08880-6
定　　价：29.00元

文学的生命与历史的记录(序一)

赵魁元

研究赵树理文学,一般从文本分析着手,或者以不同历史时期作品的命运(生与死、热与冷)着手。当然,国外的研究者则以译本为基础着手,尽管译文受语言、文化、社会差异影响,译作同原著相比并不一致,有时甚至面目全非。从赵树理作品的改编着手研究的似乎不多,把改编和传播联系起来研究的更为少见。现在,这样的研究有了,不仅仅是几篇论文,而是学术性的专著,是一本书。这就是即将由山西人民出版社出版的《赵树理小说的改编与传播》,作者为段文昌。

《赵树理小说的改编与传播》是晋城市赵树理研究会确立的研究课题,而课题的提出者和承担者就是段文昌:晋城职业技术学院副教授,生于晋城、长于晋城的本土学者。按要求,时间三年,课题成果要成书出版。所以,对这本书的来龙去脉我比较清楚,通过对赵树理研究的十几年接触,对段文昌也是比较了解的,对他能不能承担,能不能比较好地完成这一课题还是有疑虑的。今年年初,段文昌完成了第一稿,送我看后,我着实吃了一惊。资料的翔实、系统和全面,论点的有理有据,研究成果的厚重,我一直悬着的心放下了。初稿是成功的,但还略显粗糙;论点、论据是站得住脚的,但还需要理论上的再提炼。说心里话,对赵树理的研究,地方学者有热情,有责任,但由于视野的不开阔,收集和查找资料的困难,理论素养的不足,总是局限了学术研究的深度和高度。所以,晋城市赵树理研究会对初稿进行了专题研讨,又请了几位知名学者帮助审稿。在广泛征求意见的基础上，作者反复进行了修改，可以说几易其稿。应该说，课题的研究达到了甚至超过了预期的目标。该书不仅为赵树理研究拓宽了路子，是近年来赵树理研究的新成果之一，更为学者、专家研究赵树理，为广大读者特别是年轻读者了解赵树理提供了一部重要的参考书。所以，该书是值得一读的好书。

之所以说是赵树理研究的新成果，我印象最深的有三点：

一、历史的真实记录：赵树理作品是什么

也许有人会说，这样的问题太简单了，赵树理早已被定位于“人民作家”、“方向性作家”、一生为农民写作的“铁笔圣手”，《小二黑结婚》《李有才板话》《李家庄的变迁》《三里湾》早已成为家喻户晓的经典名著。历史确实如此。但随着历史的发展、变化，乃至遗忘，在不同的历史时期、不同的社会语境中，赵树理成了“被人任意打扮的小姑娘”。“文化大革命”的浩劫中，赵树理更是难逃厄运，代表延安文艺讲话方向的作家，却被诬蔑为反对延安文艺讲话的作家，直至被迫害致死。大家悲愤至极，但无能为力，因为这是一个颠倒黑白的时期。拨乱反正之后，党中央正式为赵树理评反，在北京八宝山举行了非常隆重的追悼会，很快在全国掀起了研究赵树理的热潮。但没过多久，一些人企图全盘否定延安文艺讲话，又把赵树理和延安文艺讲话捆在一起否定。赵树理的形象模糊了，不清楚了。特别是年轻的一代，总认为赵树理过时了。赵树理文学究竟是什么的问题成了历史的困惑。

那就好好读读这本书吧。

《小二黑结婚》既是赵树理的成名作，也是一部经典作品，其改编也可谓是赵树理作品改编的代表。“小说还未正式出版之前，1943年7月，根据手抄本，《小二黑结婚》就被改编成襄垣秧歌而被搬上舞台”，接着，太行、太岳解放区的“许多剧团纷纷改编演出，有上党绑子、武安落子、中路梆子、沁源秧歌、武安秧歌、小花戏、蒲剧……”犹如文化战线的“百团大战”，百团齐唱

《小二黑结婚》，真正的百花齐放。

截至“文化大革命”前，据不完全统计，全国总共有两千多个乡、县、地、省及国家级剧团，以三十多种形式把《小二黑结婚》搬上舞台。特别是歌剧《小二黑结婚》从1952年成功演出以来，已成为继《白毛女》之后的中国又一经典歌剧。从农村到城市、从地方小剧场到国家大剧院、从群众性娱乐演出到文化部组织的中国首届歌剧节，歌剧《小二黑结婚》长演不衰。2011年11月，山西省晋城职业技术学院师生排演的实践教学剧目——民族歌剧《小二黑结婚》，代表山西省参加文化部在福州举办的首届中国歌剧节，一举夺得集体演出奖、编剧特别荣誉奖、作曲特别荣誉奖、优秀导演奖、优秀表演奖等七个大奖。2012年4月5日在国家大剧院、6日至8日在天桥剧场，又连演四场。

这是为什么？许多经典作家在谈到自己作品的生命力时常说的一句话：五十年后看。今天，距小说《小二黑结婚》发表已七十多年了，答案只有一个：《小二黑结婚》的无限生命力。赵树理其他作品的不断改编，同样说明了这样一个道理。阅读着这本书的一页页，仿佛走进了历史的画廊：赵树理笔下的一个个故事，一个个鲜活、生动有趣的人物正向我们走来。

二、一个家族的孩子：同中有异，相得益彰

原著和改编作品是什么关系？说简单也简单，说复杂也复杂。说简单，一个是原著，一个是改编，不过形式不同而已。改编时要尊重原著，要搞好二度创作，似乎大家都知道。特别是中国四大古典名著改编成电影、电视剧，金庸武侠小说被反复改编为影视作品，似乎使国人在议论原著和作品的改编上，人人都能说出个一二三。但真要说个一二三，似乎并不简单。

为了研究的方便，作者首先从一般意义上论述了改编的含义、性质、方法，用大量中外改编成功的作品为什么成功，说明了改编作品与原著的关系。这对于全书的阅读，起到了提纲挈领的作用，并从一般到个别，引出了赵树理的改编观。为了充分说明这一点，作者细心地、深入地分析了每一

部被改编成不同形式的赵树理作品。作者坚持运用文本分析和比较研究两种基本方法，从创作主题、剧情结构、人物设置、时代语境、改编目的，令人信服地告诉了我们原著和改编作品的关系。

书中最有趣也最有代表性的章节，我觉得首数贺友直多次创作连环画《小二黑结婚》的一节。四次较有影响的创作分别是1959年版、1980年版、1996年版、2010年版。时间间隔五十一年，半个多世纪。历史发展之快，时代语境变化之大，贺友直为什么坚持不懈地创作《小二黑结婚》呢？坚持，意味着《小二黑结婚》的生命力，意味着贺友直对《小二黑结婚》的认识和喜欢始终没有变。反复创作，则意味着贺友直心目中的《小二黑结婚》也在随着时代的变化而改变，"女大十八变，越变越好看"。特别是1996年版，距第一版已三十多载，社会环境巨变。"贺友直尽显幽默天赋，以中国写意画的表现形式，采轻透墨色，达至喜剧感。这套连环画用笔不求功细，重在传神写意，充实了很多原来文字中没有的细节。"即使对三仙姑的评价也发生了变化，"半百婆姨赛新人，仙姑事儿有名声，男女老少争相看，神仙也怕难为情"。已不是全然的否定，三仙姑已成为十分有趣的形象，引人深思。2010年版，则更为有趣，是八十九岁老人为了给爱孙新婚贺礼而创作的，这真是文学作品改编的佳话。

贺友直为什么对《小二黑结婚》情有独钟，请听听贺友直是怎么说的："我敬重赵树理，我欣赏他写的小说。我喜欢他笔下刻画的人物……二诸葛、三仙姑这样的人，不只是山西农村有，在别的地方，我猜想也会有……塑造这种有趣的现象，描绘这种人物做出的'有趣'的事，不是取笑，不是挖苦，不是糟蹋，而是作为一面生活的镜子，可以让人见了能在会心的一笑中，发现自己也存在这类'有趣'的行为。作家、画家的创作目的，就在于此。""我喜欢幽默，我的性格里有幽默的成分，或者说，与赵树理式的幽默有相通之处。我认为，创作激情，其基础当然是体验和认识，但诱因则是兴趣，没有兴趣，就难以产生灵感，没有灵感，又怎来艺术。所以基础和兴趣，是二者不可缺一的。"真是一语中的，不仅道出了贺友直创作灵感和激情的真谛，也生动地阐明了赵树理创作灵感和激情的真谛。

历史的教训是，对赵树理的肯定、否定、否定之后的肯定、肯定之后的再否定这一“赵树理现象”。我们过去往往过多地从政治语境去解读赵树理，而忽略了艺术的解读。有的人根本不了解赵树理，却在解读赵树理，这真是可悲。

小说《小二黑结婚》与贺友直的连环画珠连璧合，贺友直对原著的理解及反复创作的表述，应该成为研究原著与改编作品关系的经典。深究下去，还会挖出许多的成果。

赵树理小说被改编为各种戏剧，并留下了许多故事，最重要的原因就是赵树理作品中含有丰富的戏剧元素。这也是有些剧种仍在不断改编赵树理小说的原因。这在赵树理研究中已成共识，书中也有大量叙述。但令人遗憾的是，至今仍没有一本研究赵树理与戏剧的专著。从这一点上来讲，这也是本书的一个贡献。

原著与改编作品的关系，我忽然想到，不就是一个大家族的孩子吗？同一种形式的改编，同一剧种对不同作品的改编，同一作者对不同作品的改编，不就是一个家庭吗？只不过，原著是长子，其他都是小弟弟。不过有的小弟弟可能更活泼而令人喜欢。特别是现代传媒的发达，对原著传播速度之快、传播效果之大，更是我们过去想都不敢想的。用一句话来概括，我想了八个字：“同中有异，相得益彰。”

三、赵树理的传播理念对当代文学创作的启示和影响

赵树理的创作理念是非常清晰的，走大众化道路，为农民写，让老百姓喜欢看。同样，按照现代创作理念，为理想读者写。在赵树理所处的时代，赵树理的理想读者应该是最多的。不仅如此，怎样让农民喜欢看，也是赵树理常常思考的大问题。过去大家关注赵树理创作的一个是语言，让识字的人看得懂，让不识字的人听得懂，所以赵树理在语言上下了功夫，既通俗又不囫囵吞枣地套用地方方言，所以被称为语言大师。一个是形式简短、

明了，没有多余的话，正如日本学者竹内好所言，加一字显得多余，去一字显得不足。接受过西方文学和五四文学影响，也会用西方文学写作方法写作的赵树理，为了老百姓，毅然放弃了或简略了风景的描写和心理活动的挖掘，创造了独特的风景（地理）和心理描写。这也是有的人不承认赵树理作品是优秀文学的原因之一。赵树理全然不理会这一点，而是在节约出版成本，降低书价，怎么让老百姓买得起上下功夫。现代文学的传播到了今天，特别是现代传媒令人眼花缭乱的发展，传播已发展成为传播学，成为一门显学。可喜的是，作者并没有停留在原著和改编关系的探究上，同样把视野延伸到文学作品的传播上，把赵树理小说改编和传播放在一起研究，同样为赵树理研究增添了鲜活的内容。

第一，赵树理是有意识地关注作品传播，并努力实践和探索作品如何传播的经典作家，因此也可以说是中国传播学的先驱者之一。正如著名学者、北师大教授赵勇（非常可喜的是，他是晋城人）指出的那样，"文艺的传播和接受问题，应该说早在20世纪二三十年代有关大众化、民族化的争论中便已被提上议事日程"。"赵树理便是在这样一种文化背景下逐渐孕育、形成他的传播思想的。不过，在进入赵树理传播思想的分析之前，我们有必要先回答这样一个问题：在同时代的作家中，为什么唯有赵树理对文艺的传播思想最为敏感？为什么只有他才自觉自愿地把理论体现到了自己的写作实践中而极力想疏通他所设想的那条传播路线呢？"赵勇详细分析了原因。用几个关键词来说明就是：抗日战争、宣传、新闻、文艺。用一句话来形容则是时代的需要："为抗日救亡鼓与呼。"

第二，回到问题的原点：你为谁写作？首先引用2006年诺贝尔文学奖得主、土耳其作家帕慕克2008年5月24日在北京大学演讲时的一段话："你为谁写作？自从成为作家之后，在过去的三十多年里，这是读者和记者向我提得最多的问题。""作家为谁写作呢？——我们不妨说他们在为理想的读者，为他们亲爱的人，为他们自己写作，或者不为任何人而写作。这是真的，但并不是完全的真理。因为当今的作家也在为阅读他们作品的人而写作。"

“世上没有一个理想的读者不会受到社会的禁律和国家神话的影响；同样，世上也没有理想的小说家。但是，不管他是国内还是国际作家，他们都在为理想的读者写作。首先，他们会想象有这么一个理想的读者；然后在创作时脑子里还时刻想着这个理想的读者。”赵树理不正是这样的优秀作家吗？他心目中不是想象的理想读者，而是现实的对象：亿万为改变自己的命运而奋斗的中国农民。赵树理视他们为最亲爱的人。赵树理不是为自己，不是为小我，而是为大我写作，终生奋斗而不悔，任凭风浪永不改。这正是赵树理的伟大之处。正在写这篇小文时，忽然传来了习近平总书记召开文艺座谈会的消息。七十多年前，毛泽东主席召开延安文艺座谈会，批准了赵树理的创作方向，赵树理更加自觉地坚持为人民而写作，终于成为代表解放区文艺创作方向的人民作家。今天习近平总书记要求文学艺术创作必须坚持以人民为中心的方向，这再次证明了赵树理创作方向的正确。赵树理作品是富有生命力的，是经得起历史检验的。

在实现中国梦的征程中，文学梦应该是最美丽的。文学艺术当然是多彩的、多样性的，但只有以人民为中心创作的文学作品，才是最光彩、最耀眼的。无论现代传媒如何发达、传播手段如何多样和先进，都必须以优秀的原著为基础。

该书在取得成功的同时，也有它明显的不足之处。比如，《小二黑结婚》改编的成功，影响的深远，与同为经典作品的《李有才板话》改编作品少而形成反差，书中已有所涉及，但并没有深度解读和研究。又如《三里湾》改编为《花好月圆》，作者下了很大功夫。当时，赵树理在肯定改编成功的同时，还留下了几次极为珍贵的谈话。现在的研究，作者仍停留在赵树理研究的原有成果，特别是固化于姓社和姓资的两条道路之争、两条路线之争的局限。这当然不能完全归咎于作者，这同样是赵树理研究的缺陷。赵树理与农业合作化的关系，目前研究的深度、力度不够，更不够系统，《三里湾》应有的历史地位和作用还没有完全挖掘出来，因而为作者提供的素材也不够。我们寄希望于该书出版后广泛征求意见，吸收更多的研究成果，继续充实完善。

段文昌同志还有一个心愿，想把赵树理的翻译与传播作为一个课题研究下去。这当然是好事，但难度更大。因为涉及国外翻译与研究，光资料收集的难度就很大。当然希望段文昌能够坚持下去，也希望社会各个方面的支持。如能完成赵树理作品的翻译、改编与传播，当是赵树理研究之大幸，也是中国现当代文学研究之幸，我们翘首以待。

2014年10月

（作者为中国赵树理研究会会长）

在主文本与副文本之间寻寻觅觅（序二）

赵　勇

文昌兄把他的《赵树理小说的改编与传播》发送给我，让我为这部书稿提提意见。拜读之后，我有些想法，权且写到这里，算是我的一点读后感吧。

我虽然并非赵树理研究专家，但出于多年的兴趣与爱好，却也时常关注着赵树理研究界的动静。在我的印象中，20世纪90年代的赵树理研究是比较沉寂的，而进入21世纪以来，赵树理研究则渐趋升温：一些著名的专家、学者开始重新打量赵树理，一些年轻的学人先后以赵树理为题撰写硕博论文，乃至申报国家社科基金项目，一些学术期刊也舍得拿出版面，聚焦于此——在我刚刚收到的《现代中文学刊》（2014年第3期）中，就有一个赵树理研究小辑，那里收录了五篇最新的研究成果。这些事实表明，赵树理正在成为一个“说不尽”的人物，他穿过历史的风沙，向我们迤逦而来，仿佛在检测着我们这个时代的精神向度和研究高度。

把文昌兄的这部书稿置于这一研究语境中，我首先意识到的是它的别具一格。就我目力所及，如今做赵树理研究者，要不依然从其文本内部出发去释放意义，要不就是让他在与另外一些作家（如丁玲、孙犁甚至沈从文、汪曾祺等）的比较中去发现其价值，而把目光对准赵树理小说的改编与传播进而大做文章，这种情况似极为少见。按照我的理解，赵树理的小说是主文本，也是诉诸于听觉系统的文本（众所周知，这种特点与赵树理的自觉追求有关），而那些被改编的作品一方面是副文本或亚文本，另一方面，无论是连环画、年画还是戏剧、电影，它们无疑都在追求一种视觉化的效果，或者说它们把视与听糅合到一起了。因此，研究赵树理小说的改编与传播，实际上就是研究主文本与副文本之间的关系，或者也可以说是研究听觉文化与视觉文化之间的关系。

段文昌正是沿着这样的思路展开自己的分析的。于是我们看到，凡是被改编过的赵树理小说——像《小二黑结婚》《登记》《三里湾》《李有才板话》《李家庄的变迁》《传家宝》《小经理》《邪不压正》《福贵》《套不住的手》等——作者都把它们拎出来，进而在主文本与副文本之间寻寻觅觅。也正是通过作者的梳理、比较和分析，我们才知道有那么多的副文本参与了对主文本的再生产过程。以《小二黑结婚》为例，小说还未正式出版之前，它就被改编成襄垣秧歌而被搬上舞台。小说出版之后，更是掀起了一轮又一轮的改编高潮：先是在山西境内的改编——上党梆子、武安落子、中路梆子、沁源秧歌、襄垣秧歌、武乡秧歌、小花戏、蒲剧等，其后又是在全国各地的改编——歌剧、话剧、评剧、豫剧、山东快书、弹词、电影等。据不完全统计，截至"文化大革命"，总共有两千多个乡、县、地、省及国家级剧团用三十多个剧种把《小二黑结婚》搬上了舞台。

这种改编盛况让我很是感慨，我能联想到的方面，一是今天的许多小说固然也在被改编着，但这种改编基本上已局限于电影、电视剧，它们似乎再也享受不到被如此全方位改编的待遇了。而在这种待遇的背后，我们似可发现彼时改编的诸多秘密。例如，改编不仅是为了更形象地讲述一个故事，而且更在于它能否转换成一种说唱艺术。而受到地方戏曲影响的小说最终又变成了地方戏曲，这似乎也把赵树理那种"说说唱唱"的理想落到了实处。二是套用麦克卢汉的说法，我们可以把小说这种形式看作"冷媒介"，而把戏剧、电影等形式看成那种"热媒介"。"热媒介"为了增加故事情节的"清晰度"，自然不可能不对原著增、删、调、改。这也意味着仅从技术层面考虑，赵树理小说被改编的过程也是不断"调焦"、"实焦"的过程。三是与此同时，改编作为一种文学再生产活动，虽然会顾及到原作，但更主要的还是要服从改编者的意图。而在那个年代，由于改编者不可能有多大的自主空间，所以改编者的意图很大程度上体现的也就是政治意识形态的意图。因此，特别关注改编中被政治意识形态动过手脚的部分是非常必要的，因为那是我们破译改编密码的起点。四是受众通过改编固然熟悉了那个故事，但许多人心目中的《小二黑结婚》却并不相同，因为那些剧种、唱腔事先已让那个故事有了地方性。这就意味着面对改编本，受众首先是一种方言式接受（地方戏），然后才是定于一尊的普通话式接受（电影）。这种现象非常有趣，也颇值得玩味。

以上联想，有的是基于段文昌本人的思考，有的则是我个人的一些考虑。沿着作者的思路，我们看到他在对主文本与副文本进行比较时，特别指出了副文本的那些增删与改动之处，令人过目难忘。作者指出：小说《三里湾》和依此改编的电影《花好月圆》，主题方面，前者表现的是渐进而实际的路线斗争，后者呈现的则是纯粹意识形态层面上的不可调和的敌我冲突。情节方面，前者主要写农村现实生活中新旧思想的斗争，电影则是以三对青年的恋爱作为主体。而拍成电影的《小二黑结婚》与原作相比，其命意也发生了很大变化。因为“影片一开始就立场鲜明地为故事确立了一个政治救赎的基本框架，把小二黑结婚的故事纳入到民族政治解放的时代主题中，将小说演绎成一出政治救赎下的现代婚姻传奇。为了完成这一创意，主创人员对小说进行了大胆改编”。在我看来，这正是文学再生产过程中被植入的新质，它们改变了原作那种朴素的诉求，也把赵树理的小说打造成了一种宏大的国家叙事。正是在这个意义上，我觉得有必要指出一个基本事实：虽然赵树理的小说本来就有“政治上起作用”的实用功能，但由于这种功能依然被小说的审美逻辑约束着、框范着，它还不至于剑拔弩张，而一旦打破这种平衡，即意味着审美意识形态转变成了政治意识形态。于是，那些改编本固然满足了当时的政治需要，但相对于主文本来说，它们也确实已被打造成次文本了——那是低于原作的文本或仅能作为次品存在的文本。

然而，许多人接受的却恰恰是这种次文本。以笔者为例，我记得自己在未读《三里湾》之前便看过《花好月圆》这部电影了，观看的时间应该是1978年的某一天，而地点则在我们村大队部的露天场院里。三十多年之后，我依然能想起这部电影的基调是喧闹或吵闹，而一边呈现针锋相对的斗争，一边表演紧锣密鼓的爱情，这种套路似乎又与我看过的《金光大道》《艳阳天》区别不大。如此感受在我的脑海中存留多年，甚至后来读小说时依然挥之不去。从传播学的角度看，这种先入为主式的“占领”已形成了第一印象，要想把它清除到记忆之外已难乎其难。而即便我后来阅读小说，试图还原一个真正的《三里湾》，电影中的情景也仍然会有意无意地参与到小说意义的建构之中，我已无法完成较为纯粹的意义寻找了。由此推想那些只看过改编本的广大受众，他们印象中的《三里湾》或许与小说文本已相去甚远，但这就是赵树理的小说被改编之后有可能出现的传播效果。

由此看来，传播涉及编码与解码，也涉及受众与改编本之间种种错综复杂的关系。这部书稿在编码的层面用力颇深，值得肯定，但对解码似乎还关注不够，略显遗憾。假如能在这一层面再下些功夫，我以为就更加圆满了。当然，这样给作者出主意，我也意识到是站着说话不腰疼。因为解码问题要想从容展开，那得做大量的调查研究工作。而时过境迁之后，即便能找到观看赵树理小说改编本的受众，他们的记忆或许也早已模糊。所有这些，都给调查取证带来了极大的难度。

文昌兄是我的老乡，又是我大学时同年级同专业的同学，他能写出这部书稿，我并不感到意外。在我的心目中，他一直都谦虚低调，同时又聪颖好学。我现在依然记得大学毕业我们同在上党古城混日子时，不时会相互走动，交换一些学界的信息。一旦发现我那里有什么新书，他也会借走先睹为快。他都借过哪些书我现在自然已不可能悉数想起，但路翎的《财主底女儿们》上下卷他肯定是借过读过的，因为那是我1985年夏天在水东供销社买到的小说。一个乡政府所在地的杂货店里居然会摆着这种书，现在想来依然觉得有几分神奇。

大约是20世纪90年代中期，文昌兄随工作单位迁至晋城，从此他便在我们的老家安营扎寨了。我知道他原来就主攻中国现代文学，由此把赵树理作为他的研究对象自然就显得顺理成章。而更重要的是，因为他一直生活在赵树理曾经挥洒过汗水和才情也十分钟爱的那片土地上，他对赵树理的理解也就更妥帖、更到位，更能入乎其内也更接“山药蛋”地气。前些日子，我的导师童庆炳先生还在跟我念叨：既然你研究过一阵子“西马”，为什么不把“西马”这架探照灯用起来呢？你东探探，西照照，或许就能照出一些东西来。比如，你们老家的赵树理你就可以照一下嘛。如今，面对文昌兄的这项研究成果，我在欣喜之余也好生羡慕，甚至都有点蠢蠢欲动了。受文昌兄启发，说不定我哪天也真的会重操旧业，打回老家去，研究赵树理。

2014年7月31日

（作者为北京师范大学文学院教授、博士生导师）

目　　录

导　论 ……………………………………………………………………1

一、改编的含义 …………………………………………………………1

二、改编的性质 …………………………………………………………3

三、改编对象与改编者 …………………………………………………8

四、常见的改编方法 ……………………………………………………13

五、赵树理的改编观 ……………………………………………………17

第一章　《小二黑结婚》的改编与传播 …………………………………22

一、小说的创作与发表 …………………………………………………22

二、小说的改编与传播概况 ……………………………………………24

三、具体改编本与小说原著之文本比较 ………………………………25

第二章　《登记》的改编与传播 …………………………………………43

一、小说的创作与发表 …………………………………………………43

二、小说的改编与传播概况 ……………………………………………44

三、具体改编本与小说原著之文本比较 ………………………………45

第三章　《三里湾》的改编与传播 ………………………………………55

一、小说的创作与发表 …………………………………………………55

二、小说的改编与传播概况 ……………………………………………57
三、具体改编本与小说原著之文本比较 ……………………………………59

第四章 其他小说的改编与传播 ……………………………………………74
一、《李有才板话》的改编与传播 …………………………………………74
二、《李家庄的变迁》的改编与传播 ………………………………………78
三、《传家宝》的改编与传播 ………………………………………………82
四、《小经理》的改编与传播 ………………………………………………83
五、《邪不压正》的改编与传播 ……………………………………………84
六、《福贵》的改编与传播 …………………………………………………85
七、《灵泉洞(上)》的改编与传播 …………………………………………85
八、《套不住的手》的改编与传播 …………………………………………86

第五章 永远的小二黑,不朽的文学经典——《小二黑结婚》:新时期新世纪的回声 ……………………………………………………………………88
一、心灵深处的缅怀——续作《老二黑离婚》 ……………………………88
二、幽默的影响——贺友直的连环画《小二黑结婚》 ……………………89
三、歌剧、各种地方戏曲的重排重演和新的艺术形式的改编 …………95
四、网络恶搞 …………………………………………………………………97

第六章 戏剧性因素和可说性文本——赵树理小说被改编原因之一 …99
一、戏剧性因素 ………………………………………………………………99
二、可说性文本 ………………………………………………………………112

第七章　名著、需要及其他——赵树理小说被改编原因之二 …………119
一、永恒的婚恋题材 ………………………………………………119
二、名人名著效应 …………………………………………………122
三、时代政治的需要 ………………………………………………125
四、现实接受的需求 ………………………………………………129
五、剧种特点为改编提供了条件 …………………………………131

第八章　赵树理小说改编的影响 ……………………………………133
一、起到了很好的宣传作用 ………………………………………133
二、对戏剧剧种以及剧团生存与发展产生了良好影响 …………135
三、成就了一批艺术家 ……………………………………………138
四、在赵树理小说经典化的过程中起到了重要作用 ……………141

第九章　赵树理小说改编的传播学解读 ……………………………144
一、传播的政治环境 ………………………………………………144
二、传播的影响模式 ………………………………………………146
三、传播的艺术形式 ………………………………………………148
四、传播的接受对象 ………………………………………………150
五、传播的具体内容 ………………………………………………152

第十章　歌剧《小二黑结婚》在新世纪重新走红的文化意义 ………156
一、发展民族文化，增强文化自信 ………………………………158
二、传统经典还需进行现代转化 …………………………………159
三、独特的名片意义 ………………………………………………161

四、赵树理当年的创作理念对当今的艺术创作仍有着现实意义 ……162

附一　赵树理小说改编一览表……167

表一:《小二黑结婚》改编一览表 ……167

表一:《小二黑结婚》改编一览表(续) ……168

表二:《登记》改编一览表 ……169

表二:《登记》改编一览表(续) ……170

表三:《三里湾》改编一览表 ……171

表四:其他小说改编一览表 ……172

附二　赵树理与晋东南地域文化研究……173

一、晋东南地域文化影响下的赵树理人格精神 ……173

二、赵树理小说与晋东南地方的乡村政治风情 ……177

三、赵树理作品中的晋东南民风民俗 ……181

四、晋东南地域文化影响下的赵树理作品的语言建构 ……191

五、赵树理对晋东南地方文化的影响 ……198

主要参考文献……206

我是怎样走上赵树理研究之路的(代后记)……207

导　论

一、改编的含义

改编一般是指在原有作品的基础上，通过改变作品的表现形式或者用途，创作出新的作品。需要说明的是，这里所说的改编特指文学作品的改编。

在古今中外的文学史上，改编都是非常常见的现象。莎士比亚、巴尔扎克等世界大文豪的作品，我国的四大古典名著《红楼梦》《三国演义》《水浒传》《西游记》，在不同时代都拥有大量的改编本，就是典型的例子。随着电影电视等现代电子媒介的出现，曾只为少数人所欣赏的文学名著更被广泛地改编成电影和电视剧，被更广大的人群所欣赏。改编已然成为文学作品实现向大众传播的必然选择，换句话说，改编已然成为文学与影视最常见、最直接的联系方式。以电影为例，"据资料统计，自电影问世以来，70%以上的电影都是改编自文学原著，其中主要是改编自小说"[①]。美国"从1927—1928年开始评奖算起，四分之三以上的'最佳影片'是改编作品；而得奖作品中，大约又有四分之三是根据小说和短篇故事改编的"[②]，而"获得奥斯卡最佳影片奖的电影有85%是改编自文学作品"[③]。中国电影诞生以

① 周志雄：《论小说与电影的改编》，《山东师范大学学报》（人文社会科学版），2008年第2期，第64页。

② [美]莫·贝加：《论改编》，陈犀禾译，北京：文化艺术出版社，1987年，第228页。

③ 孟丽娜、陈晓伟：《从"改编"到"编造"——2000年以来中国商业电影的文学改编问题》，《电影评介》，2009年第11期，第7页。

来，以改编的方式与文学交汇在不同时段，百年中国电影史几乎可以看作百年中国文学的电影改编史。

那么，改编本与原著究竟是什么关系呢？

首先，改编本与原著有一种明显的依赖关系。“改编”的重点是“编”。“编”虽也有“编造”、“虚构”之意，但核心的意思应该是“编辑”，强调对现成材料的编排。因此，原著和改编本实际上是一种主从关系、源流关系，原著是“主”、是“源”，改编本是“从”、是“流”。我们经常说的“改编要尊重原著”，就是从这个角度说的。所以，如果新文本跨越了这种关系，和原文本呈现出一种超越、对称或颠覆的关系，那就不是改编，而是重写或改写了。

其次，改编一般是将以文字为媒介的供阅读的文本形式改编为具有表演性质的艺术形式。所谓表演性质的艺术形式，主要指的是戏剧、影视剧，还包括中国现存的传统说唱艺术，如评书、相声、鼓书、评弹等（据统计，全国曲艺形式有四百多种）。有时改编本的原著也是一种具有表演性质的艺术形式，例如，沪剧《芦荡火种》被改编为京剧样板戏《沙家浜》，这可以看作是同一艺术形式之间的改编。

这里要特别提一下连环画。连环画内容有两大部分：一是根据原文本改写的一段段说明性文字，二是和这些文字相互说明的图画。单从文字内容来讲，它不具有表演性质，而且还常常是原著文字的直接引用，似乎不属于改编，但由于图画部分对连环画的主要读者——儿童来讲，往往才是更重要的内容，而图画和表演艺术很相似，都属于视觉艺术，因此，来源于文学作品的连环画，习惯上也被看作改编。

第三，改编本虽然依赖于原著，但也并不是完全被动的，好的改编对原著来说，还应该是一种创造。原著和改编本的主从、源流关系，从根本上限制了改编的创造自由，但另一方面，由于改编者的接受和阐释主观性的存在，即使面对同一部作品，不同的改编者会有理解差异，甚至同一个改编者在不同时间的理解也会有差异，这导致改编者可以从自己的独特角度，创作出不同个性的改编本来。尤其是面对具有无限可阐释性的经典性名著来讲，改编者的艺术选择空间还会更大些。改编的创造性还体现在原著和改编本之间的艺术形式转换上。大多数情况下，改编要进行艺术形式转换，由于艺术媒介及其表现方法的差异，改编中的艺术形式转换，不仅是对原著内容的增删或重组，更是对原著内容的创造性转化和重构。如果改编者艺术能力足够强大，还可能创作出比原著更精美的改编本。在艺术形式转换上，改编者的创作是充分自由的，所以艺术形式转换的成败，很大程度上说明了改编者艺术功力的高下，决定了改编的成败。

综合以上分析，我们可以将改编界定为：以原著为基础，创作出具有表演性质的新作品（改编本的体裁往往和原著不同）。

二、改编的性质

（一）改编首先是一种满足性接受和还原式理解

接受美学的代表人物姚斯认为：一部文学作品“对它的第一读者的期待视野是满足、超越、失望或反驳”[①]。对于一部文学名著的改编者来说，其创作动机一般应该属于满足性接受。

由于是满足性接受，改编者对原著常常怀有尊重和敬畏，这就导致其在改编时对原著的理解以还原原著本义为核心，甚至在改编时为了追求还原原著本义而不惜改变自己的艺术个性。孟冰在谈自己改编《白鹿原》时说：“对小说改编的小心翼翼，忠实于原著，不超越的态度让我在创作上处于一种保守状态。本来我可以在戏剧中走得更远，可以离小说远一点，这些都是可能的。但当我一旦意识到自己走远了，就会止步，仍希望忠实原著精神。”[②]2008年2月，在一次如何对待名著重拍的讨论会上，参与过《红楼梦》《三国演义》《水浒传》拍摄的著名导演王扶林，毫不犹豫地说：“必须从名著本身出发，不能自作聪明、瞎发挥。如果能做到忠实于原著，就是电视

---

① [德]H·R·姚斯、[美]R·C·霍拉勃：《接受美学与接受理论》，周宁、金元浦译，沈阳：辽宁人民出版社，1987年，第31页。

② 李樱：《〈白鹿原〉编剧孟冰：我没能力超越原小说》，《三月风》，2006年第7期，第37页。

剧了不起的功劳了。”[1]

对于研究者和一般观众来讲，他们评价改编本最直接的标准，就是改编得像不像，也就是改编本是否还原了原著精神。20世纪八九十年代，根据四大古典名著改编的央视版电视剧，人们对《红楼梦》《三国演义》评价较高，而对《水浒传》评价则相对较低，最根本的原因就在于前两部电视剧对原著还原最用力，也最成功，而《水浒传》虽是四大古典名著中最晚拍成的，且场面精美、技术精湛，但却对原著改动最大，不再坚持以还原原著为第一要义，而是标举“既忠于原著又不忠于原著”。

名著改编中，为了追求对原著精神的还原，改编者常常以各种方式努力地去探讨、领悟、把握和表现原著的意蕴，其中最常见的方式就是反复地阅读原著。央视版电视剧《三国演义》的编剧之一杜家福，据说他“把小人书、原著作、各种戏曲翻来覆去看个13遍”[2]。另外，请专家讲解，搜集和原著有关的背景材料，也都是编导们常做的事情。电影导演于本正在改编曹禺的《日出》时，为了对原著所表现的时代特征进行精确把握，“又一头钻进了书堆里，不但从中了解了许多当时的社会风貌，而且看了能找到的有关《日出》这个戏的所有资料，总计不下几十万字。此外，还去天津进行了实地采访，接触了很多当年的茶房、银行职员、妓院老板、流氓徒弟等等”[3]。所有这一切，都是为了准确把握和传达原著的意蕴。

（二）改编又是一个化雅为俗的通俗化过程和传播过程

改编基本上是将以文字为媒介的供阅读的文本转变为以人的表演为媒介的舞台艺术或影视艺术。文学文本一般是高度抽象的文字符号（尽管好多作者力求语言的通俗易懂，如赵树理），它给读者带来的是不确定性，阅读者在心中形成的是不明晰的表象，因阅读者文化素养、生活经验和情

① 李君娜：《三大导演热议名著重拍》，《解放日报》，2008年2月23日，第3版。

② 常春：《电视剧〈三国演义〉拍摄纪实》，《绿色大世界》，1995年第4期，第41页。

③ 迟云：《他向自己提出挑战——〈日出〉导演于本正小记》，《电影新作》，1986年第1期，第91页。

感体验的不同而呈现种种差异，再通过个体化的思维过程重建、还原被抽象的意象，实现“看到”可感知的艺术形象。在接受美学看来，文学文本是对接受者的一种邀约，只有经过接受者的接受，文本的意义才能最终实现。文学接受过程的间接性，决定了阅读者的接受过程必然受到自身知识水平、想象能力、审美趣味等方面的制约，也决定了接受者对文本的选择。而对戏剧、影视而言，是通过肉眼的视觉来看，所见即所得，舞台、银幕上的形象既是内容也是形式，接受者可以直接感知和真切体验到以影像形式呈现的各种形象和感受，“将源自于客观存在的表象直接诉诸接受者，从而使接受者直接感知到表象产生时的本原状态”①。戏剧、影视接受过程的直接性决定了接受者的接受过程不易受到知识素养、思维能力和审美能力的影响，消弭了文学阅读过程中制约思维过程的复杂因素。因此，在同等条件下，比之文字文本的间接含蓄来，表演作为视觉艺术，直观形象，显然更通俗易懂。一个不识字的普通人，可以理解戏剧表演或电影电视，却难以阅读哪怕是最通俗的小说（如赵树理的小说）。当然，我们也不能轻易就说戏剧表演或电影电视就一定比文学文本更通俗，例如芭蕾舞艺术显然要比民间歌谣更高雅。

从大众传播的角度来看改编，我们可以发现，在大众传播时代，文学作品正是通过戏剧、影视等多种媒体，“以从未有过的受众面和被关注的程度得到最大程度的流传”②，“将最大多数的民众纳入了它的传播视野中，即使文盲或半文盲也往往能观看并在一定程度上理解影像文本的文学意义”③。传播的广泛性是由改编的通俗性来保证的。一个从原著到表演的完整改编过程，要经过编剧的改编、导演的改编和演员的改编三个过程。首先是编剧将原著改编为剧本，导演将剧本进一步编写为分镜头剧本，最后演员通过自己的创造性表演最终完成改编。这个过程，是个表演性、通

① 张宗伟：《中外文学名著的影视改编》，北京：中国广播电视出版社，2002年，第48页。

② 赵抗卫：《文学作品与现代传媒》，《文艺理论研究》，2000年第5期，第14页。

③ 同上，第13页。

俗性逐步加强，含蓄性、文雅性逐步递减的过程。

事实上，人们也一直将名著改编视为普及经典名著的重要手段。20世纪八九十年代，中央电视台拍摄四大古典名著，主要的目的就是普及我国经典名著，弘扬民族文化。对于老作家来讲，这是一个重新被人们认识的过程；对于那些青年作家和他们的作品来讲，影视的普及作用，也使得他们和他们的作品，更容易被人们接受。

显然，将小说等文学名著改编成戏剧或影视，更有利于其在民间传播，因此，名著改编又是一个通俗化的传播过程。

总之，如果说满足性接受和还原性理解是名著改编的艺术起点和基础的话，通俗性的彰显和普及性的传播则是名著改编的过程和结果。有研究者称："电影改编以特殊的方式影响电影制作的主要原因中，占据首位的是商业上的原因。"[①]实际上，"商业上的原因"的背后还是广大的观众的存在，它和名著的普及性传播只是一个事物的两个表现而已。

（三）改编还是一个二度创作过程

由于改编不能过分脱离原著，只能在原著创作的艺术基础上施展拳脚，这导致改编只能成为二度创作。二度创作对于原创来讲，由于可以借鉴、挪用原著现成的艺术经验，自有其便利的地方，但对于那些有艺术追求、认真严谨的改编者来讲，大都赞同改编"是一件'吃力不讨好'的工作"[②]，尤其经典性名著的改编，更是如此。这是因为，一方面改编者没有完全的创作自由，另一方面人们还要以原著的艺术成就为标尺，来衡量改编本的创作。这个标准又往往显得那样的苛刻：他们一方面会要求改编本忠实全面地传达出原著的深刻意蕴，另一方面还会指责改编缺少突破、缺少个性和创造力——这真是一个两难选择。这会让我们想到翻译作品，应该说，翻译也是经典作品传播的重要形式，但不在本书的论述范围。

① [法]莫尼克·卡尔科-马赛尔、让娜-玛丽·克莱尔：《电影与文学改编》，刘芳译，北京：文化艺术出版社，2005年，第5页。

② 夏衍：《夏衍论创作》，上海：上海文艺出版社，1982年，第374页。

因此，对于改编者而言，二度创作重要的问题就是如何处理好“忠实于原著”与“再创作”之间的关系。改编者首先要准确理解和把握原著创作的立意，保留作品的主要情节、主要人物的基本性格，以及作品所规定的基调和所显现的风格，在此基础上进行适度的再创造。只有在吃透名著精神并准确理解和把握了原著作者立意的基础上，才能对原著有新的开掘和发现，才能揭示出原著的深刻内涵，形式上的变化也就不会仅仅是对原作的图解。也许在改编过程中会有所改动，甚至会出现某些偏差，但原著是不可替代的。不能以自己对原著的肤浅理解而对原著（特别是名著）进行伤筋动骨的改造。再创作是有限的，也就是改编要有一个“度”。改编文学名著如果完全失去了“度”，就有可能流于改造——改造原著的创作立意和审美情趣，甚至改造原著的基本风格。

二度创作的不自由状态，使改编者的艺术创造性，往往难以在处理原著内容的层面上充分展开。但改编常伴随的原著和改编本之间的艺术形式转换，却给有才华的改编者提供了自由施展拳脚的用武之地——而艺术转换是否成功，也成为改编者创作力高下最直接的体现，成了改编是否成功的一个重要标准。改编中艺术形式的转换意味着改编者需要游走于两种艺术之间，这要求改编者对相关的两种艺术应该有足够的驾驭能力。缺少对原著文本的熟悉，将难以准确把握原著的精神实质，难以将原著恰当分拆、合理取舍；缺少对改编本艺术形式的精通，又难以将原著所提供的艺术素材和艺术经验充分利用、恰当发挥。夏衍之所以成为中国现代名著改编的第一人，就和他同时擅长话剧和电影两种题材创作有密切关系。由于兼擅两种艺术形式的作者比较少见，所以在影视改编中就往往需要编剧和导演的密切配合，编剧偏重于文字工作，导演偏重于舞台表演，两者各自的素养越高，配合得越默契，就更容易改编出优秀的作品来。

因此，评价改编是否成功，核心尺度不应是忠实原著的程度，成功的改编应是一种再创作，是与原著有关联又有别于原著的新作品。作家苏童曾说过他的小说和根据他的小说被改编成的电影之间的关系：“把小说托付他人，改成电影，看成是我的小说的一种再生产的形式。改编成电影之后，就和我没关系。我的小说永远是我的，一旦改编成电影之后，它就不属于我了，我和电影之间只属于亲戚关系。"[①]这与国外理论家罗伯特·潘·沃伦的观点有着一致性："我认为，把一部小说改编成一部影片时，小说只是素材而已，而影片则是一部新的创作，是毁是誉，都与小说作者全无干系。"[②]

三、改编对象与改编者

文学作品的改编过程实质是一个艺术再创作的过程。在这个过程中，改编对象与改编者是密不可分的两个要素。改编对象考察的是改编什么的问题，而改编者则是考察由谁来改编。

（一）改编对象

古今中外的文学作品成千上万，即使是称得上文学名著的也不是轻易能够说得清楚。如果我们不把眼光局限在有限的经典作品上的话，可供选择的文学作品应该说是很多的。那么，什么样的文学作品能被作为改编对象呢？

20世纪30年代起，我国著名剧作家和电影艺术家夏衍先生将好的思想性、完整的故事情节和个性鲜明的人物形象三方面作为选择改编对象的基本要求，并据此亲身实践示范，先后将茅盾的《春蚕》《林家铺子》和鲁迅的《祝福》改编成电影，在当时引起了轰动，广受好评。夏衍虽然谈的是电影改编，但也适用于其他艺术形式的改编。夏衍的选择原则和实践充分重视了文学文本的文学价值，在当时具有积极意义。但是随着社会文化语境的发展，选择改编的对象应该有更深入的考量：除了文学文本的文学价值与艺术价值，时代语境、历史文化背景、改编者个人的素养与审美趣味等都是影响选择的重要因素。更为重要的是，还要以受众的接受反应作为选择

① 周新民、苏童：《打开人性的皱折——苏童访谈录》，《小说评论》，2004年第2期，第35页。

② [美]爱德华·茂莱：《电影化的想象——作家和电影》，高峻千译，北京：中国电影出版社，1993年，第226页。

行为的最终评价。具体来说，以下几类文学作品常常会被作为改编对象：

首先是优秀的文学作品。优秀的文学作品能让处于不同时代环境之下、体验不同人生的受众产生共鸣，在不同层次、不同深度的阐释中获得新的认知与审美愉悦感受。而能够进入改编者视野的文学作品，必定是洞悉社会发展脉络，揣摩受众心理入微，具有高度的艺术概括力和感染力的作品。正如莫言所说："相信一个优秀的导演绝对不会去看一个烂俗的故事，因为这种故事谁都可以编出来，吸引他的还是小说的纯正的艺术性或者小说家表达的思想。"[①]因此，文学名著常常成为改编者的首选也就是顺理成章的事了。

其次是具有独创性的文学作品。作为一门艺术，文学的生命在于独创性，无法想象一部充斥着模仿与典故的作品可以成为受众喜爱的经典。无论是西方的《荷马史诗》《哈姆雷特》、《战争与和平》，还是中国的《红楼梦》《三国演义》《阿Q正传》，都是具有强烈独创性的作品，并以此傲立于世界文学之林。因此，是否具有独创性，也就成了能否作为改编选择的重要因素。选择具有独创性的作品，意味着在改编的第一步就要尽可能地涤清拾人牙慧的可能性，以新的艺术形式将新颖的故事、新奇的情节和性格独特的人物及与众不同的情感展现出来，满足受众对"陌生化"的追求。

再次是具备与其他艺术相融合的元素的文学作品。我国著名戏剧家陈白尘曾经说过："世界文学名著改编为电影或戏剧，获得成功的例子是不多的。因为小说家和戏剧家所使用的手段不同，要将文字魅力所创造的形象，移植到银幕上或舞台上不造成损害，而且要产生同样的魅力，也许是比直接创造更加困难。"[②]这说明，文学与戏剧、电影（也包括其他艺术形式）本质上属于不同的艺术门类，具有不同的艺术特征，只有文学具备能够与其他艺术融合的元素才能成功地被改编。前文说过，成功的改编应是一种再创作，是与原著有关联又有别于原著的新作品，因此，成功的改编就要既让

① 莫言：《小说创作与影视表现》，《文史哲》，2004年第2期，第121页。

② 王得后：《这个阿Q的银幕形象——看上影拍摄的〈阿Q正传〉》，《电影艺术》，1982年第12期，第16页。

人能看出其母体的艺术力量及某种精神的渊源关系，又要在某些方面有所提升。尤其要忠实于改编形式自身独特的手段，创造出改编艺术独特的表现性形式。“评价从小说到电影的改编是否成功，也应当从文学的立场转到电影的立场，用电影自身的标准即电影化的标准把改编后的影片作为一个相对独立完整的艺术品来加以衡量。”[①]电影改编如此，其他艺术形式的改编也是如此，也应该用相应的艺术形式的标准来衡量其是否为成功的改编作品。

此外，改编要获得成功，还需要充分重视受众。接受美学认为，只有受众的理解与接受才使文本的存在变成现实，因而受众的接受，也是文学文本、其他艺术文本最终实现其价值所在。当然，受众对文本的接受，会随着时代的变迁而改变。有效还原文学文本所处的历史语境与包含的历史意蕴是改编的出发点，而改编者站在新的历史高度，用当代的标准来对作品进行新的阐释与重构是决定改编能否成功的关键。改编过程中作品诞生年代与受众所处年代之间的距离感是实际接受过程中造成受众接受障碍的一个重要因素，倘处理不当，会增加受众的理解难度，最终造成接受的失败。

（二）改编者

“一千个读者就有一千个哈姆莱特”，显然，不同的改编者对同一部文学作品会有不同的理解，他们改编成的作品或多或少就会有所不同，甚至会有较大的差别。改编者其实只是原著的一个读者而已，当然，这个读者可能是一个单个的个人，也有可能是一个集体，尤其是戏剧和影视改编，就是一项集体参与的艺术创造工程，但这个集体是有核心的，那就是编剧和导演，他们对原著的理解其实就决定了改编本的主要方向。因此，在整个艺术创作过程中，编剧和导演所起的作用是决定性的。

上文我们已经讨论了改编对象选择的一般情况，其实，改编对象的选

① 张宗伟：《中外文学名著的影视改编》，北京：中国广播电视出版社，2002年，第102页。

择与改编者也有着非常重要的关系，改编者的艺术观念、文学素养、审美趣味、人生体验等都会直接影响到他的选择倾向，只有那些与他气味相投的作品才会进入其视野之内。那么，究竟有哪些因素会影响改编者对改编对象的选择呢？

首先，改编者的人生经历和心理积淀会影响其对改编对象的选择。每个个体的生活经历都不会是完全一样的，但又是有共性的。对于创作者来说，一旦碰到那些符合他自己的人生体验和情感倾向的作品，必然会引起强烈的共鸣和创作的冲动。黄蜀芹在谈到自己为什么选择钱钟书的《围城》进行改编时说过这样的话："我认为自己也有这种坦诚，自小就在上海长大，父母就是三十年代从国外留学归来的知识分子，更巧的是父亲黄佐临的经历，与方鸿渐同年同月归国。父从英国上船回天津，办完丧事便辗转到四川戏校教书，一路经历坎坷，最后坐船回沪。这些相似的经历使我产生一种人生'体验'，感受到方鸿渐那种'走哪儿飘哪儿'的自由自在、自然而然的人生况味。对于这一阶层的人，自小也见得多，他们的子女与我同辈，在我母校市三女中有的是，虽然年代不同，但上海的味儿还在。正因此，我尽管感到拍摄难度很大，仍然充满信心。"[1]可见，正是黄蜀芹的生活经历与《围城》中的人物有许多相似之处，有许多共同点，才使其对改编充满了自信。

其次，改编者的艺术气质、审美趣味和情感理智等也会影响其对改编对象的选择。张艺谋曾经谈过小说《红高粱》对他的吸引："我觉得莫言笔下的这些人活得有声有色，活得简单，想干什么就干什么，想抢女人就抢了，想到高粱地里睡觉就睡了，我喜欢他书中表现的那种生命的骚动不安、热烈、狂放、自由放纵。"[2]"我这个人一向喜欢具有粗犷、浓郁的风格和灌注着强烈生命意识的作品。《红高粱》小说的气质与我的喜欢相投。"[3]可见，莫

① 钱国民：《〈围城〉从小说到电视剧——与黄蜀芹一席谈》，《电影艺术》，1991年第6期，第62页。

② 陈墨：《张艺谋电影论》，北京：中国电影出版社，1995年，第53页。

③ 丁亚平主编：《百年中国电影理论文选》（下），上海：文化艺术出版社，2003年，第264页。

言小说中表现的东西恰好符合张艺谋的个人偏好，而正是这种偏好，使他选择了改编《红高粱》。

再次，改编者也有出于艺术上创新的考虑而选择某部作品进行改编的。如张艺谋选择苏童的小说《妻妾成群》进行电影改编，就是因为小说崭新的角度和现代视点吸引了他。“《妻妾成群》最打动我的是‘旧瓶装新酒’，即年轻人写历史故事的不同。多少年来，中国表现封建大家庭的作品有很多……但苏童却在这一古老的题材中用了一个新的现代的视点来看待这个故事。……他不像老作家们从严格的现实主义的角度去架构故事，而是从年轻人的视角展现了很多崭新的东西。我欣赏的正是这一点。”[①]

当然，影响改编者选择的因素往往是综合的，除了上面提到的三点外，也许还有他对名著的热爱、美学的追求、大众的心理、文化企业的利益诉求、主流意识形态的要求等众多因素。因为戏剧、影视等艺术同时也是文化产业和上层建筑的组成部分。但要特别指出的是，20世纪五六十年代的导演和现在的导演相比，由于政治语境和文化体制的完全不同，改编目的相对单纯，他们很少考虑商业利益，只是将改编视为一种事业或任务；由于他们的取材大部分是文学名著，所以一般都是抱着虔诚崇敬的心态，将文学大家们的作品进行改编的。进入市场经济体制以来，这种状况发生了很大的改变。

显然，整个改编过程，其实就是各种合力的结果，是几种因素的共同作用。这里还要特别提一下的是，改编过程中常常还要受到许多外力的制约，特别是影视和戏剧的改编，这种制约可能会更大一些。比如在我国，就存在文化宣传部门审查通过的问题。如《红高粱》，小说中，把余占鳌和戴凤莲的爱情浪漫史做了分段，组接在墨河伏击战之中，而且伏击战是文章的重心，而电影中则是用了三分之二的笔墨来渲染余和戴的爱情，把小说中占很大篇幅的战争戏缩减了，对此，导演张艺谋曾做过这样的解释：“我们不想把《红高粱》拍成战争片，也无力去开拓战争题材的‘深层结构’。但

① 张宗伟：《中外文学名著的影视改编》，北京：中国广播电视出版社，2002年，第95页。

在目前的中国，如果不加上抗日的战争内容，光拍前半段，就会有人责难：‘这电影有什么教育作用？’因此，我们保留了抗日的戏。”[①]而电影《大鸿米店》的通过发行，却等了七年之久，审片小组提出了十六条意见，黄健中共向电影局递交了六次修改意见，并做了以下改动才最终被审查通过：“在片头片尾加了阐述影片相关内容的字幕，补拍了一个男主角五龙被枪杀的镜头……还有一个小小的变动，就是片名改为《大鸿米店》。”[②]电影《暖》的改编，同样存在这个问题。

四、常见的改编方法

夏衍在20世纪50年代末曾提出两种改编方法：一是改编经典著作，无论如何要保持原作的思想、风格，不得随意改动情节；二是改编神话、民间传说和所谓稗官野史，改编者有较大增删和改作的自由。1975年，美国电影理论家杰佛里·瓦格纳则提出过三种改编方法：移植法（“直接在银幕上再现一部小说，其中极少明显的改动”）、注释法（“影片对原著加了许多电影化的注释，并加以重新结构”，“对作品某些方面有所变动”）、近似式（“与原著有相当大的距离，以便构成另一部艺术作品”）。[③]综合夏衍和瓦格纳等人的观点，文学作品的改编方法不外乎三个方面：删、增、改。

（一）删

所谓删，主要是指改编时对原著情节进行删除。删的目的是为了使主要线索更加明晰。从篇幅上说，如果要把一部长篇小说改编成一部演出时间有限的戏剧或电影，就势必要删减原著中的一些人物、情节和线索。长篇小说《米》被认为是苏童最好的作品，小说共分十四章外加一个尾声，黄

① 王一川：《张艺谋神话的终结——审美与文艺视野中的张艺谋电影》，郑州：河南人民出版社，1998年，第161～162页。

② 出仓：《黄健中的〈大鸿米店〉“开张”了》，《电影评介》，2003年第2期，第24页。

③ 张宗伟：《中外文学名著的影视改编》，北京：中国广播电视出版社，2002年，第112页。

健中在把其改编为电影《大鸿米店》时，就进行了大量的删减。电影中主要截取了前七章的内容，把五龙与织云、绮云姐妹后代的故事删掉了，因此少了很多情节。电影把小说压缩了一半，人物命运也都提前结束，这就造成情节的集中压缩。五龙的仇恨结束了很多人的性命，绮云对五龙的仇恨也给他引来杀身之祸，这种仇恨意识的循环推动着情节的发展。电影在阿保等人对五龙的欺凌以及五龙对大家的报复和绮云对五龙的报仇中完成情节叙事，最后人物的结局都以死亡告终，这样的结尾处理，使得矛盾冲突更加激烈，下一代的故事也就顺理成章地省略掉了。

删的对象还包括人物。如电影《红高粱》，与原小说相比，对戴凤莲的父母没有那么多的笔墨，对其母亲只字未提，对其父亲的笔墨也是为了突出凤莲的泼辣性格，敢于说出“我没有你这样的爹”。对余占鳌的父母更是省略掉了，观众对“我爷爷”、“我奶奶”认识之前的历史一无所知，一片空白，他们的生活好像因为有了对方才有了开始。这样也有了神秘感，更增加了故事的传奇性。小说中的曹县长，电影中也没有保留，虽然这个人物在小说中增加了故事的传奇性，但去掉他却能够增添“我奶奶”这个人物的真实性，不像小说中写得那么玄乎。

删的另一个原则就是必须服务于作品主题表达的需要，那些游离于主题之外的情节在改编时可以尽量地舍弃。

改编时，对于原著中枝蔓的情节进行修剪是十分必要的，但这并不意味着可以任意舍弃重要的情节。正如古希腊哲学家亚里士多德在《诗学》中所说：“情节既然是行动的摹仿，它所摹仿的就只限于一个完整的行动，里面的事件要有严密的组织，任何部分一经挪动和删削，就会使整体松动脱节。要是某一部分可有可无，并不引起显著的差异，那就不是整体中的有机部分。”[①]这提醒我们改编时可供删除的只是那些“不是整体中的有机部分”的“可有可无”的部分。因此，无论是出于对文学原著的尊重，还是出于对改编艺术本性的尊重，都要求改编者在下笔删除之前，三思而后行，不

① 张宗伟：《中外文学名著的影视改编》，北京：中国广播电视出版社，2002年，第115页。

能在泼掉洗澡水的同时连盆里的孩子也一起倒掉了。

(二)增

就是增加原著没有的情节和人物。电影《大鸿米店》中增添了一个原小说中没有的人物,即小伙计,并因此增添了几个情节,一是小伙计帮绮云封门,二是小伙计带着人去杀五龙;枪战之后,绮云去尸体中寻找。电影中还有一个小伙计睁着眼睛死去的镜头,从绮云的泪水,可以看出两人之间有着一定的感情。

增大致上有两种情况:一种是原著中原来是一语带过或者是侧面描写的内容,改编时增加内容,予以正面铺叙;另一种是增加原著中没有的内容。前者如电影《红高粱》中罗汉这个形象,小说中的笔墨很少,且多是侧面描写,电影中分量增大,从他把"我奶奶"迎进门那天起,就表现出了他跟其他伙计对"我奶奶"不同的态度,喷酒以及余占鳌醉酒后罗汉对"我奶奶"的维护等情节,都表现出了他对戴凤莲的感情,也就可以理解"我奶奶"对他的尊敬、信赖与情谊,因此"我奶奶"要求"我爷爷"他们为罗汉报仇也就比较容易让人接受了。后者如上文提到的电影《大鸿米店》中的小伙计及其为绮云所做的几件事情。

改编时增加情节一定要慎重,特别是对于那些经典名著,哪怕是极微小的改动都可能引起人们的警觉和反对,弄不好就会被人讥笑为狗尾续貂。而且增加情节和人物也不是没有原则的,不能子虚乌有地凭空捏造,一是要考虑主题的需要,二是要有人物性格的基础。

(三)改

上面所说的删和增,从广义来讲,其实也是改。不过,这里的改是指对原著中保留下来的情节改写。改写比增和删都要复杂,因为它不仅需要将抽象的文学形象化为可见的视听形象,更需要瞻前顾后的大局观和化平凡为精彩的创造性。具体来说,改编本对原著的改编主要体现在以下几方面:

一是对原著主题的置换与简化。一方面表演艺术相对文学文本来说，其感受性更直接，而且欣赏过程中，又有固定的接受时间的限制，不能像文学文本一样可以反复阅读，因此，改编本的主题相对文学来说应该比较简单，观众才能比较容易接受。另一方面改编形式往往是大众艺术，观众的文化层次相对原著来说是参差不齐、比较杂乱的，为赢得观众或听众，其主题就需要有明确化、简单化的要求。比如在小说《白狗秋千架》中，作者莫言第一次提出了“高密东北乡”这一文学地理概念和“纯种”命题，通篇渗透着莫言对种的退化的焦虑。改编成电影后片名改为了《暖》，一方面是由于与狗相关的内容的删减，另一方面也预示着影片主要是围绕着暖这个女孩的命运写的，通篇贯穿着井河的一种情绪线索，对暖的忏悔。而小说中对外来文化的憎恶，在电影中没有表现，片中更多的是暖、丫儿、哑巴对外来文明的向往。

二是情节的调整。主要体现在叙事顺序的调整、叙事视角的转换以及情节的集中紧凑等方面。仍以电影《暖》为例。改编报告刚报到电影局的时候，电影局的官员就给予了否定，认为这部片子没法改，并提出了一些具体的意见，除下文要谈到的人物改动的要求外，还特别指出了影片结尾的问题，“这个哑巴跟这个女主人公结婚生了三个孩子之后，女主人公见到了她当年的恋人，提出自己想跟他生一个会说话的孩子的要求，这不又成了‘野合’了吗？跟《红高粱》一样”[①]。但是，日本的投资商认为，这部小说之所以被选择，就是因为“它的结尾非常有力量，表达了一个农村妇女最朴素的、最低级的要求——我想要一个会说话的孩子”[②]。那么导演是怎么调和这种矛盾的呢？最终，电影仍然给观众提供了一个有力量的结尾，留给观众更大的想象空间。对命运作弄人的感慨，对井河更深的期待，对丫儿命运的猜测，这些都丰富了结尾的力量。并且结尾又是那么富于温情，不像小说中那么残酷。哑巴让暖和丫儿跟着井河走的时候，哑巴对暖的深情达到了极致的表现。同时，电影中，因哑巴戏份的加大而增加的一系列情节，

① 莫言：《小说创作与影视表现》，《文史哲》，2004年第2期，第119页。

② 同上。

占了片中很多的篇幅，如哑巴跟井河的冲突、哑巴在井河走后对暖的深情，以及这种情感的自私导致他撕了井河给暖的信并最终改变了暖的命运。

三是细节的变化。改编过程中，人物等一些细节的改动是在所难免的，它与主题、情节的变化是相辅相成的。电影《暖》的改编上报到电影局之后，电影局提出了两个人物改动的问题："第一，这个小说的调子非常灰暗，里面写了一个大的哑巴和三个小的哑巴，而且女主人公是独眼，就是说搞这么多哑巴，不利于中国的形象，好像中国人全都是不会说话的；第二，女主角是独眼形象，不会有演员愿意配合，因为无论怎样化妆，一只眼睛在银幕上的形象肯定很丑陋。"[1]据此，莫言提了一些修改意见，并最终被导演采纳。莫言认为："首先，应该减少哑巴数量，现在这个小说中有四个哑巴，我们减到一个哑巴，就让这个男的是个哑巴。其次，他们的孩子也不要双胞胎，以回避计划生育，就生了一个，而且是一个伶牙俐齿、非常漂亮的小姑娘。再次，女主人公既然一只眼睛不好看，就让她稍微有一点残疾吧——瘸一条腿，这也比较符合逻辑，打秋千掉下来瘸一条腿。这样，人物结构就变成一个哑巴、一个瘸腿和一个很漂亮很可爱的女孩。这个故事的主要人物就是这三个。"[2]

五、赵树理的改编观

关于改编，赵树理没有写过专门的文章进行论述，但他曾经谈到过根据他的小说而改编的一些作品的看法，主要有：《谈〈花好月圆〉》《谈评剧〈三里湾〉》《谈谈花鼓戏〈三里湾〉》。另外，还有几篇文章涉及改编问题，主要是有关戏曲改编和曲艺改编的。

综合赵树理对改编的看法，大概可以概括出以下几点：

（一）改编"是一项很有意义的工作"

1962年11月13日，在与广西壮族自治区曲艺工作者进行谈话时，赵树

① 莫言：《小说创作与影视表现》，《文史哲》，2004年第2期，第119页。

② 同上。

理说:“除了创作曲艺作品外,把已出版的小说、诗歌改成曲艺作品也是一项很有意义的工作。如《林海雪原》、《红岩》等优秀长篇小说都可改成评书。广西壮族地区的民间故事诗同样可以改成好的曲艺作品。”[①]

(二)改编应该准确把握原著中的人物性格,不要“失掉了分寸”

在《谈评剧〈三里湾〉》中,赵树理首先肯定了中国评剧院的改编工作,“本来小说不是演戏的东西,因为它包括的人物多,头绪多,方面多。可是评剧院竟把它改编成带有歌剧性的评戏,从改编到演出,都是他们自己搞的,这很不容易!”[②]然后重点提到几个角色,如糊涂涂、常有理等,赵树理认为演员都比较好地把握了人物的性格。在《谈谈花鼓戏〈三里湾〉》中,赵树理虽然也肯定了把握得比较好的几个角色,比如糊涂涂、常有理,但也提到几个把握得不是很好的人物,如范登高,其“风度”“戏里表现得很对头”,却“有两件事失掉了分寸”,“一件是与糊涂涂订‘攻守同盟’”,“另一件事是雇小聚”,这两件事都是不合乎人物的身份的。而戏里把能不够演成能干婆,丑化过多了一些,演员演得太妖了。[③]

(三)“改编也是创作”,可以按改编的艺术形式的要求来决定,“应该图好,不该图相同”

赵树理认为,“每个人都有自己的创作路子”,“我想:不能强调改编剧本和原小说一样,应该图好,不该图相同”[④]。在《谈谈花鼓戏〈三里湾〉》中,赵树理也表达了同样的意思,“改编的戏不一定跟小说一个样,小说是小说,戏是戏,加人减人,加事减事,可以按戏剧的要求来决定。我们要承认,改编也是创作,如果觉得原作中某个情节发展得不够,可以加进自己的创

① 董大中主编:《赵树理全集》第六卷,北京:大众文艺出版社,2006年,第147页。以下注释中提到的《赵树理全集》的出版社和出版年月与此相同,不再一一注出。

② 董大中主编:《赵树理全集》第五卷,第76页。

③ 同①,第155~157页。

④ 同②,第20页。

作。只要符合原作精神,没有什么不可以发展的。至于作者本人同不同意,那是另外一回事”。[①]

(四)不管哪种艺术形式,改编后的作品都要让观众特别是农民能够“看得懂,看得下去”

在《谈〈花好月圆〉》中,赵树理说:“农民是喜欢看电影的,不过他们希望看得懂,看得下去。”赵树理还具体以电影剧本中的序幕为例进行了说明:“譬如剧本中的序幕吧! 农民观众就不一定能看懂,当他们看了序幕以后,银幕上突然出现了片名,演职员表,以为是换了一个戏了。”另外就是关于电影中的特写,赵树理说:“‘特写’农民倒不怕,就怕接不上,二条线三条线的跳,跳来跳去把农民跳糊涂了。”[②]

赵树理起初反对中央戏剧学院歌剧系师生把《小二黑结婚》改编成歌剧形式,“你们艺术学院的洋学生,搞不了我那个土玩意儿!”[③]因为在赵树理看来,歌剧属于西洋艺术,是高雅艺术,把“土玩意儿”的小说改编成“洋玩意儿”的歌剧,普通老百姓,尤其是农民看不懂,看不懂当然就不会喜欢看,群众不喜欢看的艺术当然就没有改编的必要。

(五)改编要掌握所要改编的艺术形式的特点,要适合改编剧种的特点,“要注意地方戏的特色”

赵树理在谈到要努力繁荣曲艺创作时说过,“写曲艺还要掌握各种曲艺的特点”,并举了自己改编的例子予以说明,“我改写《石不烂赶车》,就是照顾我的家乡的曲种的特点,如用北京京韵大鼓来唱可能就不大合适”[④]。“其次,写曲艺作品,不能反对地方话。有些曲艺就是由地方话形成的。”[⑤]

1961年7月27日,赵树理在原晋东南专区戏曲编导会议上做过一个重

① 董大中主编:《赵树理全集》第六卷,第159页。

② 董大中主编:《赵树理全集》第五卷,第20~22页。

③ 李红艳:《赵树理曾给改编泼冷水》,《北京日报》,2011年5月12日,第16版。

④ 同①,第148页。

⑤ 同①,第149页。

要讲话，在谈到戏剧改编时，他说："根据古代戏曲、小说改写剧本，也要适合本剧种特点才行。上党戏不适合于表现爱情戏，所以《西厢记》质量虽然很高，全国各剧种都有移植的，上党传统戏就没有。根据古戏曲、小说改写剧本，同样需要有创造，一出戏有一出戏的特点才行。"①

还是1961年，在一次关于壶关秧歌的座谈会上，赵树理谈道："我不主张秧歌向大戏学，也不主张多搬落子戏的东西。秧歌就是秧歌，不能丢了秧歌味，我们就是要用自己的东西，发扬自己的特长。""至于秧歌是不是要用普通话去唱，我看不一定都去用普通话。""我觉得用地方语唱和白，就会有一种亲切感，就能唱出味道来。一个剧种有一个剧种的特殊语言，越剧必须用上海的语言，京剧必须用北京的语言，如果都用普通话来唱，那就成为'中国剧'了，还有什么风格和特点呢？每个剧种都有它的活动地区和服务范围……但也不是越土越好，太土了人家也听不懂，别人听不懂的方言土语就要改。"②

1966年4月，河南温县剧团在晋城演出了根据歌剧《刘四姐》改编的豫剧《智取卧牛山》，演出后，赵树理与该剧导演牛延林做了谈话。赵树理认为，改编的地方戏"要注意地方戏的特色。地方戏的特色主要表现在唱腔方面"，"豫剧必须姓'豫'"③。在《戏外话》一文中，赵树理也说过同样的意思："例如北京人也爱听豫剧，可是他们要听的正是河南人唱的豫剧，假如都换成了北京的演员，或河南演员学成地道的北京话来唱，他们就不见得爱听了。"④

（六）原小说作者应该协助改编者做好改编工作，改编应该不断修改

在《努力繁荣曲艺创作》中，赵树理希望文艺界共同努力，做好曲艺的

① 董大中主编：《赵树理全集》第五卷，第449页。

② 同上，第447页。

③ 董大中主编：《赵树理全集》第六卷，第425页。

④ 同上，第171页。

改编工作，“可以由曲艺界动手，小说、诗歌作者支持。这因为有时候，曲艺工作者不像小说作者那样熟悉创作中的生活，可能改编的不当，再经过艺人表演，也许更走了样，所以要请小说作者给予协助。有时，可能是改编者写好了，但拿到艺人手里又通不过，又要改；这也需要大家共同商量、研究，不是一下子就可以完成的”[①]。赵树理是这样说的，也是这样做的。当赵树理看了中央戏剧学院歌剧系师生改编的歌剧《小二黑结婚》剧本后，亲自来到中央戏剧学院，和马可、田川他们谈了进一步修改剧本的意见。田川后来回忆当时的情景时说：“赵树理是坐着三轮车来的。……当时，赵树理谈了小说《小二黑结婚》的创作情况，并建议创作者们亲自到‘小二黑’故事的发生地去看一看。”依照赵树理的提议，马可、田川、杨兰春、郭兰英等十余人，开始到故事发生地山西太行山区体验生活。这一趟没白走，田川回忆说：“我们都是步行，走了可能得有数百里路，体验了沿途的大量风土人情、民歌民俗。一边走，一边构思剧本。……我们到了小芹原型生活的那个村子，看见村头有一池清水，想到小芹当年一定在这里洗过衣服，就设计了洗衣的情节和唱词：清凌凌的水来蓝格莹莹的天，小芹我洗衣衫来到河边……”于是，歌剧《小二黑结婚》里最有名的一段唱词，《清凌凌的水蓝莹莹的天》诞生了。而让创作者没有想到的是，《清凌凌的水蓝莹莹的天》后来成为中国现代音乐史上最为脍炙人口的旋律之一，流传至今。[②]

① 董大中主编：《赵树理全集》第六卷，第147页。

② 杨永华、周田坤：《经典歌剧〈小二黑结婚〉的幕后故事》，《党史纵横》，2011年第8期，第43页。

第一章 《小二黑结婚》的改编与传播

一、小说的创作与发表

1943年,赵树理担任中共北方局调研室调研员。这年4月,他来到左权县调研,住在县政府所在村。一天,房东家来了个亲戚,赵树理见他满面愁容,少言寡语,料定他心里一定有什么磨不开的事,便上前主动和他攀谈起来。原来,房东这个亲戚是来县上告状的,说他的侄儿、民兵队长岳冬至被两个村干部以"乱搞男女关系"为名带去批斗,第二天早上被发现吊死在牛棚里。村长和村秘书都说他是上吊自杀的,可是让人觉得蹊跷的是,死者的遗体虽然被吊在牛棚上,可腿还半跪在一堆牛粪上,而且牛棚的门是从外面插上的。很显然,岳冬至是被人害死的。至于村长和村秘书为何要置他于死地,据这个亲戚说,侄儿与村里姑娘智英祥要好,而村长和村秘书都垂涎于智英祥的美色,常到她那里纠缠,但每次都被智英祥给顶了回去,他俩可能是迁怒于侄儿与智英祥谈恋爱才将侄儿害死的。听完此人的叙说,赵树理也感到岳冬至的死很可疑,尤其是当他听说十九岁的岳冬至曾被抗日政府授予"特等射手"的称号,还在一次反"扫荡"作战中击毙过两个日本鬼子,是当地有名的抗日英雄时,更是下决心非要将此案查个水落石出不可。赵树理立即带着这位老乡到县司法、公安部门报案,还协助公安部门到村里进行调查,终使案情真相大白。原来,杀害岳冬至的凶手正是那几个村干部。

案子查清了,杀害岳冬至的凶手也受到了法律的严惩。赵树理决定将这个案件写成调查报告以供教育之用,并为此专门到村里了解群众对这件事的看法。可令他感到吃惊的是，几乎村里的每个人都认为村干部打死岳冬至犯了法固然不对，但岳冬至有了童养媳还与智英祥好，败坏了村里的风气，教训教训他也还是应该的。听到村民们的这些议论，赵树理的心情十分沉重。尽管边区政府不久前刚刚颁布了《晋冀鲁豫边区婚姻暂行条例》和《晋冀鲁豫边区妨害婚姻治罪暂行条例》，对婚姻自主做了明确规定，但要在婚姻问题上破除已沿袭几千年的父母之命，媒妁之言这些封建陈规，看来并非一朝一夕的事。特别是联想到自己两个妹妹被父亲包办的不幸婚姻，赵树理愤怒了。在根据地，新的天，新的地，共产党领导下的人民当家作主，赵树理决心为新青年的婚姻自主鼓与呼。于是，赵树理决定以这一案件为素材，创作一部反对封建思想、表现男女青年追求婚姻自主的小说，题目就叫《小二黑结婚》。小说的结局是，区长批准了小二黑和于小芹结婚，小两口成了村里第一对好夫妻。一向欺压百姓的金旺、兴旺被逮捕，还被县里判了刑。村政权进行了改选。二诸葛和三仙姑两个“神仙”也有了变化。为了宣传婚姻自主的幸福美好，原本发生在生活中的这一真实惨案在赵树理这里打个了弯，由悲剧变成了喜剧，有了个圆满的结局。正如赵树理所说：“要把小二黑写死，我不忍，在抗日战争中解放区的艰苦环境里，要鼓舞人民的斗志，也不应把小二黑写死。”[1]

《小二黑结婚》完稿后，赵树理将书稿交给了中共北方局党校校长杨献珍。杨献珍看了《小二黑结婚》后激动不已，他没想到赵树理在这么短的时间里就完成了这么一部好作品。他立即将这部小说稿交到了时任中共北方局妇委会书记的彭德怀夫人浦安修手里。浦安修当时正在考虑要编一些宣传婚姻自主的材料，看了《小二黑结婚》后喜出望外，认为它在反映青年男女爱情生活的许多作品中，是别开生面的一个杰作，是不可多得的一部好作品。随后，浦安修将这部小说推荐给彭德怀副总司令。彭总认真审阅了小说，还了解了小说的创作过程，并亲笔为《小二黑结婚》题词：“像这种从群众调查研究中写出来的通俗故事还不多见。”小说写成于1943年5

① 赵魁元：《关于〈小二黑结婚〉的几个话题——纪念〈小二黑结婚〉发表七十周年》，《中国赵树理研究》，2013年第1期，第10页。

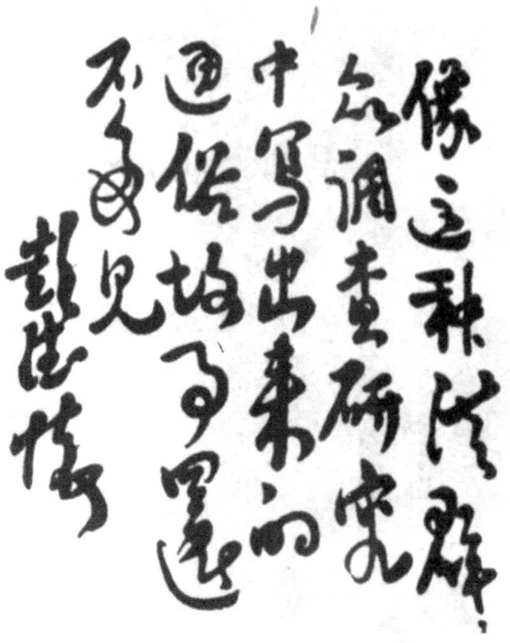

彭德怀为小说《小二黑结婚》的题词

月，9月由华北新华书店出版，在该书的扉页上还特地印上了彭德怀为作品写的这句题词。

二、小说的改编与传播概况

然而，让人没想到的是，书刚上市，批评的文章就接踵而来，尤其是当时在《新华日报》(华北版)上刊登了一篇颇具影响的文章，称《小二黑结婚》只是简单地描写青年男女之间的恋情，小说内容过于庸俗化，不能登大雅之堂，并指责小说作者不去宣传抗日大事情，净写些儿女情长、没有什么意义的爱情婚姻琐事。还有人说《小二黑结婚》是“海派货色”，小二黑和小芹就是十里洋场的蝴蝶鸳鸯！

与这种文人的批评截然不同的是，《小二黑结婚》出版后，立即以它深刻的主题、新颖独特的风格和浓郁的农村生活气息受到了群众，特别是农民的热烈欢迎。小说出版不久，太行山的山庄窝铺、沟沟岔岔里都掀起了争读争念《小二黑结婚》的热潮。第一版连印两万册，仍供不应求，后又陆续印到四万册，其他根据地如山东、淮北、晋绥、冀中也纷纷翻印出版。据统计，光新中国成立前的版本就有十多种，如新华书店1946年版、东北画报社1947年版、东北大学1947年版、香港新民主出版社1947年版、山西吕梁教育出版社1947年版、东北书店1948年版、华北大学1948年版等，新中国成立后出版印行的次数就更多了。此书还被译为俄、日、法、捷克斯洛伐克、罗马尼亚、越南、挪威、印度尼西亚等多国文字，先后在国外出版了五十余种版本。

在小说还未正式出版之前，1943年7月，根据手抄本，《小二黑结婚》就被改编成襄垣秧歌剧而被搬上舞台。

小说正式出版不到一个月，1943年10月，武乡县光明剧团又将它改编成秧歌剧上演，接着武安、涉县、平顺、壶关及太岳区的阳城、沁源等地剧团也纷纷改编演出，有上党梆子、武安落子、中路梆子、沁源秧歌、襄垣秧歌、武乡秧歌、小花戏、蒲剧、歌剧、话剧等，一时间轰动了太行、太岳解放区，遍及晋冀鲁豫，并很快传遍了敌占区和国统区。

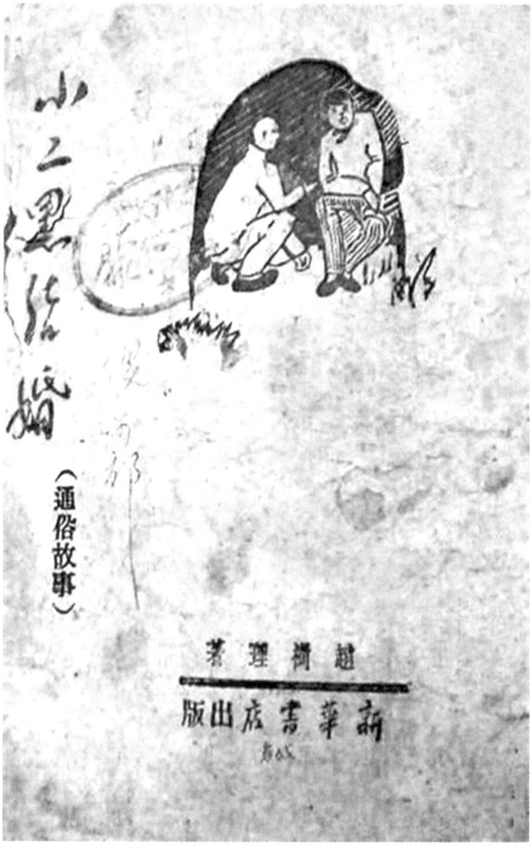

小说《小二黑结婚》最早的版本

此后，在全国各地，《小二黑结婚》被陆续改编成歌剧、话剧、评剧、豫剧、山东快书、弹词、电影等多种艺术形式。

据不完全统计，截至“文化大革命”爆发，总共有两千多个乡、县、地、省及国家级剧团用三十多个剧种把《小二黑结婚》搬上舞台。此外，《小二黑结婚》还被改编为连环画、木刻、民间窗花等多种艺术形式出版发行，或在民间自行流传。

三、具体改编本与小说原著之文本比较

在特定的历史时期，各种因素都会直接或间接地对艺术创作产生某种

影响，因此从作品的演变角度和传播方式重新审视《小二黑结婚》，将会获得一种新的认识视野和新的理解，对我们今天重新认识赵树理及其创作可能会有某种启发。在此，本文拟列举几种主要的改编本，并在此基础上对文本再创作过程中不同话语、不同逻辑、不同实践原则进行具体的比较和分析。

(一)话剧

话剧《小二黑结婚》改编于1948年，起初由华北人民文工团排演，后因战事紧张而暂停。1951年2月，北京人民艺术剧院重新编排上演，由于村编剧，共分六幕。

与原小说比较，话剧《小二黑结婚》主要在人物设置上有了一些变化：

1.主要人物形象小二黑和小芹的反抗性格更加突出。小说第六节《斗争会》在描写小二黑、小芹与兴旺他们之间的斗争时，虽然也写出了二人面对黑恶势力敢于反抗的性格特点，但这种针锋相对的斗争却显得并不激烈，尤其是在村长的调解下双方冲突完全被淡化。而话剧第三幕则重点突出了小二黑和小芹在同邪恶势力斗争时光明磊落、义正词严的英雄气概。小二黑不但对兴旺之流据理力争，严加痛斥，还表现出对村长这个和事佬的不满，甚至指责；小芹在面对村长和兴旺老婆时，也是一副正气凛然、不可侵犯的样子。与小说里的小二黑、小芹形象相比，他们的思想觉悟更高，更具反抗性。这种处理，一方面避免了人物的脸谱化，突出了主要人物的英雄气概，使人物性格更加鲜明；另一方面也充分利用了话剧重在集中场面和表现台词的特点，使得双方矛盾逐步加剧。

2.对一些次要人物的戏份做了不同程度的调整。第一，增强了大黑和村长的出场和话语。先说大黑，小说里在交代小二黑时告诉读者，“小二黑，是二诸葛的二小子”，让读者知道小二黑家里还有一个哥哥，直到《二诸葛的神课》这一节，大黑才正式出场，但也只有一两句话，并没有过多描述。在话剧《小二黑结婚》第二幕，二诸葛要为小二黑买童养媳，大黑明确地表示了反对，虽然只有短短几句话，但大黑认为他爹这么做是胡闹，俨然成了小二黑的支持者。

与大黑突显的正面形象相反，在小说中出场也不多但至少还是站在公正立场说话的村长这一形象，在话剧里则被刻画成反面角色。在话剧第三幕里，当小二黑和小芹被兴旺等人非法捆绑进行斗争时，村长出来调解，他不但不为小二黑和小芹说话，反而是一味地和稀泥，做了一个不讲原则的和事佬；他不但不对错误的一方严厉批评，甚至还反过来让正确的一方息事宁人，一再退让，以至于小二黑和小芹对其表示了强烈的不满。从话剧中这个人物的表现来看，甚至会让人感觉正是村长助长了黑恶势力的嚣张气焰，他俨然就是一个帮凶。

第二，减弱了金旺和兴旺的出场和话语。剧本对金旺和兴旺两个人物也做了修改，减少了二人的出场次数，除了第一幕的调戏环节，金旺仅在第三幕的斗争一场戏中出场；在第五幕“拿双”这一情节中兴旺只有两句台词，金旺则没有登场，全部经过都由群众转述。

3.增加了一些次要人物。话剧《小二黑结婚》除了调整了人物戏份外，还增加了一些次要人物。主要增加的就是两个村民形象，一个是三元，一个是小永。在第一幕里，三元和小永在三仙姑家出场，两人有一大段的对话，不但交代出小二黑和小芹的恋爱关系，而且还历数了金旺、兴旺兄弟的罪恶，透露出对横行霸道的金旺等人所掌控的村政权的极其不满，为正反两方的矛盾发展起到了穿针引线的作用。同时，他们也是小二黑和小芹进行反抗斗争的有力支持者，帮助小二黑和小芹共同完成了反封建任务。

在剧本的最后有这样一段话：“中央人民政府已公布新婚姻法，但封建残余力量仍多方阻碍婚姻自主，此种案件层出不穷，甚或引起自杀惨剧，故此剧上演仍有其现实意义，特整理出版。改写时注意加强正面力量，但舞台形象化之后，二诸葛三仙姑恐仍难免为突出人物，谨希演出者注意，勿使后二人物过于丑化并避免喧宾夺主。”[①]话剧《小二黑结婚》就是本着这个原则，把小说中的人物关系和情节进行了简单化处理，力求寻找最有冲突、最

① 于村编：《小二黑结婚》（六幕话剧），上海：文化生活出版社，1952年，第139页。

有戏剧性的情节来排演，并通过上述三方面的改变来体现这一宗旨。

另外，和小说相比，话剧强化了宣传效果，对新婚姻法的贯彻落实起到了积极的作用，正面人物的加强也有助于点燃解放区群众的革命热情，推动了群众斗争的实际，但从艺术价值来看，相对于小说而言则有所削弱，在一定程度上逊色于小说的艺术魅力。

（二）评剧

评剧《小二黑结婚》于1950年4月由曹克英改编，先是由东北文艺出版

评剧《小二黑结婚》剧照，赵丽蓉（左）饰演三仙姑

社出版，1952年则改由北京宝文堂书店出版发行。1950年7月25日晚，新凤霞领导的凤鸣社，在长安剧院开始演出，新凤霞饰演小芹，饰演三仙姑的是后来非常有名的小品演员赵丽蓉。1962年，毛泽东调看了评剧《小二黑结婚》的影片后，称赞它“讲明理，通神韵”，对赵丽蓉的表演更是赞赏有加。[1]

① 袁成亮：《〈小二黑结婚〉的幕后故事》，《党史纵览》，2007年第5期，第30页。

全剧按照小说里的出场顺序共分十六场，每场戏都用两个字概括，如第一场《爻卦》指的是二诸葛，第二场《跳神》指的便是三仙姑，让人一看便知内容。

跟小说相比，评剧在人物、内容和主题上都发生了很大的变化：

第一，在情节安排上，评剧主要以小二黑和小芹为争取婚姻自主跟双方父母之间的斗争为主要矛盾。小芹不满母亲三仙姑不征求自己的意见就私下为她立下婚书，而且还是嫁给一个比自己父亲还要老的地主马秉正。最终，小芹跟小二黑坚决地站在一起，撕毁婚书，捍卫了自己的婚姻。

评剧在细节方面也有一些变化，比如关于三仙姑米烂了的故事，来问病的人由金旺父亲换成了赵大叔，被提醒米烂了的人由年幼时的小芹换成了小芹的父亲于福。这可能与戏剧需要时间、地点高度集中有关。

第二，在人物设置上，比较大的变化是小说里的两个恶霸金旺和兴旺不见了，而新设置了一个叫马秉政的老地主。此人曾在阎锡山的手下做过旅长，退职后凭着雄厚的钱财横行村里。由于妻子死得早，他看上了年轻貌美的小芹，先是调戏小芹不成，后又通过媒婆用丰厚的彩礼打动小芹的母亲三仙姑，打算强娶小芹为妻。可以看出，马秉正的形象是小说中金旺、兴旺和退职军官吴先生的结合体。比起小说里的恶势力代表，评剧里的反面力量完全被弱化，马秉正既没有实权，也没有迫害小二黑和小芹的情节，只是一个单纯贪钱好色的土财主。

第三，在主题方面，评剧也相应地发生了变化，小说的内容既写到了小二黑和小芹为争取婚姻自主对家长封建迷信思想的反对，也写到了与金旺、兴旺封建恶势力的斗争；评剧《小二黑结婚》则主要反映小芹同母亲自作主张的这门婚事做反抗，是一场新旧婚恋制度的对比和抗衡，原著里关于和封建恶势力那一方的斗争就被淡化了。但另一方面，评剧为了宣传抗日民主政府颁布的新婚姻法，明显地拔高了小说的主题，比如，剧中小二黑和小芹被安排在一块工作，共同的志向和缘分让两个人互生情愫，其中第三场《订婚》更是把两人谈恋爱的场面表现得大胆热烈，突出了在边区政府领导下的解放区人民对新婚恋观的追求；为了在表现男女平等的观念上也有所突破，在第九场《巧遇》中小芹和一群妇女唱道“多亏了共产党把咱们解放，受压迫的妇女能把身翻；再不受地主压迫男人虐待，天大的恩情报也报不完”、“每日识字班上学文化，学会了识字唱歌多么喜欢；来竞赛，搞互助，大家一齐争模范”等，反映了解放区妇女们新的精神面貌。通过展现小二黑和小芹这对新社会的青年男女敢于向旧的婚姻制度发出强有力的挑战，歌颂了党的新政策。

另外，评剧中二诸葛和三仙姑的戏份过多，虽然增强了戏剧的可看性，但其实也是迎合了一般观众的欣赏趣味，更重要的是这种处理冲淡了观众对主要人物的印象，削弱了正面力量。第十五场和第十六场甚至分别以《传案》和《过堂》做标题，明显地承袭了封建旧文学的清官断案模式，把赵树理小说的隐文本变成了显文本，给人一种浓浓的封建气息。

（三）豫剧

1953年12月，河南省实验剧团就把《小二黑结婚》改编成了豫剧，并在河南开封上演。1963年，又由田川、杨兰春改编成七场豫剧，由河南人民出版社出版。后来，该剧还被拍摄成舞台艺术片，成为豫剧的经典剧目之一。进入21世纪后，该片几乎年年播放，至今还在音像市场和网络流传，成为所有改编剧种形式里生命力较长久的一种。

与小说相比，豫剧《小二黑结婚》有多处大的改动：

第一，始终以小二黑和小芹为中心人物。小说一开头，首先向读者交代了故事发生的时间、地点，然后对两位“神仙”分别做了具体介绍，一方面写出了二诸葛和三仙姑的迷信可笑，一方面则为介绍下文一一登场的人物做引子，依次介绍了小芹，金旺、兴旺兄弟和小二黑，从而逐渐把故事推向高潮。而在豫剧里，主要人物小二黑和小芹最早并且同时出场，把他们遇到的婚姻问题直接摆出，开门见山，切入正题。这样的改编，一方面使主题更加突出，另一方面也是宣传新婚姻政策的需要。豫剧完全以他们为核心和主导，表现了新时代的青年男女对自己的婚姻大事由自己做主的大胆意识。

第二，突出了政治化主题，而非政治性的伦理观、道德原则和娱乐性则被削弱，甚至被删减。豫剧《小二黑结婚》中二诸葛的不宜栽种和三仙姑的米烂了两个典故完全被删除，三仙姑最后被叫到区上的滑稽表演也减弱了许多。相反，小二黑和小芹在面对金旺时的台词则被改得更有阶级性，如小二黑被抓时高喊“打倒金旺”，明显充满了阶级斗争的色彩。

第三，豫剧改变了小说中正反力量的强弱对比，强化了正面力量，弱化了反面力量。这一点具体表现在三个方面：一是增加了正面人物形象，年轻的如小荣、喜兰和年根，年长的有老董等；二是减少和丑化了反面角色，小说中的金旺、兴旺兄弟减少为金旺一个人，而且还被做了丑化处理，如在河边调戏小芹那场戏时，小荣和喜兰嘲弄金旺，让他出尽了洋相；三是群众对金旺的态度不再像小说里写的那样敢怒而不敢言，而是英勇不屈，当面反抗，敢于大胆地公开揭发金旺的罪行。可以看出，豫剧中明显增强了群众的阶级斗争意识。

另外，剧本中还有一个大胆设置，就是把小说中的男区长变成了女区长，强化了男女平等的意识，成为新的亮点。

总的来看，豫剧《小二黑结婚》的主要人物形象更突出，正面色彩更浓厚，喜剧色彩更浓郁，充满昂扬向上、积极乐观的力量。

（四）歌剧

1952年，中央戏剧学院歌剧系根据赵树理的同名小说集体改编，田川、杨兰春执笔，马可、乔谷、贺飞、张佩衡作曲，创作了歌剧《小二黑结婚》。1953年1月，作为歌剧系的毕业作品，首演于北京实验剧场。1957年，由中国戏剧出版社出版单行本。除此之外，各地方版本也层出不穷。

总的来看，歌剧作者忠于原著精神，以自己熟悉的生活，按其歌剧理想，把改编当成创作，重新处理，赋予歌剧以新的生命。剧诗与剧词生动通俗，充满精彩的群众语言和风趣的戏剧情节，热情地讴歌了农民中开明、进步的新生力量的胜利，表现了社会进步的深刻主题。歌剧《小二黑结婚》已然成为我国民族新歌剧的代表作之一。

和小说相比，歌剧《小二黑结婚》有以下几点改进：

第一，对小说的故事情节进行了大胆的改造。小说采用的是传统的评书体，情节结构比较生活化、散文化，不太利于以戏剧的方式表现。歌剧通过增删、剪裁、糅合，将原著情节做了更为简单化、集中化的处理。歌剧裁去了小说中一些次要的、枝蔓的，又不利于戏剧场景表现的情节。如原小说有斗争会一节，写的是在金旺的策划下，村武委会和妇救会分别斗争小二黑和小芹，后经村长出面调解而得到暂时解决。歌剧中这一情节基本被剪掉，只是保留了其中的一些细节，将其糅入"拿双"的斗争情节中——于是歌剧中小二黑、小芹被捆起来并没有被送到区里，而是在村公所；区长是被村里的群众请来的，而不是金旺自寻死路送上门的。通过这样的修改和再创作，全剧显得结构严谨，情节紧凑，冲突尖锐，主题突出，呈现出一派单纯明朗的风格。

第二，突出了主要人物小二黑和小芹的性格特点。歌剧把小二黑和小芹的自由恋爱精神作为贯穿整个婚姻斗争始终的主线，小二黑和小芹从出场直到最后实现婚姻自主，都表现得非常热情和勇敢，没有一点羞怯，也没有一点畏惧，比之小说更显进步，更显主动。如第一场小芹在河边洗衣裳的唱段《清凌凌的水蓝莹莹的天》，短短几句唱词充分表现了小芹兴奋、爱慕和赞赏的情绪，为观众刻画了一个朴实、纯真而不失矜持、羞答答的姑娘形象。歌剧中小二黑和小

歌剧《小二黑结婚》剧照，张扬饰演小二黑，郭兰英饰演小芹

芹的斗争意识比之小说显得更为果断和坚决。当金旺捆绑了小二黑，强迫他和小芹断绝恋爱关系时，他勇敢大胆地说“腰断我三截，我也不给你低头”。当小芹在面对是从母命或依媒妁之言还是自己做主的矛盾时，没有任何动摇的表现。当两人受了家庭强迫包办婚姻的痛苦相遇后，都没有丝毫的退缩，而是互发誓言，永不变心。剧情由浅而深，由暗而明，由斗争而胜利，将小二黑和小芹鲜明的性格一步步展现在观众面前，给观众留下了深刻的印象。

第三，增添群众力量，强化民主政权的支持。与小说中小二黑和小芹的斗争相对孤立不同，歌剧非常注意描写他们与金旺、兴旺兄弟和二诸葛、三仙姑斗争中群众的力量。剧本设计了原小说中没有的小荣、喜兰、年根儿等角色，他们既是小二黑与小芹的伙伴，又是小二黑和小芹的战友；他们对金旺这样的封建地痞流氓，也有清醒的认识；他们对小二黑打鬼子立功受表彰明显持赞许态度，对抗日民主政权他们又有着热切的向往。这是一群政治态度鲜明的阶级群众群像，一方面是小二黑、小芹与金旺的斗争中重要的支持力量，另一方面也反衬了金旺的不得人心。除此之外，歌剧还强化了以区长为代表的抗日民主政权在斗争中的主导性力量。在剧本第一场，小二黑从区里开会回来对小芹有这样的唱词：“我这次开会到县上，区长亲自对我谈，男女婚姻要自主，反对买卖和包办，二人同意就能结婚，谁也不能来阻拦，这就是咱护身的刀，能砍断那封建的铁锁链！”类似的话在后面小二黑和小芹的对话中一再出现，为区长最后出现在村公所广场上惩恶扬善、鼓励先进教育落后的高潮情节做了自然的铺垫。

另外，从音乐的角度来看，歌剧《小二黑结婚》在中国新歌剧史上占有十分重要的地位。它向传统戏曲（主要是北方的“三梆一落”，即山西梆子、河北梆子、河南梆子和评剧）吸取音乐素材，开创出一条在传统戏曲基础上发展歌剧的道路。在新中国歌剧史上，歌剧《小二黑结婚》是一部具有里程碑性质的作品，是当之无愧的红色歌剧经典。其中小芹在一开始唱的《清凌凌的水蓝莹莹的天》，旋律优美而抒情，唱词朴实而直白，至今仍在不同的场合以不同的方式上演，有着旺盛的艺术生命力。而小二黑的故事就在这样经典的音乐声中不断传扬，穿越了半个世纪的时空。[①]

（五）电影

《小二黑结婚》曾先后两次被搬上银幕。

第一次是在1950年的香港，由香港大光明影业公司拍摄发行。由董浩云先生（其子就是1997年担任香港回归祖国后首任特首的董建华）出资赞助，瞿白音改编，顾而已导演，香港著名演员顾也鲁饰演小二黑，陈娟娟饰演小芹，孙景璐和郑敏则分别饰演三仙姑和二诸葛。由于当时香港遭受英国殖民统治，而电影又涉及解放区题材，因此，影片在拍摄过程中经历了重重波折。先是遇到资金不足，接着又碰到片场和胶片的问题，拍摄过程中还得时时提防被国民党特务发现；好不容易拍成了，演员顾也鲁还受到威胁。不过，虽经历了千难万险，影片最终还是在1950年9月26日与香港观众见面了。这部电影寄托了香港电影进步力量和爱国民众对新政权的热切向往，在观众中产生了强烈反响。在当时，看《小二黑结婚》成为香港进步青年的一种时尚。但是遗憾的是，由于历史条件和香港的政治环境等多方面原因，影片没有能够进入大陆观众群，在中国电影史上没有产生多大影响，迄今为止也很难找到有关公映后当时香港观众对影片反响的资料。在《小二黑结婚》的传播史中，成为一个独特的存在。

第二次被搬上银幕是在1964年。1964年，在《小二黑结婚》发表二十周年后，由于封建包办婚姻在农村又出现回潮，当时主管电影的陈荒煤以行政命令的方式委托北京电影制片厂的干学伟把《小二黑结婚》搬上银幕，意图以新的艺术形式，继续发挥其教育群众的作用。和香港的那次改编相比，这次改编可谓占尽优势。第一，是政治环境有了根本不同，创作人员在创作上更为从容。第二，是政府支持，在设备、资金、演职员配备上无后顾之忧。第三，有地利之便，编导石一夫、干学伟以及演员可以到晋东南深入生活，便于在创作中表现出地方色彩。第四，一些具备丰富表演经验和革命经历的演员如赵子岳、葛存壮、周婷等的加入，不只保证了电影质量，而

① 樊星编：《永远的红色经典》，武汉：长江文艺出版社，2008年，第24页。

1950年，香港拍摄的电影《小二黑结婚》剧照，顾也鲁饰演小二黑，陈娟娟饰演小芹

且为传达小说独特的、革命的时代特色以及山西的地域文化色彩提供了保障。正因为有上述条件做基础，北京电影制片厂的这次改编在此前乃至此后的历次不同艺术形式的改编中都属翘楚，是对小说的完善和发展，是一次充满灵感的再创作，在新中国电影史上也堪称经典。

影片一开始就立场鲜明地为故事确立了一个政治救赎的基本框架，把小二黑结婚的故事纳入到民族政治解放的时代主题中，将小说演绎成一出政治救赎下的现代婚姻传奇。为了完成这一创意，主创人员对小说进行了大胆改编。

第一，强化阶级矛盾，作品主题更为典型。小说原著中，小二黑与小芹的自主婚姻遇到两大阻力，一是以二诸葛和三仙姑为代表的封建迷信思想和婚姻观念，一是以金旺、兴旺兄弟为代表的封建恶势力。但相对而言，小说对前者表现得比较突出，后者则显得有所淡化。对此，影片做了较大调整：弱化小二黑与金旺冲突的个人恩怨，将其上升为二元对立的阶级矛盾，并成为影片的主要矛盾，从而为影片营造了一个鲜明的政治语境。小说原著中将金旺破坏小芹和小二黑婚事的动机描述为因金旺垂涎小芹的美色又没占到便宜，因而视小二黑为情敌，伺机报复，其动机中私怨的因素大。电影则加大了小二黑与金旺二人阶级矛盾的叙述，具体表现在：将金旺在小说中的村政委员更改为武委会主任，加大了他的权势；为矛盾双方的背后设计了属于各自强大的政治背景，金旺身后增设了一个没有出场的、代表蒋介石和日本侵略者势力的二叔，小二黑身后则站着代表共产党、八路军边区民主政权的村长和区长，二人的斗争始终都是在二叔和村长以及区长的影响下进行的；通过细节强调小二黑与金旺的矛盾对影片中其他矛盾的制约，将其上升为阻碍小二黑与小芹自主婚姻的主要矛盾。比如三仙姑曾哭着对小芹爹说："你知道个屁！没听金旺放出话来吗，要是嫁给二黑，人家能答应咱们吗？"小二黑娘则劝小芹道："闺女啊，不是大娘狠心哪，昨晚二黑爹回来说，金旺放出话来了，要是二黑再往你们家跑，他就要斗争他，人家权大势大，为二黑，你就死了这份心吧。"媒婆对三仙姑说："你吃下神这碗饭也不易啊，人家金旺、兴旺要是想难为你一下，还不是说抓就抓。"

第二，设置中心人物，故事情节更加紧凑。影片主创人员认为：小说原著中小芹、小二黑等人物群像用墨比较平均，没有分出主次，不符合戏剧原理。所以将受封建压迫最深、最重的妇女形象——小芹设置为故事的中心人物，通过小芹联系起小二黑、三仙姑、二诸葛夫妇、金旺等众多人物和错综复杂的矛盾，共同编织了一幅新建立的抗日边区民主政权下的社会生活图景，并通过小芹的觉醒和斗争历程来揭示农村广大妇女觉醒和反抗的心路历程。这样使得故事情节更加紧凑，矛盾更加鲜明，更集中地表现了影片政治救赎的主题。

影片的矛盾冲突也安排得更为集中。小说在表现小二黑和小芹同封建迷信思想和封建恶势力做斗争的矛盾冲突时处理得较为简单，许多场面不但没有详细描述，而且也没有营造出高潮，使得小说的情节没有完全展开。电影大大丰富了小说文本的空白，不仅增设了许多小说里没有的冲突场景，而且还集中地安排这些冲突，为全面揭示人物的性格和心理起了关键作用。如电影在开场不久，设计了庙会这个大场面。在这个空间里人物众多，民兵、村民、男女老少悉数登场，极其热闹。但编导在群像里让主次人物依次亮相，故事的矛盾也就此展开，不仅让观众记住了主次人物的性格特征和他们之间的矛盾，而且为以后的情节发展埋下了伏笔。影片在展现金旺和小二黑之间这个大冲突时分三个场景循序渐进，从最初庙会上的暗中较劲，到斗争会上的逼迫捆绑，再到小河边的愤怒抗争，金旺和小二黑的冲突由淡到浓，由弱到强，由平静到强烈，最终导致矛盾激化。除此之外，影片增加了许多小说中没有涉及的冲突场面。如二诸葛和小芹之间的正面冲突，全面展现了小二黑和小芹为争取婚姻自主在面对封建家长制这一阻力时的心理矛盾和纠葛。再如小芹和金旺之间的对抗，影片除了展现金旺在小芹家调戏这一情节，还增加了小河边的一场矛盾冲突来进一步表现小芹的反抗精神。影片在表现小芹和三仙姑的斗争时也增强了矛盾的激烈性。三仙姑强迫小芹收彩礼不成，便下神指示于福棒打小芹，小芹忍无可忍，当众呵斥媒人，戳穿了三仙姑装神弄鬼的把戏，并掀翻彩礼摔烂三仙姑的神牌，被反锁房门后于深夜砸窗而逃，向旧的婚姻制度发出了强烈的抗议。此外，影片还增设了二嫂、小莲等一干人，在小芹和小二黑之间起到了穿针引线的作用，也成为小芹和小二黑背后的有力支持者。

第三，增强爱情因素，正面形象更为丰满。小说主要讲述的是小芹和小二黑争取婚姻自主的爱情故事，但正面描写二人之间生活接触与谈情说爱的地方却很少，而且他们的恋爱发展史也没有一个明晰的过程，只是在简单描述后就转入二人为争取婚姻自主的斗争中。后来有人就曾批评赵树理不会描写爱情，是“没有爱情的爱情描写”。为此，电影的主创人员在影片改编时加入了大量爱情画面，并形成一条清晰的爱情发展主线。影片开头不久，编导就设计了一个表彰大会，主要表彰小二黑在反“扫荡”中的英勇壮举，然后，通过小芹的回忆，追叙了在一次反“扫荡”的战斗中，小二黑负伤后小芹为其包扎伤口，因而两人第一次互生情愫；接着在庙会上小芹向小二黑表露爱意，传递了真情；然后在小河边小芹故意扔毛巾给小二黑擦洗，并正式答应了小二黑的提亲请求；在遇到二诸葛的责骂和极力阻挠后，小芹有过彷徨，有过迷茫，但在小二黑生病时还是托二嫂去送核桃以表忠心。这条爱情发展脉络从无到有，从暗地交往到关系明朗，从萌动到无助再到坚定，不仅大大延展了小二黑和小芹的恋爱经过，而且更加深刻而多角度地塑造了人物形象，显得真实可信而情趣盎然。

影片还极大地丰富了主要人物的性格，从扁平形象发展为圆整形象。在小说里，小芹只是一个外表美丽的乡村女子，她吸引小二黑的，主要的是她的自然属性——天生丽质。但是在电影里，小芹不只长相漂亮，而且心

1964年拍摄的《小二黑结婚》电影海报

灵也美。在小二黑试探小芹，说自己家里穷，没有人愿意嫁给自己时，小芹随即表明，“谁嫌你家穷了”。小芹的回答，符合不嫌贫爱富的传统美德，这也是传统社会对女子品性的基本要求。另外，电影还对小芹进行了革命化的包装，如参加妇救会，到各家各户搜集军鞋，表明其思想进步。小二黑在小说里就是革命队伍里的一员，到电影里，这一点得到进一步强化，如在反“扫荡”中掩护村民撤离，打死敌人，背起受伤的乡亲，在庙会上背着武装带，带领民兵队伍，显得威风凛凛。影片结尾，小二黑还当选为新一届武委会主任，领导刘家峧村民们走上了新的道路。经过这样的重塑和包装，小

二黑和小芹之间的相爱就成为两个革命青年的相爱,他们恋爱的成功就不仅是对封建包办婚姻的抗议,而且还是对革命的颂扬。

第四,注重人文关怀,喜剧形象更为真实。这一点首先表现在对三仙姑这个人物形象的改造上。在小说中,三仙姑是一个轻浮放荡的女人,她打着下神的幌子招引单身男人和年轻后生,以弥补她在丈夫于福身上满足不了的情欲。她阻止小芹与小二黑结婚,除了封建家长包办婚姻观念的影响,更主要的因素是因为吃女儿的醋,“小二黑这孩子”“好像是鲜果”,“可惜多一个小芹,就没了自己的份儿”,因而从中作梗。但三仙姑这样放荡轻浮的女人,在现实农村中并不普遍,她为争风吃醋而阻止小芹与小二黑自由恋爱与结合纯属个例,缺乏典型性,而且这样的人物形象如果原封不动地搬上银幕,势必会冲淡影片的反封建意义。所以,电影在塑造三仙姑时,洗脱了她性格中轻浮放荡的一面,一转而为农村中具有严重买卖婚姻观念的封建家长典型,她对小芹恋爱的阻挠主要是贪图吴家的钱财。这样的改变使人物形象更为真实可信,也进一步加强了影片的反封建力量。

其次,影片对小说中两个喜剧,甚至带有闹剧色彩的人物三仙姑和二诸葛,在不影响故事抒情正剧的前提下,既充分渲染了人物原有的喜剧色彩,又给予其恰当的人文关怀,使其喜剧性不致滑向闹剧。比如,影片分配了一些镜头描绘三仙姑身上少见的妻性和母性:赶庙会前,三仙姑帮于福拍打身上的灰尘,又帮小芹戴上项链,并嗔怪他们一个不知干净,一个不知打扮;在小芹和三仙姑闹翻被反锁在房里后,于福要给女儿送饭,三仙姑虽然嘴里说着狠话,但还是哭着把房门钥匙扔给了于福。又如,在小说中,二诸葛是一个信仰黄道黑道、阴阳八卦的既愚昧糊涂又胆小怕事的老实农民,身上的奴性很重,面对金旺、兴旺兄弟这样的强权黑恶势力,只知道下跪求饶,绝无半点反抗,而影片在处理这一情节时,不再让二诸葛下跪,减弱了他的奴性。

以当时的主流意识形态眼光来看该片的改编无疑是成功的,影片公映后也受到观众的欢迎。借助于电影这种传播媒介,小二黑的故事不仅在田野、场院等开放性的演出场所吸引教育了成千上万的乡村农民,而且在城市的各大影院、剧场都创下了至今难以超越的演出场次纪录。

（六）襄垣秧歌

最早把小说《小二黑结婚》搬上舞台的，是襄垣秧歌。

1942年，当时还在太行行署工作的赵树理慕名来到襄垣群众剧团，随团下乡观看演出数日，对襄垣秧歌这个群众喜闻乐见的地方剧种和团内宣传抗日的进步节目给予了很高的评价，并将自己尚未发表的小说《小二黑结婚》逐字逐段地口传给剧团，让团里的编剧改编成剧本搬上舞台。剧团领导如获至宝，当即组织人员编写。在此期间，赵树理向编剧和演员们详细讲述了在左权农村的采访及创作经过，共同探讨故事剧情的发展和人物性格的塑造，并以其深厚的艺术功底，从唱、念、做、打和具体排练等艺术层面上言传身教，提出了很多指导性的意见。该剧排练如期杀青，一经登台演出，立即在太行、太岳根据地引起轰动，受到社会各界和广大群众的好评。襄垣秧歌在小说《小二黑结婚》正式发表前即与赵树理结下了不解之缘。[①]

襄垣秧歌《小二黑结婚》由李森秀等改编，于1943年7月第一次正式演出。1962年，剧作家张万一对最初的剧本进行了修改。七十多年来，襄垣秧歌剧团在全国不少省市演出《小二黑结婚》六千多场，场场爆满。最近的几次大型演出有：2011年，襄垣县秧歌剧团在长治潞安剧院先后两次演出襄垣秧歌《小二黑结婚》，第二次演出是作为庆祝建党九十周年红色经典剧目参展的；2012年10月28日下午，为喜迎党的十八大胜利召开，襄垣县文化馆秧歌艺术团，在长治市天宫乐园平台展演了《小二黑结婚》全剧。襄垣秧歌已于2009年被列入国家非物质文化遗产项目。

与小说相比，襄垣秧歌《小二黑结婚》在人物设置方面有几点不同：一是增加了旦嫂这一形象，她是以小芹与小二黑自由恋爱的支持者出现的；二是媒婆由一个男演员扮演，外号叫铁嘴老三，一个典型的丑角和喜剧人物；三是村长比较正义，一方面支持小芹和小二黑的正当恋爱，另一方面对

① 苗炎和：《赵树理与襄垣秧歌〈小二黑结婚〉》，《山西老年》，2010年第12期，第15页。

金旺的罪恶有着清醒的认识，并直接向区长做了反映。

具体来说，襄垣秧歌《小二黑结婚》有以下几个特点：

第一，人物形象鲜明生动。襄垣秧歌《小二黑结婚》，用戏剧的手法成功地塑造了小二黑、小芹、三仙姑、二诸葛、金旺等个性鲜明的人物形象。其中，三仙姑这个人物可圈可点。无疑，三仙姑在剧中是个丑角行当，好多剧目中的丑角都是剧中的调味品，而三仙姑在襄垣秧歌《小二黑结婚》中却是道主菜。襄垣秧歌的戏曲行当又以塑造“三小”（小生、小旦、小丑）见长，给了三仙姑这个人物很大的表演空间。四十多岁的三仙姑一出场，鬓插红花身着艳装，粉面朱唇老来俏，走起路来扭一扭，脸上的粉都能撒一路。额头上涂着的那个圆圆的黑色印记分外耀眼，是三仙姑丑角的活标签。再加上刚出场那个唱段的安排以及演员出彩的表演，把个打扮得风流妖艳、喜欢招蜂引蝶又常常装神弄鬼的三仙姑的小丑形象刻画得入木三分。

第二，农村演员表演风趣。襄垣秧歌《小二黑结婚》从第一次演出到如今，演员已先后换了十五茬，每茬演员都来自农村，这对演好这出戏起着非常重要的作用。《小二黑结婚》反映的是农村故事，剧中的人物都是农民。由农村进入剧团的农民演员，对这些人物形象，都有似曾相识之感。有的觉得“我们村有类似这样的人”，有的感到“邻近村也有剧中人的影子”。所以，由他们来演《小二黑结婚》，实质上是演员演自己身边的人，演自己身边的事，是演他们自己。演员们一举手、一投足、一眼神、一唱念，都能从内心到外表，深刻、准确、活灵活现地塑造出不同人物的不同形象，达到了满台生辉、感染观众的绝佳效果。

第三，地域特色浓郁醇厚。襄垣秧歌主要流行于山西长治地区，和评剧、豫剧这样的知名大剧种相比，显然只能算是微不足道的小剧种。但襄垣秧歌戏曲音乐旋律感强，抒情和叙事性强，句式结构较为简单明快，没有长的拖腔，干脆利落。襄垣秧歌《小二黑结婚》中，小芹的唱段《反对买卖婚姻歌》，小芹、小二黑唱段《心里头爱谁我只爱谁》及三仙姑唱段《三八式步枪带盖盖》，都具有浓郁的左权开花调音乐特征，使该剧音乐具有很强的地域性和地方特色。襄垣秧歌中的锣鼓经更是别具一格，独特的锣鼓节奏组合成了襄垣秧歌音乐重要的组成部分，也是襄垣秧歌音乐的一个重要标志。每每在剧中响起，听得人心痒痒，不由随之哼唱并手舞足蹈，过耳难忘，百听不厌。襄垣地方语言朴实，该剧使用襄垣方言作为道白也是一大亮点，为该剧增加了轻松幽默的气氛。1962年，张万一对剧本进行修改后，台词达到了精益求精、令人回味无穷的艺术效果。不仅演员们易记、易背、易念、易唱，而且在听觉上给观众也带来了冲击和震撼。比如，三仙姑与铁嘴老三的一段对白："（姑）门搭搭开花拔来来，甚风刮将你来来？"这类语言，在农民生活中虽能脱口而出，但一变成台词，观众们就听得捧腹大笑，拍案叫绝。

在多元文化的现今社会，襄垣秧歌《小二黑结婚》历经七十多年久演不衰，拥有自己固定的观众群体确属不易。这在全国现代戏的演出中也是较为罕见的。[①]

① 连治华：《襄垣秧歌〈小二黑结婚〉的魅力》，《长治日报》，2012年11月28日，第4版。

第二章　《登记》的改编与传播

一、小说的创作与发表

《登记》创作完成于1950年6月5日，发表于《说说唱唱》1950年6月刊，是为配合我国第一部婚姻法的出台而创作的一部评书体短篇小说。这是赵树理在新中国成立后写的第一篇小说，也是影响很大的一篇小说。小说主要叙述了一对具有新思想、追求自由恋爱和婚姻的青年冲破家庭包办婚姻的阻挠，在刚刚颁布的婚姻法的帮助和保护下终于自由结合的故事。这部小说在思想内容上与《小二黑结婚》是基本一致的，表现的都是反封建主题，被看作是《小二黑结婚》的姊妹篇。

关于这篇小说创作的缘起，马烽曾回忆说："1950年夏天，正是大力宣传婚姻法的时候，刊物《说说唱唱》急需要发表反映这一题材的作品，但编辑部却没有这方面的稿子。编委会决定自己动手写。谁写呢？推来推去，最后这一任务就落到了老赵头上。这是命题作文，也叫做'赶任务'。一般说来是赶不出什么好作品来的。但老赵却很快'赶出'了一篇评书体的短篇小说《登记》。我当时曾这样想过：如果这任务落在我的头上，即使给我半年时间专门去搜集资料，也不可能写出这样动人的作品来。"[1]

《登记》虽然是一篇"赶任务"之作，但却取得了相当高的艺术成就。小说主要以张家庄张木匠的老婆小飞蛾为主线，描写了她与婆婆和女儿艾艾三代女性的婚恋故事。小飞蛾婚前在娘家有自己的相好，这在封建思想浓

①黄修己编：《赵树理研究资料》，太原：北岳文艺出版社，1985年，第44页。以下注释中提到的《赵树理研究资料》的出版社和出版年月均同此注，不再一一注出。

厚的农村被视作名声不正，在受过同样苦的婆婆的教唆下，被丈夫张木匠用锯梁子暴打了一顿后，便麻木地安于包办的婚姻生活。女儿艾艾与同村的小晚自由恋爱，也受到同样名声不正的非议，但是生长在新时代，在婚姻法的保护下，这对年轻人冲破重重束缚，终成眷属。对于这样的生活，赵树理不仅熟悉，而且早有强烈的感受。他一向对青年男女寄予同情，对落后思想和风俗不满，对旧社会妇女的命运无比痛惜。正是由于这样的原因，在大家“命题”之后，赵树理很快就写了出来，这也反映了作家的生活积累非常厚实。正如马烽所说：“老赵为什么能够在短时间内赶出《登记》来呢？最根本的原因还是他生活基础雄厚，脑子里早就形成了那些呼之即出的人物。就连那些‘罗汉钱’、张木匠用锯梁子打老婆之类的细节，也不是临时去‘搜集材料’所能搜集起来的，而是作者长期深入农村生活的积累。”①

二、小说的改编与传播概况

《登记》是赵树理在新中国成立初期发表的第一篇小说，当时反映社会主义工业、农业建设的重大题材成为文艺创作的中心，因此《登记》并没有像《小二黑结婚》那样立刻产生轰动效应，却引起戏曲界的广泛注意。据不完全统计，从1952年至1963年，相继有九个剧种将《登记》改编成戏曲。其中，沪剧有两个版本，同为宗华执笔，一为中国戏剧家协会改编，1954年由作家出版社出版；一为上海市文化局编审科改编，1959年由中国戏剧出版社出版。评剧有四个版本，分别是1953年由端木蕻良改编的北京宝文堂书店本，1954年由赵戈风改编的华北人民出版社本与1959年北京宝文堂书店本，1954年由李凤阳执笔、北京市评剧一团改编的北京宝文堂书店本。地方歌剧也有两个版本，分别是1954年湖北省地方歌剧团改编本和1963年湖北省地方歌剧团改编本。秦腔共两个版本，分别是1952年甘肃人民出版社编辑部改编本与1953年王槐蔚改编本。其他还有1953年端木蕻良改编

① 黄修己编：《赵树理研究资料》，第44页。

的河南梆子与1963年由周孝武改编的豫剧本，同为河南人民出版社出版。1953年由杨子静、莫汝诚执笔，广东粤剧团编导室改编的人间书屋粤剧本。1956年陈灵犀改编的上海文化出版社评弹本等。这些戏曲版本先后在各地上演，长盛不衰，甚至成为有些剧种的保留剧目。

《登记》还被改编为连环画和曲艺作品。对《登记》最早的改编是1951年9月，洪岳、里柯改编，武德祖绘的《结婚登记》连环画，由人民美术出版社出版。此后，《登记》被改编的次数也创下纪录，先后被改编为评剧、秦腔、眉户剧、沪剧、豫剧、粤剧、潮剧、歌剧等剧种，并被翻译成蒙文、维吾尔文、哈萨克文等少数民族文字，英、日、土库曼文等外国文字。其中，从1951年12月20日，端木蕻良改编为评剧并易名《罗汉钱》，在《说说唱唱》发表后，一时间地方剧种改编纷纷使用《罗汉钱》的名字，真正的名字《登记》反而不是那么出名了。

三、具体改编本与小说原著之文本比较

（一）沪剧《罗汉钱》

沪剧《罗汉钱》是1952年由宗华、文牧、幸之等执笔，上海市文化局艺术事业管理处创作研究室集体改编，剧本发表于《剧本》1952年第3期。导演张骏祥，助理导演蓝流，主演丁是娥、筱爱琴、邵滨孙、解洪元、石筱英，作曲董源、刘如曾。由上海沪剧团1952年10月17日首演于北京剧场，是华东区代表团参加第一届全国戏曲观摩演出大会的演出剧目之一，荣获剧本奖，并于1956年由上海电影制片厂摄制成戏曲艺术片，导演顾而已。这是《罗汉钱》的经典版本之一，是沪剧反映新生活、新人物的一次成功尝试，从此沪剧走向了全国。可以说《罗汉钱》是沪剧史上的一个里程碑。

沪剧《罗汉钱》根据戏曲的特点，对原著进行了相应的改动，具体体现在以下几个方面：

1.情节方面。第一，沪剧增加了第一幕第一场戏——《闹元宵》。增加这场戏的主要目的有两点：首先是使场景变得丰富多彩，“《罗汉钱》的作者

是曾经企图强调舞蹈和技艺的，因此在第一幕中有了很长一段'说灯'和送公粮舞龙灯的场面"[1]。戏剧是歌与舞的结合，而在反映现代生活方面，舞蹈的功能渐渐被大量的台词所替代，成为比例很小的一部分。在《罗汉钱》中，编者借闹元宵保留了舞蹈的成分，从视觉角度增加了戏剧的观赏性，放烟火、耍龙灯、唱大戏、踩高跷、凤阳花鼓等具有地方特色的民风民俗，既发挥了歌舞的特点，又符合当地观众的审美习惯，为戏剧增加了浓郁的趣味性。其次是戏剧作者借用这场戏，让主要人物全部出了场，如小飞蛾、艾艾、小晚、村长、五婶等，在这场戏里都亮了相；同时，故事背景、人物关系也通过这些人物的唱词、对话、活动等做了基本交代，如通过五婶之口说出小飞蛾的来历和遭遇，通过村长和王助理员的谈话使观众明白艾艾、小晚、燕燕、小进四人的关系以及村长的立场，通过小晚与艾艾互赠定情信物来引出罗汉钱的由来及其中的故事。另外，编者在这场戏里还从每个人物身上提炼出典型性以表现人物的个性特征，使人物一出场就给观众留下深刻的印象，如通过五婶与村长、小飞蛾、燕燕娘的谈话，既表现了五婶八面玲珑、巧舌如簧的媒人特点，也刻画了小飞蛾心如明镜、明辨是非和燕燕娘糊里糊涂、不辨真假的性格，形成了对照鲜明的两位母亲形象。所有这些，也都为接下来的剧情发展做了很好的铺垫。

第二，沪剧删去了原著中《谁该检讨》一节中的大段细节描写。在小说《登记》的结尾处，艾艾与小晚在村里举行婚礼，区长亲自主持，王助理员与村民事主任也被区长叫来参加，在婚礼上还受到区长的批评。这些细节在沪剧《罗汉钱》中被全部删去，而改为区长亲自下乡，深入群众进行调查，一方面支持了艾艾和小晚的正当恋爱，另一方面对不觉悟的村长进行了细心的说服教育，并最终使村长的思想发生了变化（原著中这一点基本没有体现）。这种处理一方面突出了党的代表——区长的正面形象，充分体现了没有调查就没有发言权的工作方法和为人民服务的宗旨，另一方面也强调了干部的可教育性，缓和了观众对村长的负面认识和评价，更具备政策性

① 王晓丽：《赵树理小说的戏剧改编》，临汾：山西师范大学，2013年，第36页。

的引导效果。但不可否认的是,这种处理也大大削弱了原著的现实主义批判力量。

1952年舞台剧《罗汉钱》剧照,丁是娥(左)饰演小飞蛾,筱爱琴饰演艾艾

第三,沪剧通过增加大量台词,以人物的对话来强化情节冲突。在小说中,赵树理是以第三人称的叙述方式来讲述,而在沪剧中,改编者让人物正面交锋,并添加了许多配角以丰富人物关系,表达观点。例如,在婚姻自主的问题上,编者就通过重新虚构的人物对话从侧面表现新旧两代人的区别:

配角一:小春。在灯会上,小春听到村长向王助理员投诉艾艾、小晚名声不正,他不满地说道:“哼!又是议论小晚、小进的事了。村长真有些奇怪,村里别的工作都能想出办法,做得很好,就是对婚姻问题总是想不通。”[1]

配角二:青年甲、乙。当听到小晚说“我们村里有了这位村长,青年人就不要有婚姻自主了”时,两位青年都表示了与村长不一致的观点。青年乙说:“你们不要管他,自己到区里去讲好了。你们四个,都是生产积极分子,大家一起劳动,一起学习,情投意合,村里除了几个老顽固,哪一个不说你们是天造地设的两对。村长就不管群众的意见吗?”青年甲更表现出一

① 宗华、文牧、幸之编:《罗汉钱》(沪剧),北京:作家出版社,1954年,第7页。以下注释中提到的《罗汉钱》(沪剧)的出版社和出版年月均同此注,不再一一注出。

种斗争精神:"我们非要和几个老顽固斗争不可!"[①]

配角三:农民甲。农民甲有几句唱词是这样的:"我年纪活了六十多,从来不曾看见过,姑娘自己嫁丈夫。"[②]很显然,与小春,青年甲、乙这些年轻农民不同,农民甲代表的是老一代农民中仍然有着浓厚封建思想的陈腐落后意识。

增加的这些配角对话可能并不是很精彩,但在某种意义上,通过这样的设置,改编者将婚姻的正当性问题置于公众的讨论之下,从而将私人事务变为公共话题。同时,舞台上众配角对事件评头论足,可以诱使观众加入思考,使观众从旁观者变成参与者,不仅加入戏曲效果的合作与创造,而且实现了戏剧教育观众和改造观众的创作目的。

2.人物方面。第一,对主角和配角做了较大改动。小说《登记》主要写小飞蛾与艾艾母女两代人围绕两个罗汉钱所经历的悲喜故事,因此小飞蛾与艾艾是小说的主角,燕燕作为配角对故事发展起促进作用,但在沪剧《罗汉钱》中,着重刻画的是小飞蛾与燕燕,她们成了戏的主角,而艾艾只是作为小飞蛾与燕燕的陪衬出场的,仅仅是戏中的一个配角。这是一个相当大的改动。

首先,沪剧中小飞蛾的形象塑造得非常成功。编者不是在写一个人,而是写一类人,小飞蛾就是中国妇女悲剧命运的缩影。"小飞蛾所走过的道路,其实不是什么不平常的道路,而只是一般中年一代的妇女可能走过的道路。"[③]由于封建婚姻制度,她与相爱的恋人被拆散,被迫嫁给一个不认识的人,婚后对恋人难以忘怀而受到婆婆的冷落与丈夫的毒打,环境的压迫使她丧失了"小飞蛾"的活泼性格,变成一个沉默寡言、心如死水的妇女,见到丈夫就哆嗦。只有罗汉钱和女儿是她的精神支柱,可以让她聊以自慰。当她发现女儿艾艾的罗汉钱时,勾起了她痛苦的回忆,她一方面害怕女儿将来像自己一样,想把女儿早点嫁出去。这时的小飞蛾,被封建思想浸染

① 宗华、文牧、幸之编:《罗汉钱》(沪剧),第16页。

② 同上,第154页。

③ 王晓丽:《赵树理小说的戏剧改编》,临汾:山西师范大学,2013年,第32页。

了二十多年，年轻时候的情爱早已被棍棒打碎，思想变得麻木，试图用封建婚姻来解决女儿的问题，但另一方面，当她想起自己的往事，爱女心切的她又不忍拆散女儿和小晚。她在封建思想与情感中挣扎，怕女儿受苦，但又想不出帮女儿解脱的好办法，只好使用托媒的老法子去帮助女儿。到了第二幕第一场，当小飞蛾亲自去相亲，在王老太太屋门外听到人家说她的闲话，五婶叫王老太整治她女儿时，她的伤口再次被撕开，此时她压抑二十多年的怒火达到了顶点，开始不自觉地对自己的悲剧命运进行反思。这一场正是小飞蛾思想转变的一个转折点，后面燕燕说媒、她下决心让艾艾与小晚结婚才有了依据。但是在张木匠的埋怨和社会的风言风语面前，她还不免有些怯弱，直到最后婚姻法的公布，在区长的支持下，她才真正受到新社会、新思想的感染，看到了封建婚姻制度的土崩瓦解。

在小说中，当小飞蛾的故事讲完后，这个主角就消失了，她在以后的情节中充当配角，甚至在女儿的婚礼上赵树理也没有让她露面，而在戏剧中，小飞蛾却参与了每件事的发生，区里的反对、村长的威胁、丈夫的埋怨、村里人的闲话都没有使她动摇，支持女儿婚姻自主到最后一刻，同时也完成了自我的人性救赎。当最后看到艾艾与小晚得以顺利成婚时，她眼含热泪唱道:“想不到儿女婚姻事，政府也能来照应，为娘做了半世人，做梦也想不到有这种样好事情。姑娘啊!你们这般年轻人，生在今朝好幸运，看你们真是多幸福，我真想返老还童重做人。”[①]总体来说，沪剧本中塑造的小飞蛾形象要比小说中更完整，更深刻。

另一个出彩的人物是燕燕。这个人物在原著中本来只是一条副线，对故事的发展起推动作用，而在沪剧《罗汉钱》中，编者加强了对这个人物形象的塑造，成为仅次于小飞蛾的重要角色。燕燕是一个热心为人、聪明勇敢的姑娘，她同时受着村长、母亲、五婶的三重压迫，还被恋人小进误解为软弱、没有斗争性而遭受冷落，处境十分困难，但她毅然抛开个人得失，为了别人的婚姻，不顾一切进行正义的斗争。在她被迫第二天就要去登记结

① 宗华、文牧、幸之编:《罗汉钱》(沪剧)，第170页。

婚的危急时刻，还挺身而出，自告奋勇充当艾艾、小晚的介绍人。她冰雪聪明，看透了小飞蛾的心思，给艾艾说媒时在情在理，句句说在小飞蛾的心上。在与母亲、五婶斗争上，她审时度势，佯装去区里登记，然后抓住登记对象的弱点揭穿五婶的谎言，使五婶的诡计落空。这几场戏写得生动饱满，不但描绘了燕燕这个姑娘的勇敢性格，更突出了农村反封建斗争的复杂性。

第二，增加了一些原著没有出场的配角形象，用以丰富人物关系，表达观点。如小春，青年甲、乙，农民甲、乙，王老太等。

3.艺术方面。第一，在人物的表现方式上，《罗汉钱》采取了沪剧与话剧表现方式杂糅的方法。如在《说灯》一场里，剧作家利用各种方法来介绍人物的出场。沪剧里人物一般用自我介绍的方法，被称为叹章头，从自己的出身、姓名，故事发生的时间、地点一直到事件本身都用唱的形式表现，这是由于沪剧是从说唱形式发展来的。例如在《罗汉钱》中，媒婆五婶上场后只唱了几句“只要媒礼送得多，口吐莲花三寸舌，骗得人家相信我”[①]等，就非常简练地表明了自己的身份和性格特征。但是，由于第一场需要交代的人物众多，如果全部采用叹章头的形式，不仅结构松散，而且会使节奏缓慢，缺乏起伏。因此，编者还活用了其他方法，如艾艾的出场是用在场者小晚向场内叫艾艾，然后艾艾出场的方式——这种方法沪剧传统剧目中通常用于次要角色出场。小飞蛾出场后，由五婶与王助理员一问一答交代小飞蛾的来历，然后再由五婶介绍调龙头的张木匠，这样既介绍了人物又介绍了他们夫妻之间的关系，这种出场方式则是借鉴了话剧的方法。在第二幕张木匠夫妇和媒婆去相亲一场，前半场三人赶路一场和后面小飞蛾听到媒婆和王家谈论她的往事一场，运用了跑圆场、自白的民族戏曲形式所特有的经济集中的表现方法；在第一幕五婶回答王助理员问题时说出张木匠用锯梁子打老婆和张木匠一定要跟着小飞蛾回娘家的前情，则是运用了话剧里故意说给观众听的手法。而在第三幕里，编剧者则完全采用了话剧的人

① 宗华、文牧、幸之编：《罗汉钱》（沪剧），第17页。

物表现方式。

第二，在唱词、曲调与风格方面，《罗汉钱》在借鉴原著通俗易懂的特点的同时，又根据沪剧这种地方戏的特殊性，进行了大胆的创新，取得了很好的效果。传统戏曲是人民群众喜闻乐见的艺术形式，它有着鲜明的民族风格，符合广大群众尤其是农村观众的审美习惯。由于传统的戏曲艺术表演形式相对程式化，表现现代生活有一定的难度，沪剧《罗汉钱》的改编者在尽量保持和运用传统表现形式的同时，吸收了现代表演方法，尤其是话剧的技巧，在传统的基础上进行了大胆创新。

众所周知，赵树理是山西作家，他的作品有着浓厚的山西地方色彩。沪剧《罗汉钱》为了更适合表演以及贴近地方观众的审美习惯，在风格上做了相应的变化，比如采用了很多带有南方地域色彩的俚语。这些俚语产生于农村，通俗易懂，生动形象，富有表现力。一般来说，沪剧传统剧目经常使用大量俚语。在《罗汉钱》中，编剧利用大量南方俚语来表现沪剧的地方性色彩，如“好稻不长在荒田里，打就的木桶做就的箍”、“吃陈米，烧陈柴，水牛缚在场角外”、“只有萝卜青菜沿街卖，那有黄花闺女送上门”、“青竹竿掏茅坑，臭气越掏越难闻”等，这些农村流行的家常口语，使得剧本的生活气息扑面而来。

在曲调的运用上，《罗汉钱》挖掘、使用了很多传统曲调，如《寄生草》《夜夜游》《紫竹调》等。编者在回忆剧本创作时谈道：“这些曲调原先在传统剧目里运用的时候，所表现的人物和感情不同于《罗汉钱》所表现的，如‘寄生草’原来是媒婆拿了个小包来唱的，情绪是轻佻的，节奏是快的。现在用这曲调表现艾艾与小晚抒情的对唱，以及小飞蛾拿着罗汉钱对照自己与女儿的命运时那段抒情的唱；‘紫竹调’原是磨豆腐时劳动的歌唱，在这里用作燕燕做媒劝说时调皮的口吻。另外，还有些曲调是把两种曲调合起来用的，如‘阳血’中间夹‘流水’，‘绣腔’中间夹‘流水’等，这些曲调原来是单独用的，现在两种曲调合起来用，更能符合人物的思想感情。”[1]

---

① 王晓丽：《赵树理小说的戏剧改编》，临汾：山西师范大学，2013年，第22页。

（二）其他剧种的改编

沪剧改编的成功，使其他剧种纷纷起来效仿，主要有评剧、豫剧、粤剧、秦腔、眉户剧等剧种。值得注意的是，无论是李凤阳版评剧、赵戈风版评剧，还是王槐蔚版秦腔，以及楚剧、粤剧，包括评弹，其版本都是依据沪剧本进行的改编，就连剧目也都沿用了沪剧的叫法，都把《登记》改成了《罗汉钱》。因此，这些版本的基本结构和情节与沪剧本大致相同，只是根据自身剧种的表演特点进行了一些小的改动，主要表现在唱词的处理上。

1.评剧、秦腔与粤剧等《罗汉钱》。赵戈风版评剧，编者加上了《序幕》——二十年前小飞蛾与保安相会、互赠信物的戏，用大段的唱词来表现一对恋人被拆散的痛苦与不舍。开头开门见山地引出戏剧所要表现的主题思想，即新旧婚姻制度带给人们的不同命运。

旧社会男女婚姻不自主，
伤心的眼泪流成河，
不好的婚姻配一起，
好的婚姻两分离。[1]

开头与结尾都用合唱的形式，首尾呼应，结构完整。

泪涟涟，泪涟涟，
这样过了二十年，
娘的苦楚没受尽，
女儿的事情又在眼前。[2]

沪剧导演张骏祥曾认为，“沪剧《罗汉钱》的失误之处就在于将小飞蛾

① 赵戈风编：《罗汉钱》（评剧），天津：华北人民出版社，1954年，第1页。

② 同上，第9页。

的过去由五婶与王助理员的对话这种话剧形式来呈现，远不及戏曲表演中常见的自我介绍方法（由小飞蛾自行唱出自己的历史）更为经济简洁”[①]。而在赵戈风版评剧中，增加《序幕》这场戏，小飞蛾的悲惨身世是自己唱出来的，有抱怨的味道在里头，这样就使得人物形象与情节更加直观。另外，演员的说唱方式，不仅是道出实情的经过，还成功地实现了时空的转换，通过说唱，时间从二十年前一下子到了二十年后。这也是编者的匠心独运之处。

相比沪剧，其他剧种对于《罗汉钱》的改编，情节和结构方面基本没有什么变化，如李凤阳版评剧、王槐蔚版秦腔与粤剧。在语言方面也都是使用方言演唱，并且根据各个地方剧种唱腔的不同加入了一些俗语，使得地方色彩更加浓厚。

2.端木蕻良版《罗汉钱》。1954年，端木蕻良把《登记》改编为评剧和河南梆子，改名《罗汉钱》，与沪剧《罗汉钱》相比较，主要有以下一些不同：

首先，端木蕻良版评剧的优点是场次可以灵活变化。“本剧可以完全不用布景。”[②]演出环境可以是街道等露天场所，更加方便了农民观众的观看。

其次，端木蕻良改编处在“三反”、“五反”时期，勤俭节约，不铺张浪费是国家当时提倡的口号，端木蕻良版评剧也一切从简，舞台服装、道具都较为简单，不用布景。甚至删去了原来沪剧中的某些情节，如闹元宵、小飞蛾偷听五婶与王老太的对话等。

再次，端木蕻良版评剧回避了中国传统戏剧的歌舞元素，把对白加入到唱词当中。这也是端木蕻良版评剧与其他改编的一大不同之处。

（三）评弹《罗汉钱》

相对于其他地方剧种的《罗汉钱》，评弹本的改动是比较大的。

由于评弹是一种说唱艺术，有说有唱，所以就需要增加大量的台词来加以表现，以适应评弹重说唱的特点。与别的剧种改编不同的是，评弹保

① 王晓丽：《赵树理小说的戏剧改编》，临汾：山西师范大学，2013年，第25页。

② 端木蕻良编：《罗汉钱》（评剧），北京：宝文堂书店，1953年，第1页。

留了原著中介绍罗汉钱来历的典故。但是燕燕的很多戏份都被删掉了，甚至是表现她为了追求新思想、与五婶及母亲等旧势力做斗争的戏也被删掉了。编者认为："演唱和说唱在演出上有基本的区别，因而在故事处理上也就有所不同，有的是书坛上无法表达而不得不有所剪裁的。例如燕燕这一人物，我们便加强了她帮助艾艾去向封建婚姻作斗争这一方面，而不再详尽地去叙述她为自身的婚姻问题怎么进行斗争那一方面了。"[①]这种删减符合评弹重说唱的特点，但是却使得故事的矛盾冲突不是很激烈，少了侧面的烘托。沪剧改编者宗华也觉得这种删减有所不妥，他认为："燕燕这一条线对反映整个农村的面貌、对烘托艾艾的斗争、对整个戏的主题思想，都很重要，通过燕燕在婚姻问题上的迂回斗争，能使我们更细致地理解这一斗争的艰巨性和复杂性。这是不可缺少的一笔，是不能轻易删去的。删去了，整个剧本就变得单调平淡了。"[②]

① 陈灵犀编：《罗汉钱》（中篇评弹），上海：上海文化出版社，1956年，第2页。

② 王晓丽：《赵树理小说的戏剧改编》，临汾：山西师范大学，2013年，第24～25页。

第三章 《三里湾》的改编与传播

一、小说的创作与发表

1940年，时任《黄河日报》（太南版）副刊编辑的赵树理，随编辑部迁到了山西平顺县川底村。在川底村工作生活期间，赵树理与当地人民结下了深厚的情谊，还和李顺达、郭玉恩、常三毛等农民交上了朋友。常三毛当时担任川底村党支部书记。20世纪60年代，常三毛担任晋城县委书记，这也是赵树理从京返晋后主动要求到晋城挂职县委副书记的缘由之一。

赵树理（左）与郭玉恩

1951年2月，已在北京工作的赵树理选择离开京城，来到平顺县川底村体验生活。关于当时的心态，他在《〈三里湾〉写作前后》一文中回忆说：新中国成立后，革命转变了，“我是愿意写农村的，自然也要去摸一摸农村工作如何转变的底，于是就在一九五一年的春天又到我所熟悉的太行山里去”。“我到了中国共产党的一个地委会（山西长治专区），碰到他们也正在研究上述那个不太容易解决的问题。他们根据当地的情况，又参考了一些苏联和各民主国家的办法，拟定出一种合作的形式，决定在本专区试办十个农业生产合作社。我也参加了他们的拟定办法和动员工作，并于动员之后往两个愿试办的农村去协助建社。”[①]3月，赵树理来到作为长治专区十个农业生产合作社试办点之一的川底村开展工作。该村位于平顺县城南约三公里处，有南湾、北湾和东湾三个湾。他在《下乡杂忆》一文中回忆了此次重回故地时的所见所感：“当我在一九五一年重新到了在抗日战争时期我们的机关驻扎过的一个山村的时候，庄稼长得还像当年那样青绿，乡土饭吃起来还是那样的乡土风味，只是人们的精神要比以往活跃得多——因为我们有了中央政府，老乡们都以胜利者的姿态来欢迎我这个回来的老熟人。”[②]一个月后，川底农业生产合作社即宣告成立。同年，在李顺达首倡的爱国增产竞赛活动中，川底村和西沟村荣登榜首；郭玉恩和李顺达也一并获得了中央人民政府农业部颁发的1952年爱国丰产金星奖章，成为著名的全国农业劳动模范。因此，以前普普通通的川底村也随之而名扬全国。

1952年4月初，赵树理再赴川底村，参加了农业生产合作社的扩建工作，与社员同吃、同住、同劳动。同年秋，他第三次赴川底村蹲点。有关的情况，他在《一张临别的照片》一文中回忆说：“去年（一九五二年）秋冬间，我为着了解农业生产合作社，曾到山西平顺县川底村住了三个多月。”[③]他又在《〈三里湾〉写作前后》一文中回忆说：1951年虽到过川底村，“但是我在这次试验中仅仅参加了建社以前的一段，在脑子里形不成一个完整的社会生活面貌，只好等更多参加一些实际生活再动手，于是第二年便仍到一个原来试验的老社里去参加他们的生产、分配、并社、扩社等工作……”[④]著名作家马烽在《忆赵树理同志》一文中写道：“他们告诉我，老赵在这里（川底村）蹲点的时候，正是大办农业社的那阵子。他不仅参与办社的大事，连改

① 董大中主编：《赵树理全集》第四卷，第373～374页。

② 董大中主编：《赵树理全集》第五卷，第369页。

③ 同①，第127页。

④ 同①，第375页。

革农具、修补房屋、调解家务纠纷等他也参与，而且是认真地帮助解决这些问题。吃饭时候，他常常是端着饭碗在饭场上和农民们聊天，也常常和喜爱文娱活动的人们一块唱上党梆子。”[①]年底，赵树理带着在川底村写成的《郭玉恩小传》返回北京。

赵树理在川底村深入工作和生活，积累了丰富的创作素材，遂萌生了通过小说来反映农业合作化的想法。1953年冬，他开始动笔写作长篇小说《三里湾》，一年后便脱稿了。关于当时的创作动机，他在《当前创作中的几个问题》一文中回忆说："写《三里湾》时，我是感到有一个问题需要解决，就是农业合作社应不应该扩大，对有资本主义思想的人和对扩大农业社有抵触的人，应该怎样批评。因为当时有些地方正在收缩农业社，但我觉得社还是应该扩大，于是又写了这篇小说。”[②]

在酝酿构思时，赵树理原计划将《三里湾》写成一夜、一天、一月、一冬四部分的，后来因感到最后那一部分的生活准备稍有不足，故他在写作过程中毅然放弃了一冬。

《三里湾》是我国第一部反映农业合作化运动的优秀作品。小说通过三里湾的秋收、整党、扩社、开渠等故事情节，描写了王金生、范登高、马多寿、袁天成四个家庭在扩社过程中的矛盾与变化，生动而真实地反映了农业合作化运动中先进力量和落后力量之间的斗争，农民在生产关系、家庭关系和婚姻问题上的种种矛盾冲突，广阔描绘出农村各阶层人们的精神面貌，歌颂了广大农民的社会主义积极性，揭露了封建思想在农村的流毒和影响，显示了实现合作化的艰巨性、复杂性，展现了一幅丰富多彩的农村生活画卷。

从1955年1月起，《三里湾》在《人民文学》月刊上连载。

二、小说的改编与传播概况

《三里湾》在《人民文学》连载后不久，其单行本于该年5月由通俗读物

① 黄修己编：《赵树理研究资料》，第45页。

② 董大中主编：《赵树理全集》第五卷，第303页。

1955年5月，由通俗读物出版社出版的《三里湾》封面

出版社首次出版发行，吴静波插图，一次就发行三十八万册，高居1955年文艺书籍发行量之首。

《三里湾》一面世，便深受欢迎，多次再版。1958年3月，人民文学出版社再次出版该小说后，于1958年9月增订印行，同时出精装本，又分别于1959年11月、1962年、1964年8月再版。作家出版社于1962年7月将其标为工农文艺读物出版发行，第二年改为普及本再次出版。

《三里湾》还入选过由人民教育出版社于1955年5月、1956年3月出版的《初级中学课本文学第一册·教学参考书》（节选）。

1959年10月，为庆祝新中国成立十周年，人民文学出版社出版《建国十年来优秀创作》，《三里湾》为其中之一被收录。

《三里湾》还被改编为话剧、电影、评剧和湖南花鼓戏等各种剧本在各地出版、上演。1956年，《三里湾》由宋词改编成同名话剧剧本，于该年11月由江苏人民出版社出版发行；1957年4月，被改编为同名连环画，由上海人民美术出版社出版发行；1957年，被改编为电影文学剧本《花好月圆》，在《中国电影》1957年6月号上发表，并于1959年2月由长春电影制片厂拍成彩色故事片。此外，《三里湾》还被改编为同名评剧剧本，先后于1957年8月由中国戏剧出版社出版发行、于1964年3月由北京出版社出版发行；被改编为同名花鼓戏剧本，先于1958年4月由湖南人民出版社出版发行，后由中国戏剧出版社出版发行，同年11月又由宝文堂书店出版发行；被改编为同名粤剧剧本，于1958年12月由广东人民出版社出版发行；被翻译成同名维吾尔文连环画，于1959年3月由新疆人民出版社出版发行。

《三里湾》小说还被翻译成多种外文，在海外得到广泛的传播。《国际文学》1955年第3期开始连载，苏联的《外国文学》于1956年第3期至第5期连载；1957年、1960年，该书被译为英、法文，由外文出版社出版；1957年至1959年被捷克斯洛伐克、保加利亚、日本、越南等国翻译出版。另外，《三里湾》还有朝鲜文、蒙文等版本。

三、具体改编本与小说原著之文本比较

（一）电影《花好月圆》

1957年3月，《三里湾》由郭维改编为电影剧本，改名为《花好月圆》，随后即将剧本寄给赵树理，请赵树理审阅。赵树理看完剧本后，当即写下歌词一首。这首歌词后来就做了电影《花好月圆》的主题歌。紧接着，长春电影制片厂就成立了《花好月圆》摄制组，并把演员集中起来，开始分析角色，准备开拍。主要演员有王秋颖（饰范登高）、秦汉（饰王玉生）、徐连凯（饰张乐意）、贺汝瑜（饰袁小俊）、郭振清（饰王满喜）、田华（饰范灵芝）等。1958年正式上映。

电影《花好月圆》的基本剧情是：华北农村的三里湾村正筹划着开渠、扩社，支部决定让村长范登高去动员富裕农民糊涂涂让出他家祖传的刀把地。范登高非但不做糊涂涂的工作，反而带头反对支部决定，进城去跑买卖，搞个人发家致富。民兵队长王玉生对村长的这种行为极为不满，就在村口把他堵住了。两人争执非常激烈，幸好村支书王金生等人赶到，才将局面暂时缓和下来。村长仍旧赶着驴进城了。范登高的女儿范灵芝与糊涂涂的儿子马有翼，都是共青团员，又是村里仅有的两个中学生，他们都恨自己的家庭落后。灵芝要走社会主义道路，和父亲进行斗争；有翼则很怯弱，屈服于家庭的顽固势力。党支部根据当前个别党员干部的思想情况，做出了提前整党的决定。范登高热衷于小买卖，放弃扩社宣传，受到留党

察看的处分；对另一些思想不坚定的党员像袁天成也进行了教育帮助，三里湾开渠、扩社工作在干部的思想上有了新的发展。糊涂涂为了拉住儿子有翼不入社，保住刀把地，暗中和能不够商量，把能不够的女儿小俊嫁给有翼。灵芝爱过有翼，原来就对有翼的怯弱很不满，在玉生和小俊因志趣不合离婚后，她和玉生由于工作中经常接触，便对玉生产生了好感。这时，当她听说有翼和小俊要结婚，终于离开了有翼，向玉生表白了自己对他的爱情。后来有翼在玉梅等人的帮助下，鼓起勇气和家庭进行斗争，挣脱了家庭的包办婚姻，将自己所分得的一份土地交给合作社开渠，并促使全家入了社。经过青年们的斗争，三里湾开渠、扩社的事终于获得成功，玉生与灵芝、有翼与玉梅、满喜与小俊也分别实现了自主结婚的心愿。

和小说《三里湾》相比，电影《花好月圆》主要有以下几点不同：

1.主题方面，小说表现的是渐进而实际的路线斗争，电影呈现的则是纯粹意识形态层面上的不可调和的敌我冲突。电影将小说中细致复杂的入社动员工作转换成了简单直接的政治立场的对决。在小说《三里湾》中，范登高、马多寿等人最终走上社会主义道路，是因为他们看到了入社的诸多好处，为入社的大算盘所折服，因此，其转变也就成为顺理成章的事情。但在电影《花好月圆》中，直到最后一幕之前，范登高、马多寿等人对开渠、扩社表现出来的都只有憎恨和阻挠，没有表现他们任何的反省和思想转变，有的只是机关算尽之后的

电影《花好月圆》海报

一败涂地和走投无路。以要求范登高入社的过程为例。在小说中特意安排了社长张乐意和社员群众牛旺子分别为他算了两笔细账。张乐意算的账逐条列清了范登高自土改以来是如何利用政治权力不当得利的。牛旺子则让范登高清醒地认识他与合作社之间的经济关系——范登高买得起的生产工具，合作社依靠集体的经济力量同样可以购置；合作社已经和将要完成的那些惠及所有社员的农业工程，却远不是范登高靠一己之力能办得到的。范登高此时入社，在政治上固然是他作为党员的本分，在经济上其实也是在享受合作社集体劳动的成果。还有，小说《三里湾》中，党组织曾一再帮助范登高，开了不少会，提了不少意见，范登高也“终于认识了自己的错误，表示了改正的决心”[1]，“以后愿意继续检查自己的思想”[2]。但在《花好月圆》中，没有人再和范登高算细账，他所面对的是要求他交代问题的众党员的振臂高呼，是“是什么思想”、“是什么主义”这一类问题的严词逼问；范登高也成了一个彻头彻尾对抗党的无赖，党组织也并没有认真地好好地说服他，只是依靠群众的多数对他进行压服。同样，小说中马多寿最终决定入社，是因为细算账后发现考虑到分家、养老等因素，还是入社更有利，更有保障，而电影中马多寿的最终入社，却与分家、养老等实际考虑无关，而是因为他暗中破坏社会主义道路的阴谋完全破产了。小说中无处不在的农民对实利的计算被净化殆尽，三张画的情节，以及范登高、马多寿、张乐意、牛旺子等人算的细账，都被删掉。因为强调农民自愿入社的重要性，赵树理在《三里湾》中还特别批评了副村长张永清所代表的一条强迫农民入社的过“左”的公有化路线，电影中这个情节也被删掉了。

小说中，马多寿等人只是思想上有些落后，属于中间人物，积极分子与他们的矛盾也属于人民内部矛盾，但在电影里，他们与社会主义道路之间被改编成正邪分明的敌我对立，这一点电影通过镜头语言进行了多次的强调。如电影开头玉生和范登高冲突一场戏，导演精心设计，以两人截然相反的运动方向来象征两条道路之间的根本差别。又如马多寿这个人物，电

① 董大中主编：《赵树理全集》第四卷，第307页。

② 同上，第308～309页。

影把他作为资本主义道路的代表,从他一亮相起就确立了其孤立、可鄙的形象特点,其他人都是自左而右进入画面,并向前进方向运动,只有马多寿是自右而左倒退着进入画面,其表情也是恐慌而又带点幸灾乐祸。当范登高在接下来的争执中点名要马多寿帮腔时,他则更加鬼鬼祟祟地从镜头下方站起身来,给人一种自下而上钻入镜头的猥琐感觉。

在电影中段,导演还通过灯光的设计进一步强化了马多寿等人的这种躲在暗处、懦弱而又阴险的敌对形象。导演有意安排了几场马多寿家人深夜密谈商议对抗开渠、扩社的戏。在这些戏中,马多寿家昏黄的油灯作为呈现出的光源,使得镜头可以自然转入高反差打光,造成明暗对比强烈、阴影沉重、气氛压抑的效果。镜头还特别聚焦到马多寿家人在墙上晃动的黑影,进一步营造邪恶阴暗的气氛。当马多寿家与受他们剥削的农民满喜在村公所对质、两条道路的斗争进入一个小高潮的时候,导演甚至可以不顾镜头内原本呈现的低反差光线环境,直接在马多寿家人狰狞扭曲的面部特写中,为他们逐一打上浓重的黑影。

与此形成鲜明对比的是,主张开渠、扩社的党团员出场时,镜头总是采用低反差打光。一个典型的例子是王玉生和女主角范灵芝在合作社办公室里偶遇的戏,时间是在深夜,镜头内呈现的自然光源不过是一盏油灯,但整个办公室的光线却明亮而均匀。同一盏油灯在后来村支书王金生与范登高的一场对话中再次出现。王金生一边手捧这盏明亮的油灯,一边不断质问范登高的政治立场,警告他已经“离党越来越远了”。这种手捧油灯的姿态,加上正面人物身后不时出现的毛主席像,不禁使人想起革命样板戏《红灯记》中的那盏红灯。《花好月圆》中的油灯尽管还没有那样“红”,但它的光和亮无疑已经被用来象征战胜黑暗的毛泽东思想。

这种光明与黑暗的对决显然已经远离了赵树理对两条道路的理解。小说中的范登高、马多寿比起正面人物来要财迷、落后,但绝非邪恶的敌人。《花好月圆》则几乎把马多寿和范登高的这条情节线索改成了一个阶级敌人暗中拉拢立场有问题的党员干部下水,企图破坏社会主义,最终阴谋被粉碎的故事。

然而,电影改编又很难完全背离原著的基本结局,同时,也为了体现其花好月圆的美好主题,导演特意增添了一个新社员欢迎大会的结尾,让原本在小说中逐一入社的落后人物集中起来欢天喜地地入社。这个大团圆的结尾与电影其他部分呈现出完全脱节的状态。究竟是什么使这些人物的情绪和立场有如此之大的转变,电影中毫无解释。

2.情节方面,小说主要写农村现实生活中新旧思想的斗争,电影则是以三对青年的恋爱为主体。小说《三里湾》,原是描写农村两条路线斗争的作品(尽管是渐进而实际的),或者说是描写农村现实生活中新旧思想斗争的作品,虽然其中也写了三对青年的恋爱,但和这条主线是结合着的。到了电影《花好月圆》里,三对青年男女的恋爱成了主体,两条路线的斗争几乎只是陪衬。

相对于赵树理的不会写爱情,电影的导演郭维可以说把爱情表现得淋漓尽致,正如赵树理所说,电影"使'爱情'一部分戏比较完整了"[①]。

《花好月圆》大力加强了原著中三对青年男女的爱情线索,将本来完全围绕扩社展开的情节发展成了一个恋爱与革命(更确切地说应该是恋爱与建设相结合二者互增热力)的故事。如灵芝和玉生偶遇那场戏。在小说中,这个情节是在带点紧张和恐惧的黑暗中展开的,出现了民兵、手电、枪等一系列和黑暗有关的元素,但在电影里,这些元素都被去掉了,这个情节虽仍发生在深夜,镜头内呈现的自然光源不过是一盏油灯,但整个办公室的光线却明亮而均匀,玉生和灵芝就沐浴在一片光明中。这光明既有某种政治象征意义,又为年轻人爱情的萌发创造了浪漫的氛围。在这段互动中,出于爱情的凝视与出于政治忠诚的凝视融为一体,前者浪漫化了后者,后者正当化了前者,达到了互增热力的效果。

电影以《花好月圆》为题,实际上也体现了这种爱情和政治的融合。花好月圆在这里既可指婚姻幸福,也可指农业合作化美好圆满的前景。要看到花好月圆,自然要有花前月下,鲜花于是在电影中成了一个核心意象。

① 董大中主编::《赵树理全集》第五卷,第18页。

导演在这部片子里用大量鲜花装饰画面。例如玉生和灵芝偶遇的那场戏，窗前放置的鲜花映衬着年轻人的微笑，格外显眼。当灵芝后来决定表白的时候，她将玉生带到了爬满牵牛花的篱笆墙边。两个年轻人即将相拥的一瞬，镜头切到怒放的鲜花的特写上。

在突出恋爱的热力与美好的画面时，导演还大胆地插入了一些性感的镜头。他曾在一次访谈中提及当时自己对女演员服装设计的要求是："原则上是该鼓的地方鼓起来。"[①]早在阅读剧本的阶段，赵树理就敏锐地发现了电影与小说的一个细节差别：

> ……有一个"镜头"，我没看清楚，好像是小俊穿起从范登高那里买来的红绒衣给玉生看，这个"镜头"在画面上很突出……突出了小俊的穿绒衣的动作，把观众的注意力牵到小俊身上去了，是不是会不了解玉生这时的心情。[②]

在小说中，小俊并未穿上这件绒衣，只抖了一下给玉生看，玉生也只是"瞟着有个红东西闪了一下"[③]。电影中却两次安排小俊脱掉宽松的衣服，试穿这件绒衣，并在镜头前展示，紧身的绒衣突出了小俊身体的曲线。第二次试穿前，小俊还亲了玉生一口，性感的意味相当明显。确如赵树理所担心的那样，这场戏会牵走观众的注意力，但另一方面，这样的设计确实加强了电影的吸引力。

小俊在电影的前半部分是一个反面阵营中的角色，将性感形象保留给反面角色，在吸引观众的同时又保持影片的政治正确性，而灵芝作为核心正面角色之一，同样也有性感意味的镜头。在现存的VCD影片拷贝中，有一个明显被跳过的镜头(是因为被剪还是影片保存不善，原因不详)。《花好

① 王卓异：《〈三里湾〉：多元冲突中的电影改编》，《文艺研究》，2013年第2期，第94页。

② 董大中主编：《赵树理全集》第五卷，第20～21页。

③ 董大中主编：《赵树理全集》第四卷，第185页。

月圆》的电影完成镜头剧本和被当时的批评文章引用的电影文学剧本中，均有对这个镜头的描述：

> 有翼在河岸斜坡跑下来喊："灵芝！灵芝！"灵芝穿紧内衣，在河中梳洗头发，怕有翼看见秘密，急忙拿起上衣挡在胸前，喊道："你别过来！"①

另外，电影还突出了恋爱中青年男女，特别是女青年细腻的心理活动，如灵芝、玉梅、小俊。甚至为了表现爱情把人物的性格都改变了，如玉梅，小说里说她是"社里强的女劳力"，并且有具体的劳动表现，但到了电影里，玉梅却成了一个多愁善感的人物，出现了多次在辘轳前失神凝想的场景。

电影还增加了许多恋人之间热烈的情爱场面，这些场面主要出现在电影的最后部分。我们先看一看电影剧本里的描写：玉生要吻灵芝，灵芝半推半就地陶醉地伏在玉生的肩上说他"真愣"（第六场第二十三景）。"小俊上前立刻把满喜抱住用力亲吻他的面颊"，满喜也"狂喜地立刻回手搂住小俊，陶醉地把眼一闭，用力地转过脸来向小俊的嘴唇找去。转，转，两张嘴对上了"（第八场第九景）。"玉生吻罢灵芝，亲昵地抱在怀中，微笑地望着她陶醉红晕的脸"（第八场第十景）。"有翼拥抱着玉梅，柔情地吻着"（第八场第十一景）。"满喜和小俊热情欢笑地互相拥抱着激动得不知说什么是好，于是两张嘴像冲锋似的，又冲在一起，粘住了"（第八场第十二景）。这些情爱场面的确够热烈的，不过在现在能够看到的老电影《花好月圆》里，我们却并没有看到，我们看到的是男女主人公更为含蓄的表现，甚至只是用具有象征意义的鲜花切换了过去。不知是导演实拍的时候改变主意了呢，还是电影审查时被剪掉了，抑或是因影片距今太为久远而丢失了。

3.风格方面，电影突出了人物的喜剧色彩。电影《花好月圆》虽然极力渲染了黑白分明的路线斗争，但因为使用了很多噱头和趣剧的形式而常被

① 郭维：《花好月圆》（电影文学剧本），《中国电影》，1957年第6期，第45页。

人称为喜剧。如范登高、马多寿和王满喜这三个主要人物，在原小说中只有马多寿稍带喜剧色彩，在电影中则全部有夸张滑稽的表演。电影一开头，范登高就大出洋相，除了和王玉生争执时摔了一跤外，还在办完货回村的路上把自己和骡子都变成了货架子，挂满各种各样打算倒卖的商品，成为众人围观取笑的对象。马多寿总是张着嘴装傻，自以为别人看不出他的心机，结果一次次沦为笑料。王满喜在小说中本来是一个热心、聪明、敢言的青年，在电影中却变成了一个鲁莽的小伙子，常常因为憨直粗心而惹出可笑的乱子。

关于电影《花好月圆》，赵树理在看了剧本后就给出了自己的看法，他首先肯定"这是一个好剧本"。他在接受记者采访时带着充满了喜悦的神情说道："虽然我只仓促地看了一遍，但给我的印象是好的：它使'爱情'一部分戏比较完整了，小说中的主要人物都写出来了，而且性格也很鲜明。譬如糊涂涂吧!这一类人，不管是在什么样的环境里，他总在打他的'小算盘'，即使到了高级社，他还是有他的'办法'的；再如范登高，就是翻身翻得太高了，人的经济地位大变，思想意识也就跟着起了变化，他嘴里讲的是社会主义，而暗地里却做资本主义小买卖。这些人物的特性在剧本里都表现出来了。"当然，赵树理对电影剧本也提出了几点不同意见：一是电影开头的《序幕》，他认为农民不一定能看懂；二是电影删掉了陈菊英这个人物，糊涂涂、常有理虐待自己的小辈这样的内容得不到充分表现，没有了《惹不起遇一阵风》一场戏，惹不起的性格得不到表现，"惹不起就变成惹得起了"；三是电影有些地方"跳"，可能会把农民观众"跳"糊涂了。

《花好月圆》在全国公映后，不久便在愈演愈烈的"反右"运动中受到点名批判，指责影片侧重于爱情戏的描写是歪曲了原著，"丑化农业合作社"，累及郭维也受到批判，并被撤销导演职务。"文化大革命"爆发后，《花好月圆》更是被江青指责为"坏透了"，因而被打成"反党反社会主义的影片"，禁止公映。

(二)花鼓戏《三里湾》

1957年，湖南省花鼓戏剧院将《三里湾》改编成九场花鼓戏，改编者许在民先生根据戏剧冲突的变化发展重新构戏，于1958年把这部大型农村题材的花鼓戏搬上了舞台。花鼓戏《三里湾》上演，在省内外都获得了一定的声誉，获得众多奖项（其中剧本奖、演出奖获一等奖），成为花鼓戏现代戏经典之一。

和小说原著相比，花鼓戏《三里湾》有以下几个特点：

1.更加突出了喜剧性。赵树理的小说《三里湾》本身就是一部喜剧色彩很浓的作品，而花鼓戏《三里湾》则更加突出了这种喜剧性，全剧散发着新农村生活欢乐的气氛，深切地感染了观众。三对青年男女欢乐的结合，像拧成一根线一样贯穿全剧，自然是构成喜剧性的一个重要因素。同时，导演、演员们在自己的艺术处理当中，总是本着热情歌颂新事物、无情鞭笞旧事物的精神，也是构成这个喜剧明朗风格的重要原因。此外，导演善于抓住关节地方，运用多种多样的喜剧手法予以处理，就把剧本原来蕴藏的喜剧性充分地揭示出来了。当然，作品的喜剧性主要还是通过人物的喜剧性体现的。

袁小俊一哭二闹三上吊的可笑而夸张的表演，使观众看了发笑的同时又意识到了小俊的落后。第二场中写袁小俊买了衣服问玉生要钱，玉生不给钱，他们吵架拌嘴。小俊没有得到便宜，觉得自己吃了亏，就又和玉生闹事。她上吊撒泼：小俊手拿带子，站到了凳子上，准备上吊。玉生看透了她是在装，是在威胁，并不是真要上吊。他轻松地说，“你慢走”，“我没送”。这样的安排，使得人物形象充满了喜剧性，引人发笑。导演抓住了两人性格中最关键的地方来设置情节，小俊蛮不讲理，玉生闷头闷脑，充分体现了两个人身上的喜剧性，观众看了哄堂大笑。

王满喜这个人物的喜剧性，主要表现在他的动作表演上。跳上凳子偷看，又惊得跌下来，还摔了一跤。“跳”、“跌”等都生动形象地描写出他滑稽可笑的形象。常有理追马有翼时，他进行阻拦，他摇摇摆摆，两脚不住地倒腾，却跑到了马有翼的前面，帮常有理拦人，让人哭笑不得。受到小俊的邀请时，他高兴得忘乎所以，把木杈、竹竿、水壶、茶碗都拿到手里，两腿夹着竹篮，把两顶草帽、一把竹椅都顶在头上……这些表演，运用了花鼓戏中喜

花鼓戏《三里湾》单行本封面

剧性的夸张手法，真是设计得极为巧妙，增强了喜剧气氛。

《三里湾》通过一系列滑稽可笑而又富于戏剧性的表演，给观众留下了深刻的印象。除了上面提到的袁小俊的落后、王满喜的自作聪明外，其他如范登高的迂腐，王玉生呆头呆脑的可爱，常有理的自私、刻薄等，把这些人物都活生生地展现在观众的眼前，使整部戏散发出新农村欢乐生活的气氛，呈现出乐观明朗的风格。

2.用戏剧化的细节突出人物性格。《三里湾》描写的是农业合作化这种大的题材，需要很多人从各个方面来反映，因此人物比较多，相对于小说，时间有限的戏曲就不能每个人物都用大量的文字来细致地描写，所以在表现人物形象方面，花鼓戏《三里湾》安排了许多新颖的、充满戏剧性的细节来表现人物，突出了人物性格，给观众留下了深刻的印象。

对于王玉生这个人物形象的描写，花鼓戏比小说中描写的要活一些。他爱使点小性子，是一个积极向上、性格可爱的形象。在剧本的第六场中，灵芝借口看时间来找玉生，玉生正在研究他的发明，他告了灵芝时间，又埋头研究。但是灵芝并没有走，又返回来喊他，他以为灵芝又要问时间，就把钟顶到头上。这个细节突出了玉生幽默可爱的性格特点。

对于常有理的性格，花鼓戏主要是通过她做的饭来体现的。在戏剧的第三场，她做了两锅饭，一锅是老干菜清汤，是给互助组组员吃的；一锅是

花鼓戏《三里湾》剧照，龚业珩饰演范灵芝，蒋哨虎饰演王玉生

腊肉，是自己吃的。等互助组组员来质问时，她又把责任推给铁算盘。无论如何，她总是把责任推得一干二净，“常有理”。通过这样一件小事，让观众看到了一个自私自利、尖酸刻薄的农村妇女形象。

范灵芝在爱情上非常矛盾，不知道在马有翼和王玉生之间该如何选择。花鼓戏设计了抓阄这样一个细节：她取两粒玉米，放到碗里，一黑一黄分别代表马有翼和王玉生。她转过身，一手遮住脸，去碗里拿玉米……在表演这一段的时候，在唱词中还加入了大量的舞蹈动作。通过这一细节，把范灵芝内心矛盾复杂的情感表现得活灵活现，淋漓尽致。

3.情节结构和人物形象做了调整。为了更加突出戏曲的戏剧性，花鼓戏《三里湾》在情节结构和人物形象方面做了一些调整：一是把故事发生地由北方改成了湖南农村，全剧充满了浓郁的湖南地方特色。二是减少或合并了人物，如戏里把原小说中的一个支书、一个主任两个人物合并成了一个主任，删掉了王金生，这样有利于喜剧的发展；陈菊英分家的线索也被去掉了，与有翼做了合并。三是把能不够改成了能干婆，迎合了湖南当地的风俗习惯，突出了戏曲的风俗性。在湖南，到处可以听到能干婆这样的称呼，指的是彪悍、能干的妇女。四是以三对青年的爱情做主线，并设计了三对青年集体结婚的场面（赵树理说，这和他未写出来的原计划的结尾不谋而合），弱化了开渠、扩社、生产的戏。对此，赵树理说："我们要承认，改编也是创作，如果觉得原作中某个情节发展得不够，可以加进自己的创作。只要符合原作精神，没有什么不可以发展的。至于作者本人同不同意，那是另一回事。"

4.台词和唱词都做了艺术的处理。为了适合戏曲表演，花鼓戏《三里湾》对台词和唱词都进行了艺术的处理，增强了节奏性，并且运用了押韵的写法。如袁天成的台词："哎——呀!想我袁天成一个生产委员，这个讲我没有威信，那个讲我没有威信。群众讲我怕老婆，社委会批评我对家庭不敢革命。今天连我女儿她，她，她都瞧我不来了。嘿!看她什么问题。走!"[①]在这段独白中，连续运用几个排比句，把句子连贯地组织起来，有很强的节奏性，善于表达主人公内心的情绪。

又如范登高的唱词："三里湾里人挤人，数来数去我最光荣，一九四九年加入共产党，三里湾村长我担承，哪个资格有我老，范登高有了五年党龄，打倒地主我带头干，就是这个合作化我没得信心。生产之余我做点生意，请了一个小零工……"[②]短短的几句唱词就表现了人物的思想和身份。再如糊涂涂这个人物，"是非只为多开口，烦恼皆因强出头，若是遇有麻烦

① 许在民编：《三里湾》（花鼓戏），长沙：湖南人民出版社，1958年，第19页。

② 同上，第3页。

事，不如装个糊涂涂”[1]。这几句台词，语言精练直接，概括性极强，把人物的主要特征直白地展现在观众面前。

花鼓戏《三里湾》演出后，不仅赢得了广大群众的喜爱，也得到了赵树理的充分认可。赵树理亲自观看了这部戏，并且参加了由部分戏曲界代表和主要演员参加的座谈会。在座谈会上，他对花鼓戏《三里湾》给予了高度评价。他首先肯定了戏中人物的表演。他说，“我觉得戏里几个人物是表演得比较恰当的”，“我想象的是那么些形象，扮相是那么些扮相，风度是那么些风度，有些地方经过演出，立体化了，比我写的活泼得多”。他认为：“戏里的人物基本上对头的多，范登高摆老资格的架子，糊涂涂、常有理那个劲等都是。”“小俊这个角色，戏里演得还适当。这个女孩，在她妈妈那里接受了一些坏教育，并没有‘毕业’，虽然出嫁了，也不能算是变了样”；“玉梅扮相很像农村姑娘”，“给人的印象是正派，健康的，很好的一个形象，我一见她出场，就感觉写小说的时候想到的正是这么个人物，很自然，两个形象碰了头”。至于王满喜，“也符合我想象的人物，跳跳蹦蹦，非常调皮，是个正面人物……”

当然，赵树理对戏中的不足也直截了当地提出了自己的意见。比如，范登高这个人物，赵树理认为在演出中有两件事失掉了分寸，“一件是与糊涂涂订‘攻守同盟’”，“另一件事是雇小聚”，都是把范登高的问题搞严重了；还有就是关于范登高的转变，戏里用了“忘本回头”的情节，过于重复，没有新意，“演法有点僵，与整个戏的风格不调和”。其他如能干婆丑化多了一些，流氓习气多了一些，有点过妖，应该是“刁而不妖”；满喜是个正面人物，出场时却觉得“小了一点”，“像个反派”等。

（三）评剧《三里湾》和《袁天成革命》

评剧《三里湾》于1958年由中国评剧院改编并首演，主要演员有筱玉霜、张德福、赵连喜、赵丽蓉、宋长文、张玉兰、杜宝宇等。

评剧《三里湾》特别突出了范登高的转变过程，对范登高的思想转变有

① 许在民编：《三里湾》（花鼓戏），长沙：湖南人民出版社，1958年，第20页。

着更深入、更突出的描写，使其形象较之小说中更具戏剧性。范登高是三里湾农民开渠、扩社、实现农业合作化的主要阻止力量。剧本重点突出了他的资本主义思想。他给观众的第一印象就是自私虚伪，一心想着自己的生意，从不关心村里的事情，不关心党的政策。他仗着自己立过功、入了党，并不打算再追求进步，只是算计怎样才能对自己有利，而这种思想在剧本中受到了批判。范登高的思想转变有点被迫的感觉，因为他最亲近的人、战友、女儿都不能接受他的做法，都不理他，成了他的对立面，所以他的

评剧《三里湾》剧照，张德福（左二）饰演范登高

思想也就不得不发生转变了。剧本在写他思想转变的那一刻，写得相当精彩。编者是这样安排的：他不满意党对他的批判，并进行坚决的抗议，正在这时，忽然听到有人在议论他。他过去也曾经遭受地主的压迫，于是他想起了自己过去受压迫的悲惨生活，沉思良久，终于意识到了自己的错误，接受了党的教育。剧本还批判了糊涂涂、常有理、惹不起和马有翼等反面人物，歌颂了用劳动来创造新生活的先进代表范灵芝、王玉生等人。

剧本对范登高的形象刻画得很突出，很到位，但是由于剧本头绪杂沓，事件显得臃肿，在其他人物的描写上还是有不足之处。马有翼没有一个定性的性格，使人捉摸不透，另外一个人物常有理的性格也没有表现出来。

《袁天成革命》是《三里湾》的一部分，是其中的一条线索，作者利用小说中的一条线索组成了一个小的剧本。一般一部小说只改编成一个剧本，《袁天成革命》的这种写法使得剧本头绪清楚。但是剧本把袁天成在革命之前所处的矛盾环境写得太简单了，人物的实际关系没有得到充分的表现，革命的矛盾性并不是很激烈，环境并不是很艰难，所以其革命行动就感动不了人。

第四章　其他小说的改编与传播

一、《李有才板话》的改编与传播

1943年夏秋之季，赵树理和一些同志来到左权县麻田镇附近的阎家山上搞调查。麻田是八路军总部所在地，离麻田不远，有个较大的村子叫后柴城村。村子里有孙姓、阎姓两家地主，孙家霸滩，阎家霸山，这一带的山就叫阎家山。赵树理就住在阎家山一个名叫李家岩的小山村。房东小名叫乃顺，大名就叫李有才。李有才虽然没念过书，但为人正派，还有点小谋略，说话又风趣，顺口溜有时一串一串脱口而出；他还是村里的干部，村里开展什么工作，他总是冲在头里，很有点号召力和组织能力。赵树理不觉喜欢上了这个年轻人，经常找他谈工作、聊天、了解村里的情况；李乃顺也把赵树理当朋友，推心置腹，无话不谈，常常半夜半夜地给他讲述附近几个村的过去和现在、地主和穷人的斗争等。就在这共事和生活中，赵树理熟悉了许多人，了解了许多事。

在李有才家住了一个月左右，赵树理收集到不少素材，在其他村子，他还了解到许多坏人钻进新政权的事例。调查结束后，正好编辑部要求每个人写一个通俗故事，他就把现实生活中看到的农民跟豪绅地主做斗争的事迹做了提炼，又用一个"板人"的活动做线索，一气呵成，写成了这部著名的《李有才板话》（原题为《阎家山的故事》）。

《李有才板话》结尾标"1943.10.写于太行"。这部小说于1943年12月由新华书店出版，标为"大众文艺小丛书"之三，次年3月再版。关于《李有才板话》的写作，赵树理本人曾经说过："有些农村青年同志，不了解农村中的实际情况，为表面上的工作成绩所迷惑，我便写了《李有才板话》。”[①]这是他写这篇小说的最初动机。对于写作的目的，他还说：“我们的工作有些地方不深入，特别对于狡猾地主还发现不够，章工作员式的人多，老杨式的人少，应该提倡老杨式的做法，于是，我就写了这篇小说。”[②]“《李有才板话》，是配合减租斗争的，阶级阵营尚分明，正面主角尚有。不过在描写中不像被主角所讽刺的那些反面人物具体。”[③]小说出版时，中共北方局宣传部部长李大章撰写了序言。后来，李大章还在《华北文化》上发表了《介绍〈李有才板话〉》的文章，认为这部小说“反映出这个新社会的某些农村，或某些角落，这些乡村或角落的某一阶段的生活特点”[④]。“内容的新鲜现实，形式的接近民族化，它从旧形式中蜕化出来，而又加上了新的创造。”[⑤]冯牧同志在《人民文艺的杰出成果》的文章中，高度赞扬《李有才板话》“是我们所看到的最早地成功地反映了解放区农民翻身斗争的作品”[⑥]，“是我们正在茁壮成长着的人民文艺的杰出成果”[⑦]。《李有才板话》这部小说，乡村气息浓厚，广受欢迎。

《李有才板话》发表后，在短短几年间，便被《解放日报》《长城》《晋冀鲁豫边区文艺创作小丛书》《通俗小文库》《大众文艺小丛书》以及大连大众书店、香港海洋书店、上海知识出版社、东北书店、晋察冀新华书店、人民文学出版社等转载再版达三十八次之多。新华书店于1944年出版，后来多次再版，杂志和报纸也纷纷转载、连载。后来还被编入中学语文教材和大学《现代文学作品选》。

对这篇小说的评论数量是赵树理早期小说中最多的。除前面提到的李大章、冯牧等解放区的评论文章外，国统区作家对这篇小说也反响热

① 董大中主编：《赵树理全集》第三卷，第350页。
② 董大中主编：《赵树理全集》第五卷，第303页。
③ 董大中主编：《赵树理全集》第六卷，第466页。
④ 黄修己编：《赵树理研究资料》，第169页。
⑤ 同上，第170页。
⑥ 同上，第172页。
⑦ 同上，第175页。

烈。郭沫若写了《〈板话〉及其他》，茅盾写了《关于〈李有才板话〉》，都对这篇小说给予了高度评价。朱自清也曾经说："有些地方的民众，终于发生了很大的变化。民众自己首先用旧瓶子装上了新酒。例如，赵树理先生的《李有才板话》中的'快板'就属于这一类。那快板也许是经过赵先生润色的。但我相信，他所依据的东西，本来已经是旧瓶装的新酒了。只有那样的生活，才会有那样的农民快板，那样新的语言。……快板及其故事所使用的语言自有其风格，完全抛弃了附着在民族形式上的封建臭味，而采用了正在变化中的农民的生动的语言。但是，像李有才那样的人，自己还不会写，对于他们来说，还需要赵树理这样的代言人。"①

小说发表后不久，襄垣的秧歌剧团就想把《李有才板话》改编成襄垣秧歌，并特意邀请赵树理去做指导。赵树理去了剧团，随改随演，整整一个夏天，跑遍了太行山的重要村镇。1943年冬，襄垣农村剧团即将《李有才板话》改编为襄垣秧歌上演，并在1946年晋冀鲁豫边区政府文教作品评奖中获得甲等奖。

除襄垣秧歌外，1948年9月，胡青曾把《李有才板话》改编为《李有才板话影词》，作为《通俗文艺丛书》之一，由东北书店出版。

《李有才板话》不仅在国内引起很大的轰动，它的传播范围已经到了国外，被许多国家翻译成自己国家的文字进行出版。新中国成立后，《李有才板话》先后被翻译为英、日、法、德、孟加拉、捷克斯洛伐克、罗马尼亚文等多种文字在境外发表或出版。1953年10月30日的《文艺报》刊载报道称，《李有才板话》已经被译成维吾尔、哈萨克和锡伯文等在新疆出版。

襄垣秧歌《李有才板话》生动地刻画了在这特定时期各种类型的农民形象，表现了他们的思想情况，创作了有血有肉的典型农民形象。李有才是作品中的主要人物，也是作品中塑造得最充分、最完善的形象。李有才是个孤独的外来户，他的生活是悲惨的。他没有田地可以种，也没有地方可以住，住的是破窑洞，生活贫困，靠给人看果树和放牛勉强糊口。他虽然

① 朱自清：《朱自清全集》第三卷，南京：江苏教育出版社，1990年，第144页。

穷困潦倒，却很乐观，他喜欢讲一些诙谐幽默的话逗乐，因此，他人缘很好，村里的老少都喜欢他，晚上没事都会聚在他的破窑洞里。他能在穷困潦倒的生活中找到生活的乐趣，说明他是一个性格比较坚强的人，外号叫“气不死”。他坚决反对封建势力，斗争性很明确，也很彻底。当村里撤了阎喜富的村长职务时，村里的年轻人欣喜若狂，而他想得更为深远一些，觉得虽然村长撤了，但还有别人。这种态度表明了他斗争的坚决性和彻底性。

李有才除了是一位具有斗争精神的农民外，还是一位农民艺术家。他和封建势力斗争的形式非常特别，他给村里的地主等一些人编快板，用快板的形式进行辛辣的讽刺。编的每一段快板词，语言极其逼真，人物形象鲜明，描写故事生动形象，斗争性很强。

此外，作品还着重刻画了李有才的机智聪明，他对阎家山的状况了如指掌，是老槐树底的第一个能人。如在推选村长这一问题上，他提出的意见很合理。在李有才这个人物形象身上，一方面反映了社会最底层的劳动人民进行反抗，是由于受到了封建势力的长期压迫，他们也是失败了很多次才得出的经验教训；另一方面也反映了由于小生产者生产方式的思想局限，他们在斗争到一定阶段时，往往就会产生观望态度。农民对中国共产党也需要有一个认识过程，但是他们如果认定了共产党是真正代表人民利益、为人民服务时，他们同封建势力做斗争的精神也是积极的、坚决的，并且富有牺牲精神。

作品中聚集在李有才周围的一群小字辈人物，是新一代的农民形象。他们勇敢、年轻，有斗争的热情。他们的思想较为先进，在反封建的民主革命中发挥着重要的作用。他们爱憎分明，痛恨村里的地主阶级，希望有人给他们出头。在村政权选举中，他们为陈小元拉票，与地主走狗刘广聚竞争。虽然斗争带有自发性，却正好表现了他们内心深处要求解放的迫切愿望。此外，他们也各具个性。小保比较深沉，考虑问题周到细致。小明社交面很宽，具有组织才能，在组织农救会时，还不到一个晌午就介绍了五十五个会员。小顺说话直爽痛快，善于宣传，他不仅能迅速将李有才的快板传到群众中去，而且自己也是编快板的能手。这些小字辈人物，在阎家山的斗争中，越来越成熟，成为斗争的主力军。

二、《李家庄的变迁》的改编与传播

1945年九十月间，赵树理开始动手写作长篇小说《李家庄的变迁》(初名《李家庄演变》)，约于年底作完。“……例如《李家庄的变迁》是经上级号召揭发阎锡山统治下的黑暗之后才写出来，材料早已有，但当时没有认识到揭发的必要，直至任务提出后才写。”[①]“《李家庄的变迁》，是揭露旧社会地主集团对贫下中农种种剥削压迫的，是为了动员人民参加上党战役的(这一任务没有赶上)，其中虽然也写到党的领导，但写得不够有力，原因是对党的领导工作不太熟悉。”“我的叔父，正是被《李家庄的变迁》中六老爷的‘八当十’高利贷逼得破了产的人；同书中阎锡山的四十八师留守处，就是我当日在太原的寓所；同书中‘血染龙王庙’之类的场合，染了我好多同事的血，连我自己也差点染到里边去……这一切便是我写作材料的来源。”[②]

1946年月2月15日出版的《新大众》第17期，在封底刊登如下广告：“赵树理同志最近又写了这本《李家庄的变迁》。主要是写李家庄这个村子，从民国十九年以前到抗战后的变化经过。作者从调查研究中切实写出了群众翻身的过程，故事生动有趣，语言朴实好懂，全书共八万余言。有许多同志看过，都认为不下以前作者写的《小二黑结婚》、《李有才板话》，所以我们愿推荐这本书给读者。”[③]

《李家庄的变迁》于1946年1月由华北新华书店出版，三十二开，竖排，共一百二十五页，封面标明“通俗小说”，1948年再版。太岳新华书店、山东新华书店、大连大众书店、辽东建国书社、上海知识出版社均于同年出版，大连大众书店于次年再版。东北书店、冀鲁豫书店、上海新知书店、重庆新知书店、香港新民主出版社于1947年出版。冀中新华书店于1948年出版。华东新华书店到1949年5月，已出版到第3版。新华书店1949年5月，

① 董大中主编：《赵树理全集》第四卷，第78页。

② 董大中主编：《赵树理全集》第三卷，第349～350页。

③ 董大中：《赵树理年谱》，太原：北岳文艺出版社，1994年，第260页。

编入《中国人民文艺丛书》出版。《东北日报》于1947年12月18日至1948年3月6日连载。新中国成立后，人民文学出版社于1952年11月、1953年12月、1957年9月、1958年12月、1962年12月、1963年1月多次再版。

1950年年初或之前，著名评弹工作者潘伯英曾把《李家庄的变迁》改编为评弹并演唱，深得听众好评（潘因帮助别人编演评弹《小二黑结婚》而在1950年初被上海戏曲曲艺演唱竞赛委员会授予工作奖）。

除评弹外，《李家庄的变迁》的改编形式主要是连环画。

1950年10月9日，由荒烟编绘的《李家庄的变迁》连环画开始在北京《新民报》连载，1951年4月6日载完。

连环画《李家庄的变迁》影响更大、更久远的是由尚文、吴其柔改编，孙铁生绘图，上海人民美术出版社出版的连环画版本。此书分上下两册，1961年6月出版上册，1963年1月出版下册。1966年4月重新印刷出版。2012年6月，上海人民美术出版社又出版了精装本，仍分为上下册。

连环画《李家庄的变迁》通过山西农村李家庄张铁锁的遭遇，反映出抗日战争前后李家庄的不同面貌。

上册写抗战前张铁锁一家在农村遭受封建地主阶级的欺压，痛苦不堪。当时的军阀和地主阶级互相勾结，鱼肉百姓，广大劳动人民生活在水深火热之中。张铁锁一家遇到地主权贵的欺压，有理无处伸张，最后连他爷爷和他爹苦了两辈子买下的十五亩地也被村长李如珍等人霸占去了。张铁锁只能背井离乡，外出四处打工，饥寒不保。在外乡又意外遇到仇人小喜，为了有口饭吃，委曲求全在他手下干活。因时局动荡，小喜的四十八师留守处也解散了，铁锁只好又回到老家。

下册写铁锁回家后，正逢牺盟会特派员到李家庄来发动群众参加抗战，铁锁认出特派员正是自己在外打工时碰到的小常，异常亲热。从此在小常的带领下，积极发动群众参与牺盟会的各项工作，实行减租减息、成立了自卫队，建立抗日根据地。而以李如珍为首的地主阶级不甘失败，负隅顽抗，最后与日本人勾结，充当汉奸，彻底走上了与人民为敌的道路。最后在共产党的领导下，八路军来到村里建立抗日根据地，公审了汉奸，推翻了

1961年版连环画《李家庄的变迁》(上册)封面

1961年版连环画《李家庄的变迁》(上册)内页

1963年版连环画《李家庄的变迁》(下册)封面

1963年版连环画《李家庄的变迁》(下册)内页

封建军阀和地主阶级的统治，打垮了日本侵略者，人民当家做主，向自由幸福的道路迈进。

三、《传家宝》的改编与传播

1949年4月，赵树理在北平写成小说《传家宝》。夏冰在《赵树理在清华讲演观察事物的立场问题》一文中转引赵树理的话说："(《传家宝》)这样的事情是发生在山西襄垣县，那里是老解放区，人力大为缺乏，整个地区的生产凋敝的现象，是当时最严重的问题。在这种形势下，于是便出现了不少'金桂式'的妇女，摆脱了封建的旧习，走向主要的生产，许多事务便落到了女人的肩上来，于是妇女的地位自然就提高了。所以《传家宝》的主题，是鼓励女人参加主要生产，提高妇女社会地位。这两件事情，其实是不能分开的，妇女唯有在参加主要生产后，才能提高社会地位。"

《传家宝》写成后，首先在1949年4月19日至21日的《人民日报》与《北平解放报》上连载。《解放日报》6月13日、《浙江日报》6月25日至28日予以转载。

1949年小说由苏南新华书店、冀南新华书店、东北新华书店、天下图书公司出版，1950年由上海新华书店出版，1954年12月由通俗读物出版社出版。1950年，小说被选入《大学国文》，由新华书店出版。1963年11月，由中国作协农村读物工作委员会编入《短篇小说》(农村文学读物丛书)第一集，由作家出版社出版。1978年9月，《鸭绿江》杂志转载了这篇小说。

1949年9月，冀中十一分区地委文艺工作团集体把《传家宝》改编成戏剧，在冀中上演，受到农民的赞扬。

1949年10月20日至22日，黄宗英、吴茵、程漠把《传家宝》改编为剧本，在上海《大公报》上发表。

1949年12月，石家庄专区文工团改编的秧歌剧《传家宝》，由河北联合出版社出版。

1950年，王尊山把《传家宝》改编为鼓词，在《说说唱唱》第4、5期上连载。

1950年8月2日、3日，西河大鼓《传家宝》由蔡连贵在北京人民广播电台播出。

据1950年8月19日的《光明日报》报道，石家庄专署八个县已有十四个新旧剧混合剧团，以他们各自熟悉的大秧歌、山西梆子、评剧、四弦等调子，演出了《传家宝》等新歌剧（演出所依据的版本不详）。

1965年，所云平、王景中改编的豫剧《传家宝》，由河南人民出版社出版。

四、《小经理》的改编与传播

《小经理》写于1947年6月27日，最初发表在当年7月1日的《人民日报》上，1949年6月15日的《文汇报》《解放日报》同时转载，同年，新华书店出版单行本。1949年3月22日《东北日报》转载。新中国成立后，曾多年被选为中学语文教材。

1949年7月23日，由包明改编的新书词《小经理》在《文汇报》上发表。

1949年，《小经理》由宋肖虎编绘成连环画，于11月22日开始，在《浙江日报》上连载。

笔者在查阅资料时偶然发现，著名连环画画家顾炳鑫也曾自编自绘过《小经理》，而且是他创作的第一部连环画作品。他在《我的小传》一文中写道："美术成为我的专业是在上海解放后。1949年冬，我第一次编绘了赵树理的小说《小经理》短篇连环画，并被江丰、郑野夫等任主编的大众美术出版社采用，从此开始了三十余年的连环画工作。"《我的小传》中还插入了一幅图片（见上图），下面标有"《小经理》民众书店出版"的字样，出版于1950年7月。可见，民众书店出版社1950年出版过这本连环画册。[1]

另外，赵树理本人曾把《小经理》改编为鼓词，题目后标有副题："原为小说现改为鼓词。"2006年版《赵树理全集》第四卷收入了这篇鼓词，但不完整，标题注解有一段话："据手稿录入。究竟是遗稿有损失还是本来没有改写完，无从查考。改写的具体年月，也无法查出。根据所用的稿纸和字迹分析，大致可以确定是解放初期改进局任职的时候写的。"[2]董大中《赵树理

① 见顾炳鑫官网：http://gubingxin·mylhh·com/views ~ life ~ 174·html.

② 董大中主编：《赵树理全集》第四卷，第66页。

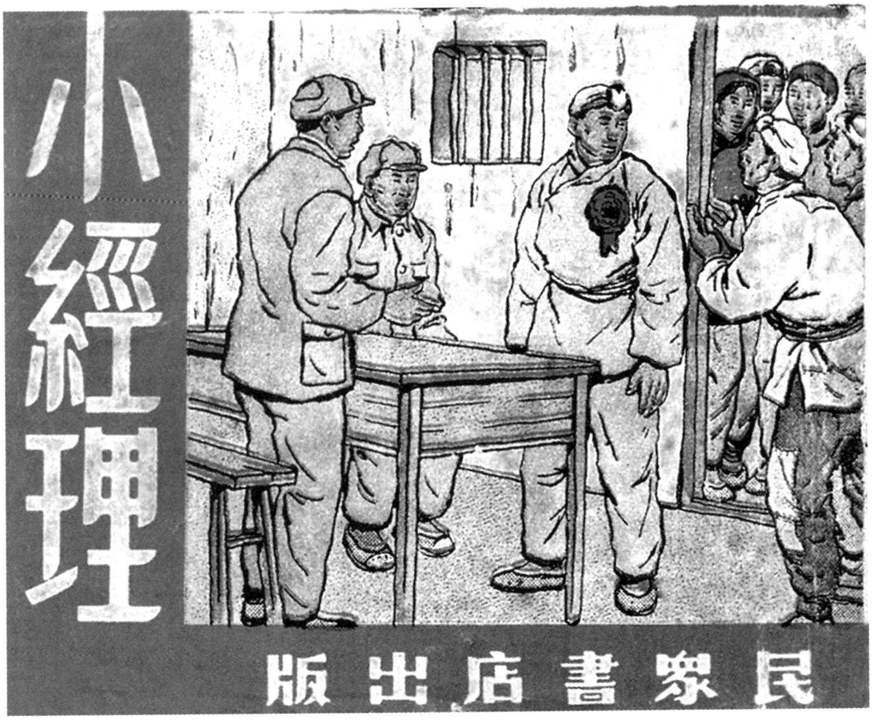

1950年版连环画《小经理》封面

年谱》把其写作时间放在了1950年,2006版《赵树理全集》亦放在1950年。

五、《邪不压正》的改编与传播

1948年10月13日,中篇小说《邪不压正》开始在《人民日报》连载,经16日、19日,至22日连载完毕,共四次。文末注明:"十月十八日作完。"1949年2月6日至3月14日,在《新华周报》连载。1949年4月1日至5月1日,《生活报》(五日刊)连载,有张望插图。其单行本1948年11月由冀南新华书店出版,12月由太岳新华书店出版,1949年又由天津知识书店出版。

《邪不压正》描写下河村中农王聚才的女儿软英的婚姻故事。软英先被地主刘锡元丧偶的儿子看中,狗腿子小旦为虎作伥,强下聘礼。下河村解放后,农会主席小昌又唆使成为积极分子的小旦逼迫软英嫁给自己还未成年的儿子。最后在整党运动中,小昌挨批,软英和相爱多年的小宝终成眷属。《邪不压正》是赵树理第一次遇到猛烈批评的小说，后未收入自己的文集，渐渐被人们遗忘，20世纪80年代后，人们又重新认识到了它的价值。

1949年，《邪不压正》被改编为鼓词。

六、《福贵》的改编与传播

《福贵》写于1946年8月，发表在当年10月1日《太岳文化》创刊号上。

关于《福贵》的写作，赵树理本人曾经说过："……那时，我们有些基层干部，尚有些残存的封建观念，对一些过去极端贫穷、作过一些被地主阶级认为是下等事的人(如送过死孩子，当过吹鼓手、抬过轿等)，不但不尊重，而且有点怕玷污了自己的身份，所以写这一篇，以打通其思想。"[①]

1946年12月14日至16日，《晋察冀日报》转载；1948年1月12日，《东北日报》转载(文前有《编者的话》)；1946年，华北新华书店出版单行本，1947年、1948年、1949年连续重印；1947年东北书店出版，1949年再版；1949年，苏南新华书店出版；1949年2月，中原新华书店出版；1950年，西北军区第一野战军政治部出版；1948年7月出版的香港《大众文艺丛刊》第三辑选入了本篇作品；1951年8月，内蒙古出版局出版蒙文版。另外，赵树理作品的多种选集都选载过这篇小说。

1950年12月，由徐淦改编，古一舟、刘振邺等绘图的连环画《福贵》，由人民美术出版社出版，第二年4月，又由北京大众图画出版社出版。

1951年，泰国作家兼导演奈素越·哇啦里洛将《福贵》改编成泰文话剧，在泰国上演。

七、《灵泉洞(上)》的改编与传播

长篇评书《灵泉洞(上)》完成于1958年，这年的8月24日，开始在《曲艺》月刊上连载，文前的《编者按》说："《灵泉洞》是一部长篇评书。分上、下两部，上部写抗日战争时期一个山区人民在日寇和蒋匪军的双重压力下的

① 董大中主编：《赵树理全集》第六卷，第466页。

1959年版《灵泉洞(上)》古元版画插图

生死挣扎;下部写解放后从民主革命走上社会主义革命的种种变化。全书以一个山洞为联系线索。大约二十到三十万字。上部已写完,下部可能还要迟一个时期才能写出。"发表时,特别嘱明要"标明是评书,希望能作为评书艺人讲说之用"①。直到11月号才载完。《人民文学》11月号选载了这部评书。1959年2月,作家出版社首次出版,9月重版精装本,1963年6月再版,增加了古元的插图。

赵树理说:"《灵泉洞》上半部,是写历史故事的,是响应大跃进号召(每个作家都写)写的。我一般不写历史题材。"②

1962年,由蔡传业、尚文改编,任伯宏、任伯言绘图的连环画《灵泉洞》第一册,由上海人民美术出版社出版,2012年3月再版。

八、《套不住的手》的改编与传播

《套不住的手》写于1960年10月,发表在当年《人民文学》11月号上,12月7日《光明日报》予以转载。

① 董大中主编:《赵树理全集》第五卷,第98页。

② 董大中主编:《赵树理全集》第六卷,第473页。

“《套不住的手》是《人民文学》月刊动员我写的，没有什么针对性，是表扬一个支部书记的父亲（大部分以郭玉恩的父亲为描写对象）的劳动品质。”[1]

1961年10月，由福建教育学院编入《中学语文课外选读》第三集，由福建人民出版社出版。1961年11月，收入茅盾选讲的《一九六〇年短篇小说欣赏》一书，由中国青年出版社出版，同书还载有茅盾的《一九六〇年短篇小说漫评》，在第八节分析了赵树理的这篇小说。1962年2月，收入《通俗文艺小丛书》，由山西人民出版社出版。1978年5月，收入《文学作品选读·建国以来短篇小说》（中册），由上海文艺出版社出版。1979年6月，收入《山西短篇小说选（一九四九——一九七九）》上册，由山西人民出版社出版。同月，由中小学通用教材中学语文编写组编入《全日制十年制学校高中课本·语文》第四册，由人民教育出版社出版。

1962年，由钤广礼改编、尚君砺绘图的《套不住的手》连环画，由河北人民美术出版社出版。

① 董大中主编：《赵树理全集》第六卷，第473页。

第五章 永远的小二黑，不朽的文学经典

——《小二黑结婚》：新时期新世纪的回声

1966年8月，赵树理被打成"资产阶级反动文学权威"受到批判。此后，被押往长治、晋城、太原等地批斗，直到1970年9月23日被迫害致死。随着赵树理的被批判，他的一些著名作品也受到不公正的待遇，《小二黑结婚》更被称为"大毒草"，并因为彭德怀题词的关系而受到批判，其传播也随之出现了断层，原著包括各种文艺形式的小二黑故事的演绎都在人们的视野中销声匿迹了。

但小二黑的影响并未因此而中断，关于小二黑故事的记忆和对赵树理的思念像一股潜流流淌在人们心底。"文化大革命"结束后，政治禁忌解冻，文艺界迎来了自己的春天。1978年，党中央为赵树理彻底平反，恢复了其应有的名誉，其作品被重新出版，《小二黑结婚》这朵封冻已久的山花终于又回到人们的视野，笑迎春风重新绽放，而人们也以各种形式表达自己对这位可敬的人民作家和他那篇小说的惦念。

一、心灵深处的缅怀——续作《老二黑离婚》

1979年，一位来自赵树理故乡山西沁水县的青年作者潘保安因发表了一篇小说而引起了人们的注意，这篇小说先是发表在《汾水》上，继而又在《山西日报》上连载，这篇小说就是《老二黑离婚》。单从名字上看，《老二黑离婚》显然就是赵树理《小二黑结婚》的续篇。

小说仍以小二黑与小芹的婚姻为主线，讲述了小二黑与小芹婚后一家人近三十年的命运起伏。小二黑因在"大跃进"运动中不肯附和浮夸冒进

风被戴上“右倾反党”的帽子，并因此而连累了一家人，小芹被免职，儿子虎虎说不上媳妇，女儿梅梅进不了县剧团，连谈朋友也遭到男方家的强烈反对，最后闹到要上吊自杀的地步。为了不影响儿女们的前途，在万般无奈的情况下，小二黑与小芹这对当年村里的第一对好夫妻只好离婚了。“四人帮”被粉碎后，小二黑一家人终于迎来了幸福生活，儿子结了婚，女儿也将有新的对象，原本破碎的家庭终于又团圆了。

很显然，这篇小说在故事情节上延续了赵树理的《小二黑结婚》，就是在语言风格、叙述方式，甚至人物的神韵方面，也都是刻意向赵树理学习，模仿的痕迹很明显。和赵树理的《小二黑结婚》相比，《老二黑离婚》在很多方面都显得比较稚嫩，但毋庸置疑的是作者对赵树理充满了真诚的崇拜及诚挚的缅怀，对《小二黑结婚》则是发自内心的喜爱，而这篇小说的发表也唤醒了人们心底蛰伏已久的那份怀念之情。当年冬季，《山西日报》开辟了《你对〈老二黑离婚〉怎么看》的专栏，许多读者畅所欲言，自由争鸣，借来信释放、表达对《小二黑结婚》的真心喜爱和对赵树理的由衷怀念。在报纸上公开发表的二十六篇讨论文章中，多数作者来自基层，有农民、工人、干部，赵树理的女儿赵广建也参加了讨论。

这样的轰动效应是作者潘保安完全没有想到的，他后来曾做过谦虚而诚实的解释：“小说发表之后，出乎我的意料，在群众中引起了反响。这个我也想过了：为什么群众对《老二黑离婚》感兴趣呢？是我写出惊人之作了吗？完全不是！因为我自知自己水平很差劲，离一个写小说的人还有一定的差距。分析原因，就是这篇小说‘沾了赵树理同志的光’。大家关心老二黑的命运，同时也怀念赵树理，我写这个小说，目的是悼祭赵树理同志，所以和群众思想上产生了共鸣。如果我不是写的老二黑，换一个别的什么人‘离婚’，读者大概就不会对它产生兴趣的。”[①]

二、幽默的影响——贺友直的连环画《小二黑结婚》

连环画也就是我们俗称的小人书，自20世纪初在上海产生以来，这种

① 樊星编：《永远的红色经典》，武汉：长江文艺出版社，2008年，第34页。

文艺形式在民间就有广阔的市场，是一种深受群众欢迎的通俗文艺形式。

以连环画形式讲述小二黑的故事，早在延安时期便有罗工柳、张映雪以木刻画绘制的《李有才·小二黑》一书。连环画一直是延安文艺宣传的一种重要形式，以连环画的方式讲述小二黑的故事，符合毛泽东《在延安文艺座谈会上的讲话》中的文艺大众化的思想，也与赵树理利用通俗文艺形式改造教育大众的“地摊文艺”的思想不谋而合。1950年，又出版了一套由著名漫画家米谷创作的《小二黑结婚》。作者于1948年底开始动手，每天画一幅。同时在香港《文汇报》副刊连载，一直到1949年3月23日才画成，共六十幅，历时三个月。1984年，国画家杨力舟和王迎春合作创作了一套《小二黑结婚》连环画，这套作品获得1986年全国第三届连环画二等奖。

在已知的根据《小二黑结婚》改编的连环画中，影响最大的是贺友直的连环画《小二黑结婚》。

贺友直一生多次创作《小二黑结婚》，成为对该小说画得次数最多、影响最大的画家。

贺友直，1922年生于上海，浙江镇海人，著名连环画画家，中国美术家协会连环画艺术委员会主任、上海美术家协会副主席。1949年开始连环画创作，1956年任上海人民美术出版社连环画创作员，后任上海人民美术出版社编审。

贺友直对《小二黑结婚》情有独钟，曾多次对其进行连环画改编，他说：“我敬重赵树理。我欣赏他写的小说。我喜欢他笔下刻画的人物……二诸葛、三仙姑，这样的人，不只是山西农村有，在别的地方，我猜想也会有……塑造这种‘有趣’的形象，描绘这种人物做出的‘有趣’的事，不是取笑，不是挖苦，不是糟蹋，而是作为一面生活的镜子，可以让人见了能在会心的一笑中，发现自己也存在这类‘有趣’的行为。作家、画家的创作目的，就在于此。”“我喜欢幽默，我的性格里有幽默的成分，或者说，与赵树理式的幽默有相通之处。我以为，创作激情，其基础当然是体验和认识，但诱因则是兴趣，没有兴趣，就难以产生灵感，没有灵感，又怎来艺术。所以，基础和兴趣，是二者不可缺其一的。”可见，正是贺友直与赵树理两位艺术家息息相通的幽默，成就了二人的缘分，才使贺友直产生了艺术创作的激情和灵感。[①]

贺友直以《小二黑结婚》为题材创作连环画，其中四次较有影响，分别采取不同的表现形式，绘画语言也在不断求变。

（一）1959年版连环画《小二黑结婚》

1959年，贺友直第一次创作《小二黑结婚》，采用传统年画的形式，由上海人民美术出版社印刷发行。这套年画特性的连环画色彩纯度趋高，喜庆明朗，具象写实，有新年画特质。贺友直当年选择这个故事创作，一是它吉庆生动，尽显趣味，形象设计余地大；二是内容淳朴平实，适合年画语言再现。他将故事情节高度概括，有限遴选画面，截取《小二黑结婚》的几个主要场景，用十二个定格呈现完整的故事（见右图）。每一幅图像捕捉最具典型意义的人物动作，呈现故事的关键情节，如小二黑反抗二诸葛，金旺调戏小芹，媒人提亲，小芹拒婚，商量对策，区长说服教育，小芹、小二黑结婚等，因此成为《小二黑结婚》的经典之作。

1959年版分格年画《小二黑结婚》

（二）1980年版连环画《小二黑结婚》

改革开放以后，社会形态发生变化，也极大地影响着人们的社会活动和装束。1980年，贺友直第二次创作《小二黑结婚》连环画，为表现新生活新人物，画家以十八描为基础进行技法探索，赋予白描以时代气息，极简约

① 张有：《生活 执着 虔诚——谈连环画〈小二黑结婚〉》，《美术大观》，2000年第2期，第40页。

1980年版白描《小二黑结婚》

的环境处理，有疏密层次，有韵律捕捉，有人物刻画的生动传神，充分表现了抗日战争时期太行山区人民的风貌。贺友直行笔朴拙有力，走线肯定利落，从画面构图和勾线可以观其深厚的白描功底。由于采用竖构图，画面与首次创作的《小二黑结婚》略有改变，但几个经典场景基本相同，甚至连装束、服饰都趋于一致（见左图）。

（三）1996年版连环画《小二黑结婚》

1993年，贺友直在庐山参加连环画套书研讨会，辽宁美术出版社社长林瑛珊向贺友直约稿，他爽快答应。虽然贺友直之前创作的《小二黑结婚》已是经典，但时隔三十余载，社会环境发生了巨变，于是贺友直决定再画《小二黑结婚》。这套连环画于1996年完成。这是贺友直第三次画《小二黑结婚》。

这次贺友直尽显幽默天赋，以中国写意画的表现形式，采轻透墨色，达至喜剧感。这套连环画用笔不求工细，重在传神写意，充实了很多原来文字中没有的细节，如小二黑放羊时，坐在山坡上擦枪，符合小二黑民兵的身份；又如为了描绘老来俏的三仙姑，画家不但采用艳色厚粉涂抹那张老脸，还用线条把她的忸怩作态表现得淋漓尽致，旁边还兴犹未尽地题诗："半百婆姨赛新人，仙姑事儿有名声，男女老少争相看，神仙也怕难为情。"[①]

这套连环画创新点在于画面的构成形式。贺友直依自我认识，重新营造设计，找寻构图新法：一个版面有主副两幅图，主图表现故事情节，副图

① 郝米嘉：《贺友直和〈小二黑结婚〉》，《美术研究》，2013年第2期，第27页。

与主图之间有很强的互补关系，或呼应，或影射，或建立对比。如小二黑出场一幕，主图小二黑放羊时坐在山坡上擦枪，而副图则是小芹在洗晒被单，小芹的形象隐隐约约于被单后，暗示小芹与小二黑的关系。再如第二十幅，金旺企图非礼小芹，小芹奋力抗争一幕，正好与副图中三仙姑与众相好调情的画面形成强烈对比。类似这样的画面有很多，体现了作者构图经营的独具匠心（见下图）。这套连环画获得1999年全国美术展览会银奖。

1996年版国画写意《小二黑结婚》

（四）2010年版漫画《小二黑结婚》

新世纪初，贺友直把毕生创作的连环画原稿，悉数捐赠给上海美术馆。他说："我早就想好了，不能把它们留给儿女，那是麻烦事。5个孙辈结婚，各画一张《小二黑结婚》送他们，不是很喜庆的事吗？"[①]2010年，时值孙

① 郝米嘉：《贺友直和〈小二黑结婚〉》，《美术研究》，2013年第2期，第27页。

2010年版水墨漫画写意《小二黑结婚》

辈结婚，八十九岁的贺友直以漫画形式重新演绎《小二黑结婚》，作为送给孙子的新婚贺礼。

这套连环漫画人物形象夸张，动作稚拙，个性跃然纸上，尤其是三仙姑脸上那一抹艳红的妖冶凸现纸上。画面以水墨为主，偶加点染；以动态的人物肢体语言为主，环境几乎忽略不计。虽为水墨，却漫画味十足，外在滑稽、戏谑的笔墨趣味，把人物内在性格表现得妙趣横生(见左上图)。

从历次创作不同的艺术风格，贺友直呈现给我们不同历史时期艺术创作思想的变化。“现实生活中事情的发展变化具有连续性，但是连环画只能截取生活中的特定瞬间加以表现。”①贺友直后来创作的《小二黑结婚》，依然是在第一次创作基础上删减、调整，在几个主要场景中捕捉最能表现故事内容的“节点”，选取人物活动最关键、最冲突、最精彩的瞬间进行描绘。

贺友直首次创作《小二黑结婚》时，画面以静态为主，偶有动态，也是将动作瞬间定格；第二次创作《小二黑结婚》，其线条具有动势，即使人物形态动作幅度不大，或者是静态的画面，但人物衣纹疏密相间的线形，具有音乐的律动和节奏。第一、二次贺友直的创作，定位于再现客观世界的物象，无论是年画还是白描，从人物服饰到场景设计，体现着山西民间独有的视觉

① 於贤德、李娜:《线的意味与神韵——论贺友直连环画的中国美学特色》，《宁波职业技术学院学报》，2011年第6期，第81页。

特征，而第三、四次创作《小二黑结婚》，人物动态幅度的夸张不是靠线条营造，而是靠造型来实现，人物后面的环境设计从丰富的视觉信息量已经简略到无。四次创作虽然形式各异，但主要画面基本不变，而风格则前两次和后两次明显不同。如果说前两次呈现出具象的写实性，而后两次更具主动写意性和表现主义绘画意识，全然脱离写实的窠臼，从写实走向写意，从写意走向漫画般的调侃。

20世纪的五六十年代，贺友直创作的《小二黑结婚》，不可避免地或多或少地受到当时意识形态的影响，从政治层面上对《小二黑结婚》进行演绎。到20世纪90年代，政治权力话语渐渐弱化，因此贺友直第三、四次创作的《小二黑结婚》，已少有意识形态因素的羁绊，自由地从艺术性、从自身感悟的角度诠释这部经典。虽然还是画情节、画故事，但是画家更特立独行的气质、更练达的绘画特性、审美情趣，创作中更放松、更随意、更生动诙谐和赋予情趣，重新解读了原著幽默、开朗的精神气质。通过对比可以发现，贺友直努力不重复自己，他画面的构成形式一次比一次简约，笔法一次比一次凝练，构图一次比一次讲究，风格一次比一次写意。

《小二黑结婚》原著脍炙人口，妇孺皆知，加之贺友直主动的艺术创作，二者相得益彰，是文学和绘画的完美联姻。

三、歌剧、各种地方戏曲的重排重演和新的艺术形式的改编

进入21世纪以来，随着大众文化的兴盛和人们怀旧思潮的兴起以及婚姻这一永恒主题在新世纪的不断演绎，原有的《小二黑结婚》改编本又不断地被重排重演，同时，还出现了一些新的艺术形式，从而形成一股新的《小二黑结婚》热。现列举几例：

2007年，在“读、研、写、演”审美体验工程十年巡礼文艺会演上，广西民族大学演出了新编音乐剧《小二黑结婚》，获得巨大成功。

2008年12月26日，在纪念改革开放三十年民族音乐成果系列展之清唱剧《小二黑结婚》在中国音乐学院音乐厅成功上演。

2011年新排的豫剧《小二黑结婚》剧照，辛艾饰演小芹，李书奇饰演小二黑（戏痴小郭供图）

2010年，新版歌剧《小二黑结婚》在国家大剧院小剧场演出；2011年5月12日至15日，歌剧《小二黑结婚》又在国家大剧院上演。

2011年，豫剧现代戏经典《小二黑结婚》在中州大地重新唱响，引起轰动（见上图）。

2011年5月26日，宁夏教研网登出了一篇《小二黑结婚》课本剧。这是一篇独幕剧剧本，连标题带舞台说明总共才两千多字。该剧直接从三仙姑和媒婆合谋给小芹说亲开始，以区长给小二黑和小芹亲自颁发结婚证结束。剧本虽短，但主要人物都有（小芹、小二黑、二诸葛、三仙姑、金旺、兴旺、区长、媒婆），基本情节也和原著一样，只是在台词的设计上有了一些时代特色。如媒婆："跟了吴先生，你们的孩子将来可以上大学，出国留洋啊！"三仙姑："你跟了吴先生，少奋斗二十年哦！"这样的台词明显体现的是新世纪普遍存在的择偶观，也更显得小芹"我们有双手。现在暂时困难点，经过我们的共同奋斗辛勤劳动，我们会好起来"的爱情婚姻观的可贵。

2011年11月，山西晋城职业技术学院师生排演的教学剧目——民族歌剧《小二黑结婚》代表山西省参加文化部举办的首届中国歌剧节，一举夺得集体演出奖、编剧特别荣誉奖、作曲特别荣誉奖、优秀导演奖、优秀表演奖、表演奖（两人）七个大奖。2012年4月5日在国家大剧院、6日至8日在天桥剧场，晋城版歌剧《小二黑结婚》又连演四场。

2011年，襄垣县秧歌剧团在长治潞安剧院先后两次演出襄垣秧歌《小二黑结婚》。

2012年10月28日下午，身着传统戏曲服装的二十多名演员，在长治市天宫乐园为广大群众献上了一场精彩的襄垣秧歌《小二黑结婚》。

2012年5月27日，为纪念毛泽东《在延安文艺座谈会上的讲话》发表七十周年，由肖莉创作和编导、吉林省老干部艺术团排演的舞蹈小品《小二黑结婚》在团庆二十七周年暨五一联欢会上演出，获得广泛好评。2013年初，该舞蹈又参加了吉林省第四届风采杯大赛，获得最佳表演一等奖，并被选为吉林省群众文化精品节目参加了2013年1月22日的展演。

四、网络恶搞

和许多红色经典被网络恶搞一样，赵树理的《小二黑结婚》同样难逃被恶搞的命运。如网上曾出现过一篇署名冷月清心的网友自创的电影文学剧本——《新小二黑结婚》（扩大版），剧本以网上盛行的恶搞手法全盘颠覆了原著：二诸葛成了业余爱拍照，常把“不宜拍照”挂在嘴边的诸葛飞雁；三仙姑成了顿顿爱喝粥，但煮六十六回粥必煳一回的拾穗；大黑改名叫铁手；小二黑成了掉煤堆里也数最黑的苍山；小芹改名雨儿，并多了一个从小失散被人收养的双胞胎妹妹梅影。梅影与铁手成了一对儿。而苍山和雨儿相会时，开口“我的家在东北松花江上”，闭口“亲爱的，你慢慢飞”，都是当代流行歌曲中的歌词，就连小品《懒汉相亲》中的对白也被套用来成为两人的对话台词。9伴奏网上也出现过一篇以同样的恶搞手法创作的小品《小二黑结婚》。小品中的小二黑、小芹、二诸葛、三仙姑等人满口现代腔，二诸葛丧妻后与早已成寡妇的三仙姑成了一对。最后是一家人准备到城里打工挣钱,三仙姑当攻关经理,二诸葛用电脑来算命。海归网海归论坛中有一篇署名DRIFTER、题为《新小二黑结婚》的帖子,将小二黑与小芹的恋爱故事搬到高中课堂上,高考中小芹榜上有名,小二黑却名落孙山,小二黑复读,最终考上了米国的狠协学院,后来又回国成了海归。这篇小文章其实只是借用了小二黑和小芹的人名以及小二黑与小芹恋爱的情节,其他与小说并无多大关系。①

虽然是被调侃、恶搞,但也恰恰说明了时至今日,《小二黑结婚》在人们心目中仍然占据着重要的位置。

几经风霜,历经考验,而今,七十多年过去了,随着时代的转变,《小二黑结婚》这朵来自太行山区的山花褪去了红色年代的政治话语赋予它的红色光环,却并没有终结自己的艺术生命,而越发显现出历久弥新的内在质朴纯真之美。无论是正面的重新改编、重排重演,还是网络文化兴盛时代的恶搞,人们都是在以各种形式重新演绎这个经典的故事,表达自己对《小二黑结婚》和它所代表的那个时代的种种不同于前人的理解。《小二黑结婚》并非只属于那个特定的政治话语时代,它的生命力与影响力远超越于此,当属不折不扣的文学经典。

① 樊星编:《永远的红色经典》,武汉:长江文艺出版社,2008年,第40页。

第六章　戏剧性因素和可说性文本

——赵树理小说被改编原因之一

赵树理无疑是中国现当代文学史上读者最多、传播范围最广、影响最大的作家之一，也是解放区文学当之无愧的代表性作家。他的许多小说都被改编成其他艺术形式，是20世纪40年代到20世纪60年代作品被改编最多的中国作家之一。那么，这种改编背后是否存在着错综复杂的因素，如文学的、政治的、社会的、意识形态的……以下就是笔者对赵树理小说不断被改编原因的一些思考。

赵树理的小说被广泛改编，首要的原因就是赵树理的小说文本为改编提供了良好的基础。赵树理小说改编的艺术形式主要有四种：一是戏剧，包括话剧、歌剧和戏曲，其中改编最多的是各种地方戏；二是电影，只有《小二黑结婚》和《花好月圆》（根据《三里湾》改编）；三是曲艺，包括鼓词、评弹等；四是连环画。戏剧和电影有一些相似的地方，其中最重要的就是都要有好看的故事（我们把有情节的电影叫作故事片就是个例证）；连环画虽然主要是图画，但要吸引看图者，也要有好看的故事。因此，被选作改编的文学作品一般都应有较强的故事性，也就是要有戏剧性因素。曲艺是说唱艺术，除了要有好听的故事外，其说唱底本说的时候还要好说，说出来后还得好听（让听众听得懂，喜欢听）。赵树理的小说之所以被不断地改编，其内在原因就在于赵树理小说文本本身所具有的戏剧性因素和可说性特点。

一、戏剧性因素

众多研究者在考察赵树理的小说时，都不约而同地发现了地方戏曲的深刻影响。戏剧讲求雅俗共赏，是演给识字的人与不识字的人同看的，这与赵树理的“老百姓喜欢看”、看得懂的创作理念有共通之处，因此，赵树理在创作中对民间文学与地方戏曲有目的地吸收，使得他的作品充满了戏剧性，这也是他的作品特别受到戏剧界关注的一个重要原因。《小二黑结婚》曾经被改编为豫剧、评剧、歌剧，《登记》曾被改编为沪剧、秦腔，《三里湾》也被改编为评剧和花鼓戏，等等。正是这些作品丰富的戏剧性为编剧们进行再创作提供了有利条件。

那么，什么是戏剧性呢？所谓戏剧性是指戏剧的特性在作品中的具体体现，是把人物的内心活动(思想、感情、意志及潜意识等)通过外部动作、台词、表情等直观外现出来，直接诉诸观众的感官。由于戏剧理论家对戏剧的特性持不同观点，因此对戏剧性的解释也各不相同。一般来说，人们普遍将戏剧性与情节和人物联系在一起。赵树理小说的戏剧性主要体现在以下几方面：

(一)小说情节的戏剧性

戏剧最大的特点就是要有矛盾冲突。人们常说：“没有冲突就没有戏剧。”可见戏剧性与矛盾冲突有很大关系。赵树理的小说大都故事性比较强，而这些故事主要就是由各种各样的矛盾冲突构成的。

《小二黑结婚》所表现的虽然是在当时历史条件下反封建势力、争取婚姻自主的重大社会问题，但是作者并没有把这样的社会问题一般化和抽象化，而是把它活生生地个性化、生活化了。《小二黑结婚》叙述的是一个恋爱婚姻故事，小芹和小二黑的恋爱就是整个矛盾冲突的触发点，其他的一切冲突都是由他们的恋爱而发生的。小芹与小二黑之间的真挚爱情，首先遇到了邪恶势力金旺、兴旺兄弟的阻挠，于是引起了一系列的戏剧性冲突。先是金旺调戏小芹不成，“碰了小芹钉子以后，每日怀恨，总想设法报一报仇”；再是斗争会，又因村长做主而被调解开；然后引出了捉奸“拿双”的尖锐冲突，他们趁小芹和小二黑到大窑里商量结婚登记的机会，调动民兵把小二黑和小芹捆起来送到了区政府，使矛盾冲突达到了顶点，而最终的结果却是小芹和小二黑被区政府放了，实现了自主结婚的愿望，金旺、兴旺兄弟反被押了起来并判了刑。这场冲突对于小芹和小二黑来说，是逢凶化吉，在斗争中赢得了胜利，而对于金旺、兴旺兄弟来说，则是弄巧成拙，搬起石头砸了自己的脚。总之，《小二黑结婚》中的矛盾冲突可以说无处不在。从大处说，有青年农民与愚昧、落后、迷信的封建家长的冲突，青年农民与封建邪恶势力的冲突；从小处说，有小二黑与二诸葛的冲突，小芹和三仙姑的冲突，小二黑、小芹与金旺、兴旺兄弟的冲突，还有二诸葛与三仙姑的冲突，等等，最后区长出现解决了冲突。小说正是以直观的方式将各方面的矛盾冲突详细地呈现在读者面前，情节出现多次逆转，充满了戏剧性。

《登记》的戏剧冲突在于对新旧婚姻的认识，新旧势力对婚姻的不同看法造成了小说的主要冲突，小飞蛾与张木匠、燕燕与母亲及小进的个人矛盾又构成小说的次要冲突，民事主任的反对所导致的艾艾、燕燕父母和王助理员的反对，将冲突扩展到最大化，年轻人与民事主任的几次正面交锋则使冲突加深，到《不准登记》这一节时，冲突最为激烈，达到顶点。小飞蛾偷听五婶谈话而促成她的思想转变、燕燕用计谋使五婶说亲落空等情节使故事越发复杂曲折，扣人心弦。最后，由于新婚姻法的颁布、区长的支持，矛盾冲突最终得以圆满解决。

《李有才板话》塑造了一群聚集在李有才周围的小字辈人物，他们是新一代的农民形象。他们勇敢、年轻，有斗争的热情。他们的思想较为先进，爱憎分明，痛恨村里的地主阶级。在村政权选举中，他们为陈小元拉票，与地主走狗刘广聚竞争。他们在老杨同志的引导下，和阎恒元展开了针锋相对的斗争，通过一系列矛盾冲突，最终推翻了封建旧势力的统治，农民群众当家做了主人。

长篇小说《三里湾》更是冲突不断，从大的来说，有社会主义和资本主义两条道路的冲突，有开渠、入社与反开渠、反入社的冲突；从小的来看，有夫妻之间的冲突（如袁天成和能不够、王玉生和袁小俊），有父母与子女的冲突（如马有翼和其父母、范灵芝和范登高）。其他还有干部与干部的冲突、干部与社员的冲突、互助组内部组员之间的冲突，甚至恋人之间也有冲突。

除《实干家潘永福》等少数几篇外，赵树理的小说大都具有较强的戏剧冲突，换句话说，就是有戏。人物性格在冲突中栩栩如生，具有极强的直观感。正是这些冲突推动了故事情节的发展，也使小说充满了戏剧性，为改编创造了条件。

（二）小说结构的戏剧性

赵树理小说的戏剧性还表现在其结构方面。“由于戏剧‘一次过’的特点，即‘在演出过程中不可停顿、不可翻转、不可注解’，因此讲求结构明晰，重点突出，立起主脑，树起主干，抓住主线之后，又要力求曲折、丰富、多变，力避简单与平直。”[①]赵树理的小说为了照顾老百姓的欣赏习惯，大都情节连贯，结构严谨，首尾照应，且曲折多变，非常适合戏剧演出。

《小二黑结婚》把我国古典章回小说中的过渡手法和戏曲中大量应用的悬念有机地结合起来，使得整篇作品章节之间的衔接非常自然。虽然每节自成一体，但又顾及全篇。作品中描写了十二个小的故事，但是这些故事并不是松散的、杂乱无章的，各个故事之间又相互联系，共同构成了一个大的、完整的故事情节。小说的第三节主要介绍小芹的美貌，并通过小芹引出了金旺这个比较关键的角色。写金旺调戏小芹未遂，因未达目的而怀恨在心，这就极其自然地使小说情节的发展转移到下一节对金旺、兴旺兄弟的描写上，加强了戏剧悬念的效果，同时也为第六节金旺设计陷害小二黑、小芹埋下了伏线。这种以人物为中心，情节结构环环相扣的写法和戏曲重在讲故事的特点配合得天衣无缝。分章分节的形式，集中地叙述人物和事件，既构成了相对独立的小故事，又不破坏故事的完整性和连贯性。结局对前面的人物有所交代，又首尾呼应，使得小说结构十分严密。

《登记》结构简洁、明确，整个故事以小飞蛾与女儿艾艾的婚恋故事为主干，由罗汉钱贯穿始终。开头由罗汉钱的典故引出艾艾的恋爱，又由小晚送艾艾的罗汉钱引出小飞蛾对自己爱情故事的回忆。罗汉钱连接了小

① 金芝：《编剧丛谭》，合肥：安徽文艺出版社，1985年，第27页。

飞蛾母女两个人的婚姻故事，表现了不同人物对婚姻的不同看法，作为故事情节发展的线索，推动了故事的展开，使得整篇小说故事连贯、完整。戏剧创作“心中应有全局，笔要落在重点”[①]，《登记》通过母女两代人不同婚姻结果的对比，突出了主题，其结构也显得详略得当，重点突出，非常适合戏剧节奏感的要求，特别是明暗双线的穿插以罗汉钱为连接点，偶然性和巧合强化了这篇小说的戏剧性。

《三里湾》在结构方面首先通过许多日常生活的小片段、小故事，组成整个大故事，且片段之间相互呼应，首尾连贯，曲折起伏。其次是小说章节标题的设计，体现了戏曲结构艺术对小说结构的影响，如《船头起》《老五园》《黄沙沟口》《站得高、看得遍》等。单看这几个章节好像是专门的景物描写，其实是故事叙述中的景物描写，随着人物活动而展开。另外，人物的活动又是以口述自己的亲身经历开始的，这很像戏曲中的对白和独白。在情节的设置上，和折子戏很像，如菜园的老汉等引出人物之后就退场了。其他人物的出场也充满了戏剧性。画家老梁先躲在暗处发声，给观众造成悬念，然后再从树上下来，进入场内，使故事持续发展。

这里还要特别提一下大团圆结局的问题。赵树理小说大都以大团圆结尾（上面提到的几篇小说就都是大团圆结局），并因此受到许多论者的诟病。其实这也是受中国传统戏曲的影响。中国老百姓在心理上形成了大团圆的期待视野，他们希望故事都有一个完美的结局，好人得到好报，坏人得到惩处。

（三）人物形象的戏剧性

赵树理小说最为人诟病的是人物简单，形象不丰满，常常被评论者批评为“扁平”人物。但他小说中的人物又极具特点，叫人难忘，这也是日本学者竹内好着迷的原因：这类人物和现代文学中典型化的主人公不同，“使他们成为英雄，并非是因为他们具有个性，而是因为他们是作为一般的或

① 金芝：《编剧丛谭》，合肥：安徽文艺出版社，1985年，第32页。

者说是具有代表性的人物而出现的"[1]。竹内好的眼光非常锐利，是他第一次看到赵树理小说人物中的个性和普遍性、个体和整体的独特关系。中国传统的舞台艺术要求上场人物具有鲜明的性格特征，而且自始至终，人物性格必须一贯到底。如果人物性格在舞台表现上不稳定的话，不仅容易使观众不理解，看不明白，而且也会波及人物之间的关系和戏剧冲突，造成整个戏曲故事进展的混乱和失败，对于当时文化水平比较低的农民读者来说，尤其如此。因而小说人物的塑造也不能不考虑到这种接受基础。程式在某种情况下是道德内涵的良好载体："古代戏曲创作可以说更充分地体现了类型性人物典型的创作原则。戏中人物进行行当划分本身就是人物的类型标志。"[2]同时为了强化冲突所带来的审美效应，赵树理在小说中不仅采用类型化的方法刻画主要人物的性格特点，而且在次要人物身上贯注多方面的性格因子，用某些突出的性格特点，或一组密切相连的性格特点来加以充分表现。

冲突是在人物之间进行并促成关系演变的，因此人物是否具有戏剧性是被改编的条件之一。"戏剧不应追求新奇的故事，而应表现新的关系"[3]，以新的关系表现新的故事，改编者常常把人物关系构成戏剧性纠葛的情境，以它的发展变化来构成各个场面的组合。在《小二黑结婚》中，作者写的虽是农村底层人物的普通生活，人物关系却是复杂多变。金旺垂涎于小芹的美色，但小芹喜欢的是小二黑；二诸葛给小二黑买了个童养媳，且嫌小芹母亲三仙姑名声不好，不同意儿子娶小芹；三仙姑怕失去小二黑这一鲜果，赶紧给小芹找婆家，经媒人介绍又引出了退职军官吴先生；金旺、兴旺兄弟在村里糊弄住村长为非作歹，无恶不作，但上面还有以区长为代表的民主政府为人民做主，他们自然只能是失败的结局。赵树理正是通过对这些错综复杂的人物关系的巧妙设置，塑造了真实典型的人物形象，并构成了小说情节、场面的戏剧性因素，为改编创造了有利条件。

① 黄修己编：《赵树理研究资料》，第484页。

② 孔范今：《二十世纪中国文学史》(下)，济南：山东文艺出版社，1997年，第877页。

③ 金芝：《编剧丛谭》，合肥：安徽文艺出版社，1985年，第84页。

《登记》中，小飞蛾受到父母、婆婆、丈夫的压迫，受尽了旧式婚姻的苦，她的女儿艾艾又因为民事主任的阻拦无法与心爱的人结婚，母女两代人都在婚姻问题上受尽磨难。小飞蛾由于长期生活在封建环境中，思想已经变得麻木，一开始反对女儿的恋情，但她毕竟是包办婚姻的受害者，燕燕的劝说使她的思想发生转变，小说中运用大量心理描写来表现她的转变。在刚发现艾艾的罗汉钱时，她决定听从媒婆五婶替艾艾说亲，但是当她回忆起自己的遭遇时，想到自己受过的苦难，又觉得不能让女儿走上自己的路。这时的她只是从自身出发来考虑问题，还没有意识到是封建婚姻制度造成了她的不幸。直到听见五婶的谈话，才彻底觉悟“难道这挨打也得一辈传一辈吗？”[①]“不论是和她年纪差不多的姊妹们，不论是才出了阁的姑娘们，凡有像罗汉钱这一类行为的，就没有一个不挨打——婆婆打，丈夫打，寻自尽的，守活寡的……”[②]小飞蛾就是通过丈夫、女儿、五婶、燕燕等一系列的人物关系来完成了她的思想转变。燕燕所处的人物关系中也有丰富的戏剧性。她也在为婚姻自主而斗争，一方面受到爱人的误解、母亲与五婶的压迫，另一方面还要充当艾艾的媒人，她察言观色，看出五婶说媒失败后，抓住时机说服了小飞蛾，使整篇小说的情节发展转向另一个方向。她巧施计谋，利用王助理员的精明、订婚对象的幼稚揭穿五婶的谎话，她利用身边的人物关系，使小说情节呈现出戏剧性的转变。

《三里湾》真实地描写了农村中社会主义先进力量和落后力量之间的斗争，围绕着王宝全、马多寿、袁天成和范登高这四家展开故事情节，叙述人物之间的矛盾冲突。马多寿是个落后的农民，封建、自私。他三儿子参军离家，认为是儿媳妇菊英放走的，因此虐待她；怕儿子马有翼学他哥哥走掉，不等马有翼中学毕业就将他留在家里；担心自己在家里维护的封建秩序遭到破坏，反对马有翼与进步女青年恋爱，并逼着他和落后愚昧的袁小俊结婚。范登高表面上是党员身份，实际上反对党的主张，在维护党的利益的伪装下维护其个人私利。他表面上支持社里的活动，暗地里却偷偷地

① 董大中主编：《赵树理全集》第四卷，第14页。

② 同上，第15页。

做着自己的小买卖,为了自己的利益而不顾大局,并不是一个称职的村领导。作品对这个人物进行了讽刺与批判。马有翼初中未毕业就被父母召回,虽有些文化,却没有作为,只是参加了一些团支部的会议。他是团员,但没有自己的主张和原则。在菊英分家的问题上,他是证人,但连基本的正义感都没有,一切受父母的支配,表现出了极端的窝囊和没出息;在爱情上,他的目标是灵芝,但又把玉梅作为后备人员。可见,《三里湾》中的人物,许多都是戏剧性人物,人物之间的关系也都充满了戏剧性。

赵树理的小说为我们刻画了许多性格鲜明的人物形象,而正是这些人物形象为舞台上的人物塑造提供了便利。

(四)小说语言的戏剧性

戏剧文学主要是为舞台演出提供底本,因此,它必须要考虑舞台性。在剧本中,塑造人物的基本手段是靠人物自身的台词和动作,作者只能提供舞台指示,而不能以叙述语言为主,尤其不能加入议论性的叙述语。赵树理的小说语言就是充分舞台化的。在这里,叙述语言被压缩到最低限度。作者的创作意图、对作品中人物的品评,主要是通过人物自己的真实表演——他(她)的语言和行动——以及由此引起的别的人物的语言和行动表现出来。如人们熟悉的《小二黑结婚》中二诸葛恩典恩典的故事,《登记》中王助理员在区公所问话的经过等,除了极为简略的舞台指示外,几乎全是对话。如果分开行来写,就完全是一段剧本台词。

类似的段落在赵树理的作品中比比皆是,即便是一些较长的叙述段落,作为作者的表达方式,也绝少描写、抒情和议论。周扬当年在《李有才板话》中发现了两处环境描写:一处是阎家山村貌,一处是李有才的窑洞。但看作者那精确的方位交代、物品放置处的安排,整个是在提示舞台道具的摆放方式,与其说是描写,倒不如说是叙述。

赵树理小说中有许多被大家称道的侧面描写,这些侧面描写说穿了也是通过舞台上人物的语言和行动去相互表现。如《三里湾》中的王宝全一家三人:宝全、金生、玉生,就是由能不够向常有理诉说小俊的倒运婚事而一一加以评述，糊涂涂的性格则是由范登高老婆向青年人介绍历史时讲明的。

在赵树理小说的叙述语言中，大多是对人物动作的准确揭示，如剧本中对人物动作的提示一样。如《小二黑结婚》中小二黑被捆到区上后二诸葛算卦的一段，就几乎没有一句是非动作性叙述。

除舞台性外，动作性也是剧本语言的一大特点。这里的动作性，除了指舞台指示要具有动作性外，更主要的是指人物语言要富有动作性，这是戏剧的本质。人物靠在舞台上的动作完成剧情，语言失掉动作性，人物就只能像朗诵诗一样在舞台上站着背台词。动作性对话必须短而精，且要口语化、性格化，富于潜台词。如《小二黑结婚》中《恩典恩典》那一节，二诸葛看见小二黑和小芹坐在一条板凳上，就骂小二黑："闯祸东西！放了你你还不快回去？你把老子吓死了！不要脸！"后来小二黑回答区长不愿意和童养媳结婚时，二诸葛瞪了小二黑一眼说："由你啦？"这时的二诸葛完全是一副家长作风，也暗含了许多潜台词：一是小二黑私自和小芹相好，还在大庭广众之下公然坐在一条板凳上，是"不要脸"的行为，老汉是看不惯的；二是儿女的婚事就应该由父母做主，儿女必须听从父母的安排，不能自行决定。随后二诸葛和区长的对话，则表现了二诸葛的另一面，一问一答，毕恭毕敬，甚至还有哀求的味道，表明二诸葛在强者特别是官员面前只有恭敬从命。可见，赵树理笔下的人物语言极富舞台动作性。

另外，运用对称性的语言介绍人物出场，也是一种对戏曲说白的运用。在《小二黑结婚》中，介绍人物的时候，先说人物绰号，后加姓名，句子对称，语言诙谐。

正是由于赵树理小说中的戏剧性语言，在对其进行戏剧和电影改编时，好多对话甚至不用改动就可直接搬上舞台。

（五）叙事风格的戏剧性

赵树理的小说大都具有喜剧性风格，据此而改编的其他艺术形式也大都是喜剧性作品，如《小二黑结婚》《登记》《三里湾》等，不论是话剧、歌剧，还是戏曲、电影，或浓或淡，莫不具有喜剧色彩。因此，这里所说叙事风格的戏剧性主要就指喜剧性。

赵树理小说的喜剧美，首先反映在性格的刻画和形象的塑造上。赵树理小说中的形象，大体可分三种类型：肯定型、否定型和转变型。作家以他对生活的独特见解，用那支充满风趣、幽默的笔，塑造了一批各具特色、个性鲜明的喜剧形象。第一，赵树理努力探索、发掘生活中常被人们忽略的喜剧因素，并把它移植到正面人物身上，塑造出崭新的肯定型的喜剧形象，使之成为美战胜丑、正义战胜邪恶的一种力量，或者成为淳朴、善良、正直、乐观等品德性格的化身。如《李有才板话》里的李有才，他家境贫寒，饱受压迫，但仍豁达、乐观、幽默、风趣，且不乏机智，热情得像“一炉火”。光棍一条本是辛酸事，他却用“吃饱了一家不饥，锁住门不怕饿死小板凳”的开心话来自慰自嘲。他同小字辈们一起，变着法子作弄老恒元，他幽默风趣又辛辣犀利的快板刺得老恒元如坐针毡，使人感到无比的痛快。第二，赵树理小说中的否定型形象主要表现为作家对社会丑恶势力的无情嘲讽，从而彻底否定旧事物。貌似和善但内心狠毒的恶霸地主阎恒元、李如珍，为虎作伥又洋相出尽的地主走狗张得贵、小毛，横行乡里的地痞流氓金旺、兴旺等，都是赵树理嘲讽的对象。作家对其进行了无情的讽刺，通过对人物种种矛盾可笑言行的揭露还其丑恶类本相，喜剧效果表现为人物形象的自我暴露。第三，在赵树理小说的喜剧形象系列里，数量最多、最有影响的还是转变型形象。所谓转变型，其实是一种特殊的否定型，主要指人物的思想、性格是在变化发展中的，他们身上虽然有愚昧迷信、因循守旧、自私懒惰等国民劣根性，但与那些已不可救药的完全否定型形象有本质不同，他们的思想性格是可以改造的，身上的落后因素也是在逐步抛弃中的。作家的目的是催其猛醒，笑着向昨天告别，否定的只是那种与时代生活不协调、与进步力量不相容的旧思想残余，并非全部否定。因此，作家对这类形象的塑造，多以严肃的讽刺为主，杂以幽默与机智，并带上轻松的揶揄和善意的嘲笑。赵树理对新旧交替时代中国农民身上落后面的批判，正是通过塑造转变型形象来完成的。他解剖了各种落后农民的旧思想、旧习惯与新时代生活不协调的喜剧性因素，构成了各具特色的转变型形象。在《小二黑结婚》中，三仙姑和二诸葛是在与子女的冲突中见其迷信之可笑，彼此冲突则凸显了作为人之父母的情感差别，在政治权力和恶势力的面前则分别表现出其更复杂的性格。赵树理在叙述小二黑和小芹这两个年轻人的爱情和婚姻波折时，将三仙姑、二诸葛设置为丑角，同时将旧的乡村文化习俗一一融进这两个"神仙"的言谈举止，在家庭内、神坛下、村巷中不断显示其悖常处，使小说叙事充满了轻喜剧色彩，同时也强化了青年男女追求自主婚姻的合法性。

赵树理小说的喜剧美，还表现在刻意追求情节的喜剧性。赵树理的小说大多具有完整连贯的故事情节，这种善讲故事的特点，就决定了其喜剧情境的创造。其一，赵树理小说的喜剧环节完整、曲折，善于运用悬念、渲染、反转和突变等结构环节，在波澜起伏的情节线索中完成故事的开端、发展、高潮和结局几个主要阶段，展现喜剧冲突的全过程。《小二黑结婚》即以小二黑与小芹历经波折的婚恋经过来展开喜剧冲突，环节既完整又曲折。小说开头在介绍人物时便交代了小二黑和小芹"相好已二三年"，但二诸葛以"命相不对"为由反对这桩婚事，有权势的金旺、兴旺兄弟也死乞白赖地缠着小芹。因而，主人公命运如何发展，就造成强烈的悬念。继而矛盾展开，金旺、兴旺兄弟利用权势召开斗争会，三仙姑又从中作梗，小二黑和小芹约会商量对策却被捉奸"拿双"捆到区上……这桩婚姻受到更严峻的考验。如此着意地渲染，就使得悬念进一步加深。但接着形势骤变，喜剧出现反转：区长主持公道，不但当场放了小二黑和小芹，反而把金旺、兴旺哥俩押了起来，使人不由得长吁一口气。然而作家并未到此为止，而是继续展开矛盾冲突，把喜剧推向高潮：二诸葛要区长恩典恩典，三仙姑又横生枝节，硬说小芹已有婆家，闹出笑话。最后，当伪装被一一揭开，迷信本质暴露无遗，突变的结局才最后形成：两个"神仙"认错服输，小二黑和小芹美满结合。小说正是以此层层递进而又曲折多变的方式，完成喜剧起承转合的各个环节，读者的好奇心一再被吸引，欣赏趣味也得到最大满足。《登记》《三里湾》等作品也都体现了情节曲折、环节完整、喜剧冲突展开充分的特点。其二，赵树理在创作中，有时为了多角度、多侧面地反映一起重大事件，或刻画一种典型的社会类型，在一两个基本情节不足以容纳事件的完整进程或人物性格丰富内涵时，就往往用几个相对独立的小故事来缀联成篇，而没有一线到底的大故事。在这类作品中，喜剧冲突是分散展开的，各冲突之间并无外在勾连，但由于各个故事都紧紧扣住全文中心思想来表现，情节之间就有了内在联系，喜剧情境也就能浑然成篇。如《李有才板话》，或写斗争场面，或写改选趣闻，或写某人的变坏过程，或写坏人的把戏露底，各个故事都有相对独立的意义，也显出浓厚的喜剧色彩。就全篇来看又是浑然统一在反映解放区农村的变化过程上。小说以一个个喜剧情节，完成了对地主、坏分子及官僚主义者的鞭挞和嘲讽，揭示其或没落或转变的过程，为阎家山的历史变迁提供了有力依据。其三，赵树理在喜剧艺术上独特的美学追求，还体现在对大团圆式结尾的广泛而成功的运用上。他曾说过："有人说中国人不懂悲剧……可是外国人也不懂团圆，假如团圆是中国的规律的话，为什么外国人不来懂懂团圆？"[①]赵树理正是真正弄懂了中国文学大团圆的规律及其民族文化内涵，认识到真善美战胜假恶丑、光明代替黑暗是中华民族长期积淀下来的坚强信念，这种审美观念和道德观念反映在文学中，就必然表现为各种类型的大团圆结局，不管是现实的还是虚幻的、必然的还是偶然的，这种大团圆式的结尾，加浓了作品的喜剧色彩，使喜剧情境得以完满地创造，体现了作家的审美观点和乐观精神。

赵树理小说的喜剧美，也与他幽默诙谐的语言风格密切相关。他的小说语言体现出一种轻松活泼的基调和幽默风趣的喜剧色彩，这种喜剧性语言与作品的喜剧性格、喜剧情境相得益彰，构成浑然一体的和谐美。茅盾曾说过："如果把他的作品的片段混在别人作品之中，细心的读者可以辨别出来。凭什么去辨识呢？凭他的独特的文学语言。独特何在？在于明朗隽永而时有幽默感。"[②]赵树理小说语言的喜剧色彩，首先体现在人物语言

① 董大中主编：《赵树理全集》第五卷，第267页。

② 茅盾：《反映社会主义跃进的时代，推动社会主义时代的跃进》，《人民文学》，1960年第8期，第18～19页。

的滑稽、俏皮、机智而又性格化上。作家常叫他的人物说出一些与时代不和谐的"陈词滥调",显出人物思想性格的迂腐可笑甚或可憎可恶。二诸葛口头常挂的"命相不对"、"恩典恩典"之类词句,就把他迷信、守旧的可笑性格凸显出来了。《李有才板话》里的张得贵,跟着阎恒元吃了多年残汤剩饭,学了一些浮言客套,又说得半通不通,自以为文雅,其实恰恰露出了这类走狗的马脚。作家有时还故意让人物口中说出对流行词语的错用,也极易造成滑稽幽默的趣味。像《灵泉洞(上)》里的地主刘石甫,从太原城回村后,为显示自己见过世面,就用那不伦不类的官腔来唬人:"我们的中央军'进行'到我们的'原籍'来了……大家要'严重'的啊!"胸无点墨,却偏要装腔作势,滥用辞藻,真令人喷饭。作家为了表现某些正面人物的机智和聪敏,常让他们说出一些带有讽刺、调侃意味的俏皮话,造成较强的喜剧效果。如李有才给阎恒元等坏分子编的快板,就处处闪现着俏皮的锋芒。与人物语言相比,叙述语言更能体现赵树理小说的喜剧风格与美学追求,在句式的构造、用语的选择、语气的把握等方面都颇具匠心,涉笔成趣。另外,赵树理擅长给人物起外号,如二诸葛、三仙姑、小飞蛾等,显得贴切传神,也使小说产生出强烈的喜剧效果。

总之,赵树理小说的喜剧美,从根本上说,正是体现在用喜剧语言去创造喜剧情境,设置喜剧冲突,在喜剧冲突中刻画喜剧性格、塑造喜剧形象,较好地做到了三者的完美统一,而这些喜剧化特点对观众当然首先是对改编者有着强烈的吸引力,也为各种文本(特别是以喜剧见长的艺术种类,如襄垣秧歌、评剧等)创造了便利的条件。

另外,《登记》在改编为其他剧种时,几乎无一例外地改名为《罗汉钱》,其实也与传统戏剧有关,这种改名是和中国的传统戏剧命名习惯一致的。传统戏剧如《蝴蝶杯》《宝莲灯》《庆顶珠》《通天箫》等的命名,无不用贯穿全剧的关键信物为名,易记易读,符合人民群众的语言习惯和欣赏习惯,自然也有利于传播。

总之,赵树理的小说呈现出比较明显的戏剧化倾向,小说中很多地方都渗透着戏剧因素,这些都极大地满足了文艺受传者的期待视野和审美需求。正是小说的这种戏剧性因素为不同艺术形式的改编和传播奠定了扎实的基础,才使得文学文本的许多空白能够在各种艺术形式的传播过程中被不断地填补,最终促成了各种形式的经典。

二、可说性文本

赵树理在创作上是一个多面手,除了文学家的身份外,还兼有曲艺作家的头衔,在文学史上,他的小说作品被改编成的曲艺形式多种多样,数量也相当惊人。如《小二黑结婚》曾被改编成鼓词、弹词、快板等。《小经理》于1949年7月被包明改编为新书词。《传家宝》于1950年4月由王尊山改编为鼓词,同年8月又被改编为西河大鼓。1956年3月,《登记》由陈灵犀改编为评弹《罗汉钱》等。

如果说赵树理的小说被改编成戏剧和电影是因为其本身所具有的戏剧性因素的话,他的小说被改编为曲艺形式就与其可说性文本分不开了,或者说正是由于他的小说中存在的许多曲艺因子,才使得将赵树理的小说作为曲艺底本进行改编提供了可能和便利,不需要花费太大的功夫,就可以实现从小说到曲艺的改编,有的小说甚至在写作时就直接选用了曲艺的形式,方便了曲艺艺人直接使用。

具体来说,赵树理小说中的曲艺因子主要表现在以下几个方面:

(一)直接采用曲艺形式

侯宝林等人的《曲艺概论》对曲艺的艺术形式做了这样的划分:"'曲艺'所包含的艺术形式,既有说的,又有唱的,还有说唱兼有的。说的——相声、评书、故事等。唱的——大鼓、琴书、单弦、时调等。说唱兼有的——有两种情况:一种叫做'韵诵体'。如快板、快书等。这类'韵诵体'的艺术形式,有节奏但无音乐伴奏。……另一类叫做'半说半唱'。就是在一段节目里,一会儿说,一会儿唱。既有全无伴奏的说白,又有音乐伴奏的唱词。”[1]按照这一划分标准，赵树理的小说中有两大类别的曲艺形式，即“说唱兼有的”和“说的”。前者在赵树理的小说中主要表现为快板类。快板，是属于韵诵体一类的民间说唱。它是在顺口溜、民歌基础上发展起来的一种合辙押韵的最普通、最通俗的诗歌，所以又叫快板诗，有的地区就叫顺口溜、练子嘴。最典型的就是《李有才板话》，小说中共使用了十三段快板，主要借快板这种韵诵体的曲艺形式来进行人物性格的刻画或事件的总结，丰富了小说的表现形式，也构成该小说的一大特色。《“锻炼锻炼”》中有两张快板大字报，也可以算作快板形式的呈现。后者在赵树理的小说中主要表现为现代评书，具体又有说书和说故事两种样式，在小说《登记》和《灵泉洞（上）》的开头，就是以说书人说书的口吻展开故事叙述的，在《卖烟叶》中也同样有一个讲故事的人。赵树理以第一人称客观叙述的口吻来开篇，是对曲艺中以说为主的艺术形式中说书人第一人称叙述方式的借鉴，说书人均出现在故事开始前的部分，之后不参与小说的叙述。

另外，赵树理的小说中有的地方也借鉴了曲艺中常用的直接交流感情的方式，即“接替观众发问或说话，经常采用的具体方法是：‘您要问这是怎么回事？’‘他上哪儿去啦？’‘他是谁？’‘其实呀，不说大家也明白！’‘那位同志说啦！’‘那位问……’观众听起来格外亲切。”[2]这样的表现手法，调动了读者的阅读兴趣，使其在获得参与乐趣的同时引发联想和思考。如《登记》和《灵泉洞（上）》中就有类似的例子：“照我这么说，性急的朋友们或者要说我不在行：怎么一个‘罗汉钱’还要交代半天，说到故事中间的人物，反而一句也不交代？照这样说下去，不是五分钟就说完了吗？其实不然：有些事情不到交代时候，早早交代出来是累赘；到了该交代的时候，想不交代也不行。闲话少说，我还是接着说吧。”（《登记》）“例如我说起太行山里的故事来，有的人就问我：‘一座太行山究竟坐落在什么地方？你说的太行山为什么有时候朝东、有时候朝南？’提出这问题的人，就没有入过大山。”（《灵泉洞（上）》）

① 侯宝林、汪景寿、薛宝琨：《曲艺概论》，北京：北京大学出版社，1980年，第3页。
② 同上，第49页。

（二）评书手法的运用

赵树理的小说被誉为是新评书体小说。评书作为曲艺中的一种艺术形式，有自成体例的一套艺术表现手法。赵树理的小说创作从评书中汲取了许多营养，具体表现在以下三个方面：

1.回目式的标题设置。赵树理的小说创作以短篇为主，但在不长的小说篇幅中却喜欢设置小标题，如《小二黑结婚》《李有才板话》《登记》等。赵树理小说中惯用口语化的词、短语、句子来作为小说各部分的标题，命名方法与评书中回目标题的设置相似，而赵树理小说中这些通俗的标题可以突出小说该部分的中心内容、中心人物，或者具有代表性的事件，这样不仅可以使读者更加容易把握小说的情节线索，而且对于不适应跳跃式叙述的读者来说，设置了小标题后，即使文中有倒叙或插叙，也可以根据该节的小标题来把握倒叙、插叙部分的内容，这与长篇无标题的叙事相比，显得明白晓畅。例如《小二黑结婚》中的第二部分《三仙姑的来历》属于倒叙部分，讲述了三仙姑下神的来历及素来喜欢团结年轻男子的爱好，同时引出上了年纪的三仙姑还能团结青年的原因，在于女儿小芹。在以三仙姑为中心人物的第二小部分，对她的经历给予补充的同时让三仙姑的性格特点跃然纸上；小说中的一组矛盾，即自私迷信的封建父母与争取婚姻自主的年轻一代的矛盾也初见端倪。《登记》中第一部分《罗汉钱》，紧紧围绕罗汉钱这一事物，补叙了旧的罗汉钱与小飞蛾年轻时的爱情经历，同时以新的罗汉钱为线索，引出艾艾与母亲当年相似的爱情遭遇。这里罗汉钱成为母女二人婚恋问题的交点，也为母女二人不同的命运埋下了伏笔。小说中一枚罗汉钱包含了丰富的生活内容，而这一部分也因为描写的引人入胜，内容深刻，在小说《登记》中具有基石般的作用，所以在根据《登记》改编的戏曲和曲艺作品中，几乎都用《罗汉钱》来命名。

2.用扣子艺术来勾连情节。古话说看戏看轴，听书听扣。评书的回目之间情节的勾连是靠着富有悬念的扣子来完成的。扣子是联结情节的针线，制造悬念的手段。赵树理在《〈三里湾〉写作前后》中谈及中国民间文艺传统的写法特点时，专门提到了扣子艺术，他说："评书的作者和艺人，常用说到紧要关头停下来的办法来挽留他们的听众（如说到一个要自杀的人用衣衫遮了面望着大江一跳的时候便停下来之类），叫做'扣子'，是根据听书人以听故事为主要目的的心理生出来的办法。"[1]他也明确表示："我在不破坏章节完整的条件下也往往利用这种办法，不过不一定用在章末。"[2]可见评书中的扣子艺术是受到赵树理的推崇和学习的，他在保证章节完整的情况下选择使用扣子来制造悬念，而"不一定用在章末"，表明了对扣子艺术的灵活运用。如在《三里湾》中，赵树理就把刀把地、范登高问题、灵芝和有翼的关系等设为小说中的几处扣子，以推进故事情节的发展。

赵树理的许多小说都有对扣子艺术的巧妙使用，在没有破坏章节完整性的情况下，扣子保留了种种关节，既可作为吸引读者的手段，又成了勾连前后情节的有效方式，让小说情节显得紧凑，线索明晰，引人入胜。

3.将景物描写融化在故事叙述中，将心理描写融入情节发展中。20世纪50年代，赵树理在总结中国民间文艺传统的写法时，专门谈到了关于叙述和描写的关系问题，提出"我们通常所见的小说，是把叙述故事融化在描写情景中的，而中国评书式的小说则是把描写情景融化在叙述故事中"[3]。赵树理的小说中很少有纯粹的景物描写，而是运用评书中惯用的手法将景物描写融化在故事叙述中。赵树理曾谈到过自己之所以选择按评书式小说的方式来处理叙述和描写关系的原因，"因为按农村人们听书的习惯，一开始便想知道什么人在做什么事"，如果在大篇幅的描写后才能接触到他们的要求，"往往就没有耐心读下去"，他们爱听的描写是"把描写放在展开故事后的叙述中——写风景往往要从故事中人物眼中看出，描写一个人物的细部往往要从另一些人物的眼中看出"[4]。在《三里湾》中，赵树理很好地借鉴了评书中的景物描写的手法，适应了农民读者的审美习惯。在小说的第十

① 董大中主编：《赵树理全集》第四卷，第380页。

② 同上。

③ 同①，第378页。

④ 同①，第379页。

五章，何科长和张信到叫作青龙背的山上考察，在他们登上山顶后，小说这样描写道："刚上到山顶，看见河对岸的东山；又往前走走，就看见东山根通南彻北的一条河从北边的山缝里钻出来，又钻进南边的山缝里去；河的西边，便是三里湾的滩地，一道没有水的黄沙沟把这滩地分成两段……山顶离村子虽然还有一里多路，可是就连碾、磨、骡、驴、鸡、狗、大人、小孩……都能看得清清楚楚。"[①]在这段景物描写中，作者两次强调了"看"这一动作，在描写景物时不是单纯地进行整段的景物铺陈，而是借助小说中人物的目光所及，自然地将山顶和山下的景物描绘出来，在人物的带领下以其行动的方位为顺序，从东到西、由北向南有序地进行景色的描写，故事人物眼中看到的景物成为读者阅读起来易于接受的景物。

在心理描写方面，赵树理前期的小说创作中，"不仅没有单独的心理描写，连单独的一般描写也没有"[②]，当然，没有单独的心理描写并不意味着他的小说中缺少心理描写，而是为了照顾农村读者的欣赏习惯，将心理描写融入情节发展中，围绕人物言行展开，这与评书中心理描写的手法是十分相近的。在评书中，因为是以说为主而付诸听觉的艺术，心理描写的处理就显得十分讲究，"评书的心理描写经常穿插在情节发展之中，紧紧围绕着人物刻画，而绝少那种离开情节和人物的大段的心理描写"[③]。赵树理小说中的心理描写也做了类似的处理，他"将任务安置在一定的环境中，使人物的心理变化决定于他在矛盾冲突中所处的地位的变化，以及他与其他人物相互之间的关系的变化"。他最擅长的是"通过人物的行动和语言来揭示其心灵的隐秘"[④]。例如在《小二黑结婚》中，在描写三仙姑的心理时，就很巧妙地运用了神态和行动来揭示其内心的活动。三仙姑精心打扮后到区上去打听小芹的事情，满头金银首饰和与年龄不相称的妆容让区长误认为是个小媳妇，被认出来后遭到区长的讽刺，三仙姑可谓遭了当头一棒，有点

① 董大中主编：《赵树理全集》第四卷，第237页。

② 董大中主编：《赵树理全集》第六卷，第142页。

③ 侯宝林、汪景寿、薛宝琨：《曲艺概论》，北京：北京大学出版社，1980年，第255页。

④ 王献忠：《赵树理小说的艺术风格》，北京：中国书店出版社，1990年，第41页。

不知南北。接着经小孩一宣传屋子里来了许多看热闹的女人，打量着三仙姑的打扮唧唧哝哝地开始了评头论足。作者没有采用直接的心理描写手法来揭示三仙姑此刻的内心活动，而是这样描写道："三仙姑半辈子没脸红过，偏这会撑不住气了，一道道热汗在脸上流。"在听到别人说"四十五穿花鞋"时，"羞得只顾擦汗，再也开不得口"，特别是在听到人们七嘴八舌议论她会下神而且听到有人断断续续讲米烂了的典故，三仙姑"恨不得一头撞死"[①]，最后一一答应了区长的调解。赵树理紧紧围绕人物，将心理的描写融入到了故事发展当中，通过三仙姑的神态、动作，如出发前的得意到被区长误认后的莫名其妙，再到后来的脸红、流汗、擦汗等来揭示其心理的变化过程，揭示出了三仙姑起先缺乏知识和荣辱感还自以为是的浅薄，到当众被别人揭短后不好意思、紧张、后悔以及羞愧的复杂心理。

4.用侧面烘托方式描写人物肖像。除了景物描写与心理描写外，赵树理有的小说中的肖像描写也与评书有关联。肖像描写在评书术语里叫作开脸，相当于京剧里的亮相，因为评书不像戏曲，人物外在形象不能见之于形，只能靠口头语言描述，所以开脸就要求做到如见其人，而方法就是必须紧紧扣住人物的性格特征，而且评书中的肖像描写多从他人的眼中看出，与赵树理强调的"描写一个人物的细部往往要从另一些人物的眼中看出"是相通的。关于塑造人物，赵树理曾说过"突出写人物，无非是语言和行动，再没别的办法"[②]，他还强调"不着重去描写扮相、穿戴。只通过人物行动和对话去写人"[③]。赵树理的小说创作中，对评书的肖像描写手法有所继承，又有新的创造。赵树理笔下的肖像描写没有评书中描写的那么细化，而是在着墨并不浓重的肖像描写之后，往往是靠人物的言行和侧面烘托的方式来突显人物的性格特征。

例如《李家庄的变迁》中小喜的出场："正议论间，又从庙门外走进个人来，有二十多岁年纪，披着一头短发，穿了件青缎夹马褂，手里提了根藤条

① 董大中主编:《赵树理全集》第二卷,232页。

② 董大中主编:《赵树理全集》第六卷,第195页。

③ 同上,第126页。

手杖。人们一见他，跟走路碰上蛇一样，不约而同都吸了一口冷气，给他让开了一条路。”[1]描写中并没细致刻画人物的神态和外貌特征，只做了简单的勾勒，从穿着可以看出他的身份不是一般平民百姓，而他的仗势欺人和横行一方的特点则是从人们看到他的反应而得以显现的，从人们对他的惧怕和不约而同吸了口冷气让道的举动，可以猜想他手上那根藤条手杖是用来打人的凶器。小喜的恶霸作风和作恶多端的形象在出场时就给读者留下了深刻的印象，并随着小说情节的展开逐步地清晰化。

《李有才板话》也通过老杨同志的出场巧妙地完成了肖像描写的任务："广聚跟小元抬头一看，见他头上箍着块白手巾，身上是白小布衫深蓝裤，脚上穿着半旧的硬鞋至少也有二斤半重。从这服装上看，村长广聚以为是哪村派来的送信的，就懒洋洋地问道：'哪村来的？'老杨同志答道：'县里！'广聚仍问道：'到这里干什么？'小元棋快输了，在一边催道：'快走棋嘛！'老杨同志有些不耐烦，便道：'你们忙得很！等一会闲了再说吧！'说了把背包往阶台上一丢，坐在上面休息。"[2]广聚和小元从外表判断把老杨当作"送信的"，一位朴素的县农会主席与其身份"不符"的亮相和广聚与小元势利、玩忽职守言行的对比，为老杨同志朴素踏实的干部作风做了铺垫。

赵树理笔下的人物肖像描写不是单纯为了达到如见其人的亮相作用，而是用肖像描写与人物言行描写相结合，并采用侧面烘托的写法在人物出场的时候就突显其性格特征，为下文情节的发展做出铺垫，并在第一印象的基础上，随着情节的发展用具体的事件来刻画人物的性格，使人物形象显得独特而丰满。

赵树理小说创作吸取曲艺营养的意义是多方面的，一是赵树理吸收了主要靠"说说唱唱来讲故事"的曲艺的艺术特色，实现了创作可以"说"的小说的艺术追求。二是赵树理的小说从语言到形式都浸润了曲艺的特色，为实现小说改编成曲艺提供了便利。此外，曲艺因子的融入，对赵树理的小说实现真正意义上的大众化也做出了重要贡献。

---

① 董大中主编：《赵树理全集》第三卷，第6页。

② 董大中主编：《赵树理全集》第二卷，第283页。

第七章　名著、需要及其他

——赵树理小说被改编原因之二

除了戏剧性因素和可说性文本等内在原因外，赵树理小说的被广泛改编还有许多其他原因，如题材问题、政治问题、剧种问题等。

一、永恒的婚恋题材

马克思曾经说过："人和人之间的直接的、自然的、必然的关系是男女之间的关系。……从这种关系就可以判断人的整个教养程度。从这种关系的性质就可以看出，人在何种程度上成为并把自己理解为类存在物、人。"[①]马克思的意思是说，从男女之间的性爱关系中，可以看出人类的文明程度和人类社会演进的轨迹。因此，爱情婚姻是文学史上永恒的话题，古今中外许多能够流传千古的作品无不是以爱情婚姻为主题的，如中国的《西厢记》《红楼梦》，外国的《红与黑》《罗密欧与朱丽叶》等，这样的作品可以说是举不胜举。

进入21世纪以来，婚恋问题仍然是文学创作的热门题材。以国内为例，婚恋图书风生水起，婚恋影视充斥荧屏。图书出版方面，有《纸婚》《丝婚》，还有《我拿婚姻赌明天》《嫁接婚姻》《痒婚》等以各种80后婚恋状态为蓝本，对当前社会非常流行、关注、敏感的裸婚、闪婚、逃婚、猎婚、纸婚等婚姻现象进行创作描述；影视创作方面，也有《金婚》《新结婚时代》《中国式结婚》《父母爱情》等以不同时代的婚恋故事为内容的热播剧作。

---

① 马克思、恩格斯：《马克思恩格斯全集》第四十二卷，北京：人民出版社，1979年，第117页。

如果把赵树理所有被改编的小说稍稍进行一下梳理，我们很容易地就可以发现，赵树理小说改编次数最多的是被誉为姊妹篇的《小二黑结婚》和《登记》，其次是长篇小说《三里湾》。前两篇很明显地属于婚恋题材的作品，而《三里湾》虽然不是主要写婚恋问题，但三对年轻人的婚恋故事无疑是小说的重要看点，改编后的电影干脆改名为《花好月圆》，笔者以为，编导者的目的之一就是想用婚恋故事来吸引观众的眼球。因此，赵树理的小说能够不断地被改编，其中很重要的一个原因，可能就与小说所表现的婚恋题材有关。尤其是其成名作《小二黑结婚》，在进入21世纪后的今天，仍然能够引起人们的改编兴趣，这其中的缘由很值得人们深思。

《小二黑结婚》描写了两种婚姻形式：一种是封建的包办婚姻，一种是民主的自主婚姻。关于前者，作者并没有一般地描写这种封建婚姻，而是突出地描写了这种封建婚姻的畸形表现——三仙姑和于福的婚姻。按照封建婚姻所形成的夫妻关系的一般情况而言，是丈夫在家庭中居于统治地位，只允许丈夫对妻子不忠，而不允许妻子对丈夫不忠。但是，于福和三仙姑的夫妻关系却恰恰与这种情形颠倒了过来。三仙姑在家庭中居于统治地位，于福在她面前只能忍气吞声。小说描写的另一种婚姻形式并且重点予以表现的，是小芹与小二黑的婚姻，这是与封建婚姻完全不同的新的婚姻。他们是以爱情为基础的婚姻，是以所爱者的互爱为前提的，小二黑和小芹“好像是一天不见面也不能行”，小芹也只跟小二黑一个人好。他们为了争得自主婚姻的实现，不但同自己父母的封建包办思想进行了抗争，而且同破坏他们婚姻的邪恶势力金旺、兴旺兄弟进行了不屈不挠的斗争，最终在人民政府的支持下，小二黑与小芹的爱情婚姻取得了胜利。

《登记》也写了新老两代人不同的婚恋生活：一是小飞蛾的爱情故事，这是典型的封建包办婚姻，有情人难成眷属；二是艾艾、燕燕的爱情故事，这是全新的自主婚姻，佳偶天成，夫妻恩爱。

在小说原有的爱情婚姻描写的基础上，各种改编本大多在这方面又有所加强。小说《小二黑结婚》以《神仙的忌讳》开篇，先介绍两个“神仙”二诸葛和三仙姑，只到第三节才引出了女主人公小芹，而男主公小二黑甚至到了第五节才露面，而改编后的各种形式的《小二黑结婚》则大都直接以小二黑和小芹的恋爱婚姻为线索，大大加重了小二黑和小芹的戏份，突出了婚恋主题。根据《登记》改编的各种地方戏《罗汉钱》，大都突出揭示了封建婚姻制度在中国妇女心灵上刻下的重重创伤，突出了小飞蛾的爱情婚姻悲剧。

小说《三里湾》，原是描写农村两条路线斗争的作品，虽然其中也写了三对青年的恋爱，但和这条主线是结合着的。到了电影《花好月圆》里，三对青年男女的恋爱成了主体，两条路线的斗争几乎只是陪衬。而相对于赵树理的不会写爱情，电影的导演郭维可以说把爱情表现得淋漓尽致，正如赵树理所说，电影"使'爱情'一部分戏比较完整了"。《花好月圆》大力加强了原著中三对青年男女的爱情线索，将本来完全围绕扩社展开的情节发展成了一个恋爱与革命的故事。

而且，赵树理笔下的婚恋故事，继承了古代爱情小说常见的才子佳人结构模式，即相爱—私订—受阻—团圆。只不过在新时代的环境下，作家为这一模式赋予了新的含义，才子佳人有了新的定义，他们具有了新的社会身份，与革命政治联系在一起，成为新时代背景下的"才子佳人"。这种婚恋主题结构模式，体现了我国广大人民群众长期形成的审美情趣、审美理想的一个重要侧面——以爱情婚姻为题材线索反映旧制度、旧观念的不合理，以大团圆的结局寄寓对婚姻自主的憧憬，而这正是我国文化史上叙事性文艺作品（尤其是才子佳人小说）对广大群众长期熏染的结果。这种审美情趣和审美理想是一种历史积淀，赵树理正是继承了这种积淀，并在新的历史条件进行了改造和升华。

因此，赵树理笔下的婚恋故事自有其独特意义。它们不同于中国古代文学中的婚恋故事，更不同于外国文学中的婚恋故事，甚至与同属于现代文学的五四以来的一些描写婚恋题材的作品也有很大区别，突出表现在赵树理的婚恋题材小说表现的是解放区翻身农民的爱情故事，他们在争取婚姻自主的道路上虽然也经历了这样那样的波折和阻挠，但由于有新政权的支持，与以往的悲剧爱情故事相比，都是以主人公斗争胜利而告终，这是中国现代文学史上作家在处理婚恋题材方面的一个重大变化。但需要特别指出的是，由于特殊的政治时代，赵树理小说中的爱情婚姻书写也打上了深深的政治烙印，具有鲜明的时代特色。无论是小二黑和小芹，还是小晚和艾艾，他们婚姻的胜利，政治起了主导作用，他们在通往自主婚姻的道路上，得到了政权力量的支持，政治的作用大于爱情本身的力量。

但是，人类历史上的爱情与婚姻并不像赵树理笔下的婚恋故事一样，总是大团圆的结局，直到今天，仍然由于各种各样的原因导致多少相爱的恋人难以顺利走进婚姻殿堂。恩格斯曾明确地指出："结婚的充分自由，只有在消灭了资本主义生产和它所造成的财产关系，从而把今日对选择配偶还有巨大影响的一切派生的经济考虑消除以后，才能普遍实现。到那时候，除了相互的爱慕以外，就再也不会有别的动机了。"[①]这就告诉我们，人类为争取爱情文明的斗争，还将继续很长一个时期。即使在社会主义历史阶段，也还有反封建的任务。这或许就是赵树理《小二黑结婚》等婚恋题材的小说仍然具有现实意义的原因所在。

二、名人名著效应

名著改编向来就是中外文化传播的一种普遍现象，这里面有经济因素，也有政治因素，还有文化因素。20世纪40年代到20世纪60年代，名著改编可能考虑政治因素更多一些，当然也有文化因素，而当今的名著改编考虑更多的则是经济效益。

为什么人们热衷于名著改编？笔者以为，大概不外乎以下几方面原因：其一，名人名著容易引起观众的关注。名人名著通过其本身广泛的知名度引起观众的注意，利用人们喜欢名人名著、崇拜名人的心理，引起观众观看和欣赏的兴趣，从而吸引观众走进剧场或电影院。其二，利用名人名著的知名度提高改编作品的关注度和知名度，这种宣传作用恐怕是任何宣传海报都无法比拟的。其三，名人和名著只要占其一，就可以利用观众对

① 马克思、恩格斯：《马克思恩格斯选集》第四卷，北京：人民出版社，1995年，第73页。

名人或名著的喜爱，让其爱屋及乌，增加改编作品的喜好度，从而引发观众的观看行为。

在20世纪40年代到20世纪60年代，赵树理无疑就是一位中国文化界的名人，他的一些代表作品也自然被列为中国现当代文学中的名著。

《小二黑结婚》出版不久，太行山根据地就掀起了争读《小二黑结婚》的热潮，其他根据地如山东、淮北、晋绥、冀中也纷纷翻印。蒲剧、中路梆子、秧歌等多种地方剧种也争相将《小二黑结婚》搬上了舞台，并受到广大观众的热烈欢迎。与此同时，文艺界的一些知名人士郭沫若、周扬、茅盾等也纷纷著文盛赞这两部小说的成功。著名作家孙犁也写专文评价赵树理，称赞"他的小说，突破了前此一直很难解决的，文学大众化的难关"[①]。而在当时众多评论中，时任中共晋察冀中央局宣传部部长周扬的文章显得格外引人注目。他在《新的人民的文艺》一文中称《小二黑结婚》是反映农村斗争的最杰出的作品，也是解放区文艺的代表之作。在另一篇重量级文章《论赵树理的创作》中，他称赞赵树理是"一个在创作、思想、生活各方面都有准备的作者，一位在成名之前已经相当成熟了的作家，一位具有新颖独创的大众风格的人民艺术家"[②]。

郭沫若、周扬、茅盾这三位文坛巨头富有权威性的评价，尤其是周扬的评价，基本确立了赵树理在文坛的地位。在这个背景下，1947年7月25日召开的晋冀鲁豫解放区文艺工作座谈会上，主持文联日常工作的副理事长陈荒煤在集中大家的意见后，做了题为《向赵树理方向迈进》的响亮的总结发言，发言中说："我们觉得，应该把赵树理同志方向提出来，作为我们的旗帜，号召边区文艺工作者向他学习，看齐！"[③]"为了更好地反映现实斗争，我们就必须更好地学习赵树理同志！大家向赵树理的方向大踏步前进吧！"[④]

《小二黑结婚》这部赵树理的成名作与赵树理稍后创作的中篇小说《李

① 黄修己编：《赵树理研究资料》，第293页。

② 同上，第177页。

③ 同上，第200～201页。

④ 同上，第201页。

有才板话》随着“赵树理方向”的确立，成为文学经典，被视作代表了毛泽东《在延安文艺座谈会上的讲话》精神的文学典范，成为解放区文艺工作者争相学习的范本。

赵树理成名后，许多国际友人慕名前来采访他。1947年2月，赵树理在河北武安县冶陶村接受了美国记者贝尔登的采访，这位外国记者在其后来写的《中国震撼世界》一书中这样写道，赵树理“可能是共产党地区中除了毛泽东、朱德之外最出名的人了”[①]。

可以说，自《小二黑结婚》发表后，赵树理就成了解放区无人不知、无人不晓的名人了。

1949年之后一直到“文化大革命”之前，虽然对赵树理的评价起起伏伏，但总的来说，赵树理始终被看作是文学史上的大家。正如钱理群等人在其《中国现代文学三十年》中所说，赵树理“成功地开创了大众化的创作风尚，代表了40年代解放区文学创作的最高成就”，周扬对赵树理的评价“包含有特定历史条件下文艺发展的一种展望，赵树理被解释为一种新型文学方向的代表，是能体现毛泽东《在延安文艺座谈会上的讲话》所提出的文艺路线的典范。由于赵树理的创作顺应了大众化的文艺方向，这种‘方向’性的提倡对整个解放区乃至五六十年代的文学，都影响巨大”[②]。

即使到了新时期，甚至21世纪的今天，虽然有相当多的人在有意无意地贬低赵树理，但赵树理在中国现当代文学史上的地位是任何人都无法抹杀的。1999年6月14日出版的香港《亚洲周刊》刊出了《20世纪中文小说一百强排行榜》，这个排行榜由中国内地、香港、台湾和北美、马来西亚、新加坡等国家和地区的十四位专家组成的评委评出。在这个排行榜中，赵树理的小说《小二黑结婚》排第十九位。[③]2005年春天，为了检阅和展示20世纪中国现当代文学所取得的丰硕成果，促进经典作品的传播，了解、满足文学

---

① 黄修己编：《赵树理研究资料》，第32页。

② 钱理群、温儒敏、吴福辉：《中国现代文学三十年》（修订本），北京：北京大学出版社，1998年，第475页。

③ 赵建国：《赵树理孙犁比较研究》，北京：昆仑出版社，2002年，第262页。

爱好者的阅读需求，以世界文学文库树立了良好品牌形象的北京燕山出版社，在以中国社会科学院文学研究所为核心的文学研究权威机构的支持下，由著名文学批评家和出版家白烨、倪培耕等人发起了世纪文学60家评选活动。综合专家推荐意见及20世纪华文作家在中国现当代文学史上的地位与影响，确定了一百位作家及其代表作作为候选名单。一方面由杨义、王富仁、陈思和、谢冕等二十五位中国现当代文学专家组成的评选委员会，通过书面记名投票的方式予以评分。另一方面为充分吸纳广大读者对20世纪华文作家及作品的相关看法和阅读意向，国内最具人气的新浪网读书频道展开了为期两个月的华文世纪文学60家全民网络大评选活动，数万名读者踊跃介入了这一评选活动。为了使世纪文学60家的评选与编选能较为客观地反映专家和读者两方面的意见，经过反复协商，主办方综合以上两个评选结果，以各占百分之五十的权重，最终确定了世纪文学60家。在这次评选中，赵树理在专家组中得85分，并列第十六名，在专家心目中属上、中、下三等中的上等；在网民评选中，赵树理得55分，排第四十六名，属上、中、下三等中的下等。综合得分70分，排名第三十一名。在评出的世纪文学60家中，赵树理排名居中。可见，尽管专家与读者的观点分歧较大，但赵树理在中国现当代文学史上的地位还是被公认的。甚至有学者认为，“从文学创作模式的转型看，赵树理堪称旗手，即便与鲁迅并肩，亦不为过”①。

因此，赵树理的小说之所以能不断地被改编，其中一个重要的原因恐怕就在于赵树理和他的一些代表性作品本身在中国文学史上的突出地位以及在中国社会中的广泛影响。

三、时代政治的需要

毋庸讳言，赵树理小说在20世纪40年代到20世纪60年代被广泛改编，其中政治因素起到了至关重要的作用。

① 朱庆华、李丽芬：《两重视野下的赵树理文学史地位》，《丽水学院学报》，2010年第23卷第3期，第23页。

陈思和在谈到赵树理的创作时，曾做过这么一段概括："赵树理是属于中国农村传统中有政治头脑和政治热情的民间艺人，当他选择了'文摊'作为自己岗位以后，始终尝试着将民间文化绕过新文化传统，直接与政治意识形态相结合。他把自己的小说称为'问题小说'，要求'老百姓喜欢看，政治上起作用'都包含了这种意思。"[①]的确，赵树理的小说创作大都与政治有着密切的联系，他的小说的被改编同样也与政治密不可分。

20世纪40年代，为了配合《晋冀鲁豫边区婚姻暂行条例》的推行，赵树理创作了婚姻题材小说《小二黑结婚》，而《小二黑结婚》也自然成了宣传新婚姻法的最好工具，根据小说改编的各种地方戏，在政治力量的推动下登上舞台，成为解放区群众争相观看的节目。由于故事深入人心，小说中的人物形象不断地被民间创作加工和丰富。小二黑和小芹被解放区农民视为反对封建思想、追求自由幸福婚姻的化身，许多依照小说中而发生的真实故事在太行山区不断上演。这些戏剧对推行新政策和宣传新婚姻法起到了推动作用。如话剧剧本的结尾处特别用政治性的话语注明："中央人民政府已公布新婚姻法，但封建残余力量仍多方阻碍婚姻自主，此种案件层出不穷，甚或引起自杀惨剧，故此剧上演仍有其现实意义，特整理出版。"话剧在1951年重新上演后，就着重加强了宣传新婚姻法的意义。评剧则直接以三仙姑逼迫小芹嫁给一个老地主的婚姻为题材，改编和故事原型以及小说的内容相差很大，完全为了配合宣传党的新婚姻政策而作。电影改编则是在枪杆子里面出政权的时代背景下，为适应阶级斗争的政治需要突出了二元对立的阶级矛盾。这些改编使得与小说的原型故事相去甚远，但和政治宣传、政策宣传靠得更紧密了。

新中国成立后，为了配合新中国第一部《婚姻法》的宣传，赵树理又创作了《登记》，用浅显易懂的故事使读者体会到封建婚姻制度的罪恶与新社会婚姻法的优越性。《登记》改编的流行，不仅仅因为赵树理小说的艺术性，更重要的是其所包含的政治意义，沪剧《罗汉钱》的改编更是如此。

① 陈思和：《陈思和自选集》，桂林：广西师范大学出版社，1997年，第143页。

《罗汉钱》在传递意识形态内容上,较原著更为直接,立场十分鲜明,如艾艾、小晚登记被拒时,人物唱道:

> 燕燕:我们只要同他们斗到底,我们一定会胜利!
>
> 小晚:拿定主意努力奋斗,
>
> 燕燕:不达到目的决不罢休。
>
> 艾艾:但愿政府定出好办法,
>
> 艾艾、燕燕、小晚:婚姻才能真自主。[①]

除了宣传婚姻法,沪剧《罗汉钱》与当时的政治形势密切结合,在表演当中融入了更多的政治宣传。例如在第一场闹元宵场景中加入了公粮舞以及大量唱词如"肩挑公粮,送前方。吃得饱饱,好打胜仗,支援前线,增加力量","力量是铁,力量是钢,解放台湾,消灭匪帮,大家得安康"[②]等。为了突出国家生产建设的重要性,剧本在描述男女主人公恋爱时,也将生产作为他们的主要话题,在含蓄地表达爱情的同时,也表现了二人情感是建立在劳动生产的基础上,从而上升到了当时社会制度的高度。各个剧种在改编时减少了有助于塑造人物形象的唱词,而生硬地使用了大量标语口号,如评剧中小飞蛾的唱词:

> 如今颁布了婚姻法,
>
> 这都是人民政府的周全。
>
> 想不到我女儿的亲事也能自主,
>
> 真是救了多少男女青年。
>
> 我一心感谢共产党,
>
> 毛主席的恩情永远记心间。

---

① 宗华、文牧、幸之编:《罗汉钱》(沪剧),北京:中国戏剧出版社,1959年,第136~137页。

② 同上,第35~37页。

愿你们共同努力搞生产，
做一对模范夫妻过百年。[①]

秦腔中区长的台词:“你是拿封建主义做标准,还是拿新民主主义做标准?”“你是给封建主义办事,还是给新民主主义办事?”“根据新婚姻法,我们进行学习和检查,使大家能得到婚姻自由。”[②]群众合唱:

我们今天来宣誓:
生产学习更积极,
保证今年多打粮,
爱国竞赛争第一。
要把那婚姻法贯彻到底,
清算那最后的封建残余。[③]

改编剧目中大量的宣传性唱词,都适应了当时的政治环境。

对《李有才板话》《三里湾》的改编也同样如此。为配合当时解放区的土改斗争,赵树理1943年10月写完《李有才板话》,因为这部小说是配合减租斗争的,成功契合了当时土改斗争的需要,所以得到了广泛的传播,被改编成各种戏曲上演,经久不衰。而1954年的《三里湾》,则是真实成功地反映了当时的农业合作化运动,据其改编的电影和戏曲也都突出强调了社会主义和资本主义两条路线的斗争,即使是三对年轻人的爱情,也多少染上了一些当时的时代政治色彩,特别是范灵芝的爱情,她之所以最终选择了没有多少文化的王玉生而放弃了和她一样上过中学的同学马有翼,更多的是考虑了其本人及其家庭成员的政治觉悟和思想是否积极进步。可见,赵

① 赵戈风编:《罗汉钱》(评剧),天津:华北人民出版社,1954年,第81页。

② 甘肃人民出版社编辑部编:《罗汉钱》(秦腔),兰州:甘肃人民出版社,1952年,第48页。

③ 同上,第55页。

树理的小说都是反映当时的政治生活，与国家的法律法规政策息息相关，与当时的时代特点息息相关，而改编者们一个最主要的目的也是为了迎合当时时代的需要。

由于特定的历史环境，改编者们过多地强调政治宣传作用，而艺术性方面就相对有所欠缺，尤其是在改编本中加入了一些政治宣传的口号和标语，有使艺术沦为政治宣传工具的嫌疑，不得不说这是改编的一大缺陷。新时期以来在对赵树理小说的改编作品进行重排重演时，这方面就做了比较大的改进。

四、现实接受的需求

文艺传播学认为："在文艺传播的环节中，受传者是重要的一环，是文艺信息作用的对象和传播的'目的地'。文艺传播者传递出文艺信息，以满足受传者的需要；文艺受传者接受文艺信息，使文艺信息潜在价值得以变为现实价值，完成传播过程。"[①]文艺大众的接受需求成为艺术传播的重要因素。

赵树理作为文艺传播者，在他的心中，对文艺受传者的定位是十分明确的，即处于农村社会的普通农民。

赵树理是一个农民的儿子，贫苦的家庭、乡间的童年生活及长期在农村从事革命斗争的经历，使其对中国农民的苦难、个性和追求有深刻的了解，并在精神上、感情上与他们息息相关。因而，如何为广大农民工作，创造出农民所喜闻乐见的文学作品和文化产品，便成为他的艺术追求，他为此进行了长期而艰苦的探索。他感到要让艺术真正走向民间，让广大农民所接受，只有创作出同他们审美层次、欣赏习惯相一致的通俗文学。于是他下决心做个"文摊文学家"。他说："我不想上文坛，不想做文坛文学家，我只想上'文摊'，写些小本子夹在卖小唱本的摊子里去赶庙会，三两个铜板可以买一本，这样一步一步地去夺取那些封建小唱本的阵地。做这样一

① 孙宜君：《文艺传播学》，济南：济南出版社，1993年，第247页。

个文摊文学家,就是我的志愿。”[①]

但随后赵树理又发现:

> 我是写小说的,过去我注意让群众能听得懂、看得懂,因此在语言结构、文字组织上只求农村一般识字的一看就懂,不识字的人一听就懂,这就行了。不久前我才明白了一件事,就是农民买书的机会很少。[②]

虽然经过了识字运动,但当时的农民对小说、诗歌、散文接触依然很少,最接近的就是戏剧。赵树理清醒地懂得农民受众虽没有足够能力去欣赏新式小说,却对传统的戏剧和说唱艺术有很强的鉴赏能力。因此,在赵树理的作品中,小说只是少数,而且采用的还是农民喜闻乐见的评书体形式,戏曲文本占了绝大部分,还有许多说唱类文体,如快板、鼓词、相声、剧本,有的小说如《小二黑结婚》发表时还特别注明“通俗故事”。

赵树理注意到了这个问题,后来的改编者们当然也会注意到这个问题。《小二黑结婚》被改编成各种地方戏和各种曲艺形式(如鼓词、快板、评弹等),也就是顺理成章的事了。

还有小说的内容,赵树理写的大都是当时农民所关心的问题,当然也是他们感兴趣的问题。之后的各种改编本当然也都考虑到社会现实的需求。在计划把《小二黑结婚》改编成歌剧时,编导者们“经过几次讨论,大家还是觉得《小二黑结婚》原作中暴露的封建婚姻制度和习惯,在目前农村中仍然存在,所以还是很有现实意义的。且小说所宣扬的婚姻自主在当时来说也是很有时代特色的”[③]。

新世纪《小二黑结婚》又重现排演热,也仍然是接受需求使然。《小二黑结婚》原著中暴露的封建婚姻制度和习惯,在目前农村中仍然

① 黄修己编:《赵树理研究资料》,第19页。

② 董大中主编:《赵树理全集》第六卷,第180页。

③ 李红艳:《赵树理曾给改编泼冷水》,《北京日报》,2011年5月12日,第16版。

存在，所以排演也仍有现实意义。

《小二黑结婚》中蕴含的对淳朴爱情的追求、对邪恶势力的斗争、对美好生活的向往，以及作品所展现的乐观和谐的精神境界，在当下日渐市场化的时代中具有烛照意义。

重排重演的《小二黑结婚》，显现的是时代的特征，是受市场经济和消费文化共同影响并以大众文化的形式出场的，它满足了观众尤其是中老年观众的怀旧心理，容易引起共鸣，进而取得高票房、高收视率；从更深层次来看，《小二黑结婚》的情感和价值取向的主导是大众的，按照大众文化生产、消费的运作程式，对内容情节进行填充，添加各种娱乐和流行要素，通过市场化制作和发行，即可调制出一道符合大众口味的文化大餐。

还有故乡情结，如襄垣秧歌、晋城职业技术学院师生排演的歌剧，无论演出人员，还是普通观众，他们的热情恐怕更多地来自于对老乡赵树理的热爱，来自于对在故乡背景下创作的《小二黑结婚》的特殊情感。

五、剧种特点为改编提供了条件

我国戏剧种类繁多，灵活多样。剧种的特点是是否适合改编现代戏的重要因素，许多地方艺术形式从内容到表演都非常灵活，为小说的改编提供了有利条件。

如沪剧的剧种特点就为《登记》的改编创造了条件。沪剧“所写的人物都是小人物，普普通通的劳动人民，小男小女的家常生活，语言平易通俗，人情味很浓”[①]。这种特点与《登记》的内容十分吻合。“沪剧在以演唱山歌为主之后接受了弹词，于是进城；进城初期是‘坐唱’，由坐唱进到站唱。沪剧接受文明戏和话剧、电影影响并不是无缘无故硬性外加的，而是它本身具备了条件。那些普通人物、日常生活、手面表演，非常接近生活的语言、朗诵体的曲调，因之它由说到唱，由唱到说非常方便，用很不明显的叫板落

① 戏剧报编辑部、戏曲研究编委会编：《论戏曲反映伟大群众时代问题》第二辑，北京：中国戏剧出版社，1959年，第21页。

腔一带而过。”[①]沪剧善于吸收各种表演形式，又受现代因素的影响，很适合表现现代生活。又因为它“由说到唱，由唱到说非常方便”，对改编评书体的小说有着天然的优越性——“和许多其他剧种比起来，沪剧的历史是比较短的，因此它的格律还没有完全定型化，在音乐曲调上，在表演动作上，乃至在表现方法上，可以自由吸收其他剧种及曲艺的优点，使得它在表现现代生活和人物上有了便利。”[②]正是由于这些因素，沪剧《罗汉钱》取得了巨大成功。

《小二黑结婚》被改编成了话剧、歌剧、评剧、豫剧等各种艺术形式。这些改编大都比较成功，一方面这些改编本在故事情节、结构框架以及音乐与唱腔上，都具有自己的风格特色；另一方面在内容上，他们按照自己身边的小二黑、小芹形象，不断地给原来的人物形象做一些改动，使人物形象更加丰满。

襄武秧歌是襄垣秧歌和武乡秧歌的合称。襄垣秧歌按照戏曲音乐声腔的分类方法，属于民间歌舞诸腔体。唱腔的结构形式为板腔体，以上下两句为一个基本单位，与《李有才板话》的板词非常相似。襄武秧歌这种音律变化灵活的特点为《小二黑结婚》《李有才板话》的改编提供了音乐基础。

花鼓戏为中国汉族地方戏曲剧种，通常特指湖南花鼓戏。湖南花鼓戏是湖南各地花鼓戏流派的总称，是在农村山歌、民间小调及本地花鼓为主的基础上发展而来，内容多为表现生产劳动、民间生活、爱情家庭矛盾等。语言生动幽默、诙谐灵活、通俗易懂，表现形式上以载歌载舞、短小精悍见长，特别适合轻松活泼的喜剧。花鼓戏最大的特色是表演“三小”（小生、小旦、小丑）戏，地方色彩浓厚。《三里湾》粗犷爽朗、地方色彩浓郁的特点与花鼓戏活泼轻快、流畅明快的风格不谋而合，使其成为湖南花鼓戏的经典剧目之一。

---

① 戏剧报编辑部、戏曲研究编委会编：《论戏曲反映伟大群众时代问题》第二辑，北京：中国戏剧出版社，1959年，第22页。

② 王晓丽：《赵树理小说的戏剧改编》，临汾：山西师范大学，2013年，第49页。

第八章　赵树理小说改编的影响

一、起到了很好的宣传作用

赵树理本人曾经说过："我们写小说和说书唱戏一样，都是劝人的。""凡是写小说的，都想把他自己认为好的人写得叫人同情，把他自己认为坏的人写得叫人反对。"[①]显然，赵树理的意思就是要告诉大家，无论是写小说还是说书唱戏，就是要起到宣传教育作用。

1940年，中共北方局颁布了《晋冀鲁豫边区婚姻暂行条例》；1942年5月，晋冀鲁豫边区政府颁布了《晋冀鲁豫边区婚姻暂行条例实施细则》；1943年1月，又颁布了《晋冀鲁豫边区妨害婚姻治罪暂行条例》，但这些法令在实际执行过程中却遇到了相当大的困难。赵树理创作的《小二黑结婚》，其目的之一就是为了进一步加强对婚姻法的解释、宣传并对旧婚俗予以揭露和抨击，促进山区群众思想觉悟的提高，刺激人们被传统习惯弄得麻木不仁、是非不分的神经。小说于1943年9月面世后，在教育落后群众、有力宣传婚姻法方面确是取得了超乎寻常的巨大作用。"它使那些在婚姻问题上痛苦呻吟的男女同胞豁然开朗，好象从暗无天日的洞穴里突然发现了一片投射到眼前的阳光，一条到达理想境界的坦途。"[②]

然而，在当时的中国农村，人们的文化水平普遍较低，能看懂小说的人还很少，识字的人更少，大部分人都是文盲或半文盲。但是，人们能看懂戏，因为戏剧是以舞台形式来展现故事的。因此，为了扩大宣传面，使小说

① 董大中主编：《赵树理全集》第六卷，第164页。

② 戴光中：《赵树理传》，北京：北京十月文艺出版社，1987年，第163页。

所表现的新观念、新风尚、新做法更易于被广大山区群众接受,《小二黑结婚》被改编成各式各样的地方剧种——武乡秧歌、襄垣秧歌、中路梆子、上党落子等,书面文字变成了活生生的舞台形象。

小说被改编成各种地方剧种在晋察冀边区上演后,引起了很大的反响。在当时的太行山农村,一听说哪个村要演《小二黑结婚》,人们都从十里八村赶来看戏,场面很红火。《小二黑结婚》的故事搬上舞台,到处演唱,边区老百姓总也看不够。住在离戏台一二十里地的老太太、大闺女,甚至抱小孩的小媳妇,夜里举着火把,翻山越岭也要来一睹为快。当时很多农村不识字的人都是通过戏曲这一形式了解到了《小二黑结婚》所传递的思想内容的。无数青年男女正是受到小二黑、小芹榜样一般的人物的鼓舞而信心满怀,力量倍增,开始萌发并实践了婚姻自主的意愿。诚如大众出版社原总编辑苗培时同志指出的那样:"实际上'小二黑'已经成了太行山农民反对封建思想,追求自由幸福婚姻的化身了。"[①]小芹、小二黑走进了千家万户,走进了普通老百姓的心中。赵树理的一位战友曾讲述了两桩亲眼所见的事例。一桩是涉县河南店村的一位姓熊的姑娘与一位部队干部恋爱,遭到父亲和村里落后势力的讽刺和压迫,她父亲强迫她嫁给别人。不久,小二黑的故事传遍了全太行山区,姑娘看了小二黑的戏,冲破阻碍,与父亲包办的丈夫离了婚,然后又同真心相爱的这位干部结了婚。后来这位姑娘入了党,有了几个孩子,同爱人在北京工作,生活得非常幸福。另一桩是涉县胡峪村的一位女子,因父母双亡被人收养。这家人收养她是准备让她给自己的儿子做童养媳,谁知她却爱上了南庄村的一位小裁缝。这件事轰动了邻近乡村。胡峪村的落后分子威胁小裁缝:再敢来就打断你的腿!小裁缝知道了小二黑的故事后,没有害怕,反而同这位姑娘商量着一起参加了八路军。在欢送参军的光荣大会上,二人并肩骑着高头大马,戴着碗口大的红花,欢天喜地,十分惹人羡慕。[②]

在平时的演戏活动中,老百姓还自己扮演小芹、小二黑,进行娱乐。可

① 黄修己编:《赵树理研究资料》,第221页。

② 樊星编:《永远的红色经典》,武汉:长江文艺出版社,2008年,第15~16页。

见，通过戏曲改编，小说所传达的思想内容更深入地进入了普通老百姓的头脑中，最大限度地深入到了山区农民中间，对农民思想觉悟水平的提高，对婚姻法的顺利贯彻执行，都起到了巨大的推动作用，也起到了更好的宣传教育作用。

2011年，已经八十五岁的剧作家田川接受记者采访，谈了当年创作歌剧《小二黑结婚》时的一些情况，在谈到为什么选择《小二黑结婚》进行改编时，他说，正是因为小说的内容、主题是通过小二黑与小芹的故事，倡导反对封建包办婚姻，这与向社会大众普及婚姻法的社会背景非常契合。“1950年诞生的《婚姻法》是新中国第一部法律，大家都觉得应该好好宣传一下。”田川说。不过，也有人提出反对意见，认为小说写的是抗日战争时期的事情，年代有些久远了。“经过几次讨论，大家还是觉得《小二黑结婚》原作中暴露的封建婚姻制度和习惯，在目前农村中仍然存在，所以还是很有现实意义的。”歌剧《小二黑结婚》演出后，也确实起到了很好的宣传教育作用。[①]

《登记》是在新婚姻法颁布的背景下创作的，和《小二黑结婚》一样，同样是宣传婚姻自主、恋爱自由。而各种地方戏的改编与上演，无疑为小说赢得了更多的观众，使社会主义的新政策、新风气进入了农村。

《李有才板话》《三里湾》的改编，也积极地响应了国家的政策，通过戏剧的形式，向观众展现了地主与贫农在减租减息中的激烈斗争和农业合作化的大潮流、大趋势。

二、对戏剧剧种以及剧团生存与发展产生了良好影响

地方戏的改编，除了对普通老百姓有宣传的作用外，对戏剧的剧种以及剧团本身的生存与发展也产生了一定的影响。

以襄垣秧歌来说，襄垣秧歌有悠久的发展历史，和其他秧歌一样，是在民间歌舞中发展起来的。明末清初，在襄垣北部地区出现了由民歌小调和

① 李红艳：《赵树理曾给改编泼冷水》，《北京日报》，2011年5月12日，第16版。

劳动歌结合而来的演唱形式，在演唱时配合锣鼓点，后又变成小故事唱词，多人在中间又打又唱，周围群众观看，称为闹红火、闹社火或闹秧歌，襄垣秧歌由此得名。襄垣秧歌形成以来，不断发展壮大，到20世纪四五十年代达到了顶峰，发展为专业剧团时期。这一时期，剧团无论在唱腔上、表演上、剧目上都有了很大的提高，而《小二黑结婚》和《李有才板话》的演出，无疑为这一时期剧团的繁荣发展起到了非常重要的作用。

1942年，襄垣农村剧团根据赵树理的口传故事改编的襄垣秧歌《小二黑结婚》，出现在小说《小二黑结婚》出版之前，成为襄垣秧歌现代剧目的代表作之一，受到了晋察冀边区军民和老百姓的欢迎和赞扬。1943年冬，襄垣农村剧团又将《李有才板话》改编为襄垣秧歌在当地上演。1944年冬，太行地区召开群英大会和百团大战战利品展览会演出，襄垣农村剧团带着《小二黑结婚》剧目参加演出，演员精彩丰富的表演、风格独特的唱腔，获得了观众的高度赞扬。晋冀鲁豫边区党委书记亲手为剧团题词，给予"农村剧团的旗帜"的赞誉。襄垣秧歌《小二黑结婚》的成功上演，在全国引起轰动，赢得众多观众，为剧团的繁荣与发展做出了很大贡献。2009年，襄垣秧歌被列入国家非物质文化遗产项目，襄垣秧歌剧《小二黑结婚》则在三晋大地上传唱至今，也在全国其他不少省市进行过演出。据粗略统计，七十多年来，襄垣秧歌剧团在全国各地演出《小二黑结婚》达六千多场，且场场爆满。我们完全可以这样设想，如果没有《小二黑结婚》，可能只有上党地区，顶多再加上整个山西省知道襄垣秧歌这一剧种，而正是《小二黑结婚》，才使这一名不见经传的地方小戏走向了全国，为更广大的观众所熟悉。

1952年，当时担任中央戏剧学院歌剧系主任的作曲家马可，带领同学生们一起将赵树理的小说《小二黑结婚》改写成了歌剧，并于1953年1月首演于北京实验剧场，继而又成为1956年第一届全国音乐周的上演剧目。这部歌剧因融入民间小调和戏曲（平调落子等），"山药蛋气息"浓郁，一经问世就获得人们的喜爱。它是继歌剧《白毛女》之后，又一部影响极大的中国民族歌剧。作曲者马可是中国新歌剧史上的一位重要人物，他的贡献主要体现在西洋歌剧的民族化方面。从《夫妻识字》《白毛女》等新歌剧开始，他就致力于将西洋歌剧形式与中国的民间音乐结合，创造出具有中国特色、能为老百姓所喜闻乐见的新歌剧。歌剧《小二黑结婚》的突出特点在于它向传统戏曲，主要是北方的“三梆一落”吸取音乐素材，开创出一条在传统戏曲基础上发展歌剧的道路。在新中国歌剧史上，歌剧《小二黑结婚》是一部具有里程碑性质的作品，是当之无愧的红色歌剧经典。至今，这部歌剧中的经典片段仍在不同的场合以不同的方式上演，有着旺盛的艺术生命力，而小二黑的故事就在这样经典的音乐声中不断传扬，穿越了半个多世纪的时空。

1953年，河南省歌剧团豫剧三团的前身用豫剧的形式改编移植了歌剧《小二黑结婚》，该剧一经上演，便广受好评。时至今日，豫剧《小二黑结婚》仍在上演，上演时间已长达六十多年，而且已经成为河南省豫剧三团的常演剧目，或被称作吃饭戏、面条戏、看家戏。该剧时演时新，时演时火，百看不厌。观众对该剧的故事情节，早已是耳熟能详。豫剧《小二黑结婚》上演六十多年来，就当年演员的表演而言，后人无法超越，其道具已然成了珍贵的文物，它们见证着老一代艺术家的辛勤汗水，书写着那一代人的精神风貌。豫剧《小二黑结婚》已成为豫剧舞台上的一棵常青树。显然，《小二黑结婚》已然成为豫剧的经典之作，对豫剧的发展起到了非常重要的作用。①

同样地，《小二黑结婚》被改编成评剧后，一方面成就了饰演小芹的新凤霞和饰演三仙姑的赵丽蓉，另一方面也使评剧这一剧种在全国有了更大的影响。

在沪剧历史上，《罗汉钱》是一个重要的里程碑。这个戏不仅在全国会演中获奖，还唱进了中南海，为毛泽东、周恩来等中央领导同志演出；后来，沪剧《罗汉钱》又先后被各省市几十个不同剧种的剧团广为移植，1956年还由上海电影制片厂摄制成戏曲艺术片，在全国各地放映。一部《罗汉钱》，使过去主要局限于长江三角洲一带的地方戏沪剧，开始成为具有全国影响的重要剧种。这个戏产生至今虽已过去半个多世纪，却始终保持着强劲的

① 李国治：《豫剧〈小二黑结婚〉表演赏析》，《河南戏剧》，2010年第5期，第81～82页。

生命力，它的片段仍经常在沪剧舞台上演出，戏里的一些唱段继续在街头巷尾传唱。

1957年，湖南省花鼓戏剧院将《三里湾》改编成九场花鼓戏，于1958年把这部大型农村题材的花鼓戏搬上了舞台。花鼓戏《三里湾》上演，在省内外都获得了一定的声誉，获得众多奖项（其中剧本奖、演出奖获一等奖），成为花鼓戏现代戏经典之一。

三、成就了一批艺术家

歌剧《小二黑结婚》剧照，郭兰英饰演小芹

歌剧《小二黑结婚》一经上演，就博得了观众的喜爱。尤其是郭兰英演唱的经典唱段《清凌凌的水蓝莹莹的天》，更是家喻户晓。郭兰英用她特有的音质，声情并茂的演唱，把小芹的人物形象和内心活动表现得淋漓尽致。她咬字清晰，唱出了小芹敢于斗争、淳朴可爱的形象与内心欢快愉悦的心情。虽然郭兰英之前已经拥有许多优秀作品，但演唱歌剧《小二黑结婚》，无疑使她的演唱艺术又上了一个新的台阶。歌剧《小二黑结婚》也成为她演艺生涯中的一座丰碑。

1953年，《小二黑结婚》被改编为豫剧，剧中的人物形象深深刻印在了观众的脑海里。这些鲜活的人物形象，主要得益于演员对程式动作的选取和创新，不同人物的台步、身段、眼神，特别是唱腔的出色表现，都给人留下了深刻的印象。柳兰芳1952年调入河南省歌剧团学唱豫剧，1956年成为河南省豫剧三团演员。她在豫剧《小二黑结婚》中扮演小芹，一曲《清凌凌的水蓝莹莹的天》，充分展示了她高超的演唱技艺。柳兰芳音质清脆明亮，在

豫剧《小二黑结婚》剧照，柳兰芳饰演小芹，王善朴饰演小二黑（戏痴小郭供图）

演唱的时候又运用了一些技巧，惟妙惟肖地表现了小芹时而欢快愉悦，时而羞涩清纯，时而天真无邪，时而急切大胆的复杂心情。这一切的演唱效果用文字是无法准确表达出来的。柳兰芳在《小二黑结婚》中灵活多变、婉转清脆的演唱是对豫剧的一大突破，她也因此在自己的豫剧表演道路上开创了一片崭新天地。王善朴在豫剧《小二黑结婚》中扮演小二黑，当时还只有二十来岁。王善朴后来成了著名的豫剧表演艺术家，他创立的善调在梨园行里广为流行，如今，善调已成了一种独特的演唱风格。他在豫剧声腔方面做出了突出贡献，成为豫剧男声唱腔的一个里程碑式的人物。他被誉为"豫剧现代戏第一小生"，是国家一级演员。《小二黑结婚》的演出同样在王善朴的豫剧生涯中有着重要的意义，甚至还为他赢得了爱情。

众所周知，赵丽蓉是我国著名的小品演员，但早年的赵丽蓉还是一名评剧表演艺术家。她曾在评剧《小二黑结婚》中扮演三仙姑这一角色。三仙姑这一人物形象是一个丑角，是个反面人物，浓妆艳抹，花里胡哨，爱装神弄鬼，还和女儿争风吃醋。赵丽蓉过去主要演一些正面角色，她对扮演三仙姑有很多方面的顾虑，她担心以前没有接触过这类角色，怕演不好，怕演砸了影响声誉，又担心演了这样的角色后，可能一辈子会被打入泼辣旦的冷宫里，永远翻不了身。但经过一番思想斗争，她还是下定决心要演好这个角色。她说："演什么就得像什么，咱不能糟蹋了艺术。"《小二黑结婚》演出后，引起了轰动，赵丽蓉的精彩表演和出色的演唱，赢得了观众的好评。人们都说赵丽蓉把三仙姑演活了。好多人看这场戏，都是冲着赵丽蓉来的。有一次，毛泽东观看了评剧《小二黑结婚》后，对三仙姑这个角色印象深刻，称赞演员演得好。三仙姑演成功了，当时全国很多剧团和文艺团体都来向赵丽蓉学习演戏的技巧，赵丽蓉都耐心、无私地进行了传授。

1957年沪剧电影《罗汉钱》剧照，丁是娥饰演小飞蛾

1950年，丁是娥与解洪元联合组建新上艺沪剧团。1952年，上艺沪剧团与中艺沪剧团合并，参加全国观摩演出，丁是娥获一等演员奖，而此次获奖的作品正是由赵树理小说《登记》改编、丁是娥主演的沪剧《罗汉钱》。丁是娥在《罗汉钱》中扮演的是小飞蛾，她从原著着手，对人物形象进行分析。《回忆》这一唱段是整部戏中很重要的一段，丁是娥把这段戏演得相当

成功。丁是娥表演时紧紧抓住了人物的性格和情绪的变化，表演细腻，生动准确地表现了人物的思想感情。《罗汉钱》的成功演出，使得沪剧在全国的影响力大大增加，原来只是长江三角洲一代的地方小戏，通过《罗汉钱》，开始走向全国。这一切与丁是娥独具匠心的表演是分不开的。《罗汉钱》成就了沪剧，同样也成就了丁是娥。

著名连环画家贺友直对《小二黑结婚》情有独钟，多次以《小二黑结婚》为题材创作连环画，采取不同的表现形式，绘画语言不断求变。赵树理小说《小二黑结婚》脍炙人口，妇孺皆知，贺友直“纸上做戏”，幽默风趣，二者相得益彰。贺友直是特定时代、特定环境和特定受众对象造就的连环画家，使连环画不止于少儿通俗读物潜移默化、达事明理的教化功能，而成为具有独立审美价值的一门艺术形式。在这个过程中，《小二黑结婚》使贺友直产生了艺术创作的激情和灵感，也为贺友直带来了艺术生涯的诸多荣誉。

四、在赵树理小说经典化的过程中起到了重要作用

一般来说，文学经典是指具有极高的美学价值，并在漫长的历史中经受考验而获得公认地位的伟大文本。但什么样的作品可以成为经典，学术界也好，民间也好，认识上可能还不完全统一。尤其是对赵树理的作品，看法上存在的分歧更大。赵树理的作品，尤其是《小二黑结婚》《登记》等名篇，能被改编成多种艺术形式，并且被多次改编，甚至时至今日也仍在被不断地改编，其经典地位笔者以为是毋庸置疑的。

传统认为，经典来源于淘洗和考验后的真正有价值的作品。然而，经典化往往不是一个舒缓而温和的过程，而是种种政治和文化权力纠缠、妥协的复杂过程。尤其是革命经典，其形成过程注定是一个与意识形态亲密的过程。赵树理小说的几个名篇一般也被看作是革命经典（也有人称为红色经典），其经典化的过程，可以看出隐藏在其背后的一个整体性的建构过程，包括从文本的生产、解读到接受和传播的全程。

《小二黑结婚》等几部小说的经典化，原因很多，首先是由于赵树理和

毛泽东的文艺思想的内在契合。赵树理作品和农民话语的亲缘关系契合了为工农兵服务的时代主题，他大众化的思想在解放前的一段时间里和毛泽东的文艺思想有一定的重合，他的小说中存在一定的重新阐释从而为政治服务的空间，这些都是他被选中的原因。其次是文学机构和代表人物的推波助澜。新中国成立后的历次文化运动中，发表的诸多署名周扬或邵荃麟的著名文章，往往已经不是他们自身意志的体现，他们的名字已经是一种权威性的象征，是党的喉舌。经典的阐释权是握在主流意识形态的手中的，对毛泽东的文艺思想的权威解读和确立一整套的文艺标准的过程，实际上也是一个树立经典、阐释经典、重估经典的过程。

但不可否认的是，赵树理作品的改编在其经典化的过程中也起到了不可低估的重要作用。这当然首先源自于赵树理作品本身的文艺价值，这是他的作品能被经典化的基础所在。他的小说所具有的喜闻乐见的形式、浓郁的民间文化气息和典型的戏剧性，都具有了被改编和传唱的巨大空间，并最终在政治操作的合力下打上了经典的烙印。

经过改编和传播过程中的筛选，《小二黑结婚》成为如豫剧、评剧、花鼓戏等很多剧种的经典剧目。随着花鼓戏《小二黑结婚》等地方戏的演出，赵树理的《小二黑结婚》走向了湖南等广大的南方地区，而豫剧、评剧等全国知名剧种所拥有的更广大的观众群，则使《小二黑结婚》被更广大范围的观众所熟知。歌剧和电影《小二黑结婚》的面世，更使小二黑的故事走向了全国各地，走进了千家万户。

《登记》的故事发生在北方，其中出现了众多的北方习惯用语，沪剧《罗汉钱》进行改编时，为了突出地方戏的特色，改编者将故事发生地改在了江南，改编中明显突出了旧剧形式和曲调。剧本吸取了旧剧的特色，多用比兴、夸张等手法。这一剧作还被移植为多个地方戏版本，如1952年底，浙江越剧团艺术研究室集体讨论，由佘惠民执笔的越剧现代戏《罗汉钱》，即是由沪剧《罗汉钱》移植而来。这也说明了改编中的转移从来不是单向的、线性的，而是呈网状传播，这样的传播方式使赵树理的作品在短短时间内在全国遍地开花，得到了迅速普及。

湖南花鼓戏《三里湾》由许在民改编，在湖南省1957年戏曲汇报演出中获得剧本和演出两个一等奖，成为花鼓戏现代戏经典之一，曾由湖南人民出版社出版并多次再版。这部戏比较突出地运用了喜剧手法和传统戏曲手法，充分体现了花鼓戏生动、幽默、活泼的特点，有效地促进了原著的传播和普及。

第九章　赵树理小说改编的传播学解读

在中国现当代文学史上，赵树理的小说获得了极为成功的传播，在文学传播史上谱写了华丽的篇章。他的一些代表性作品，如《小二黑结婚》《李有才板话》《登记》《三里湾》等，无论是发行量、转载或再版次数，还是被改编作品的数量和改编作品的质量、被改编的次数和改编作品的艺术形式，都称得上是奇观。赵树理的作品不仅在国内妇孺皆知，在国外也名动一时，"据不完全的统计，赵树理的作品已经在三十多个国家翻译出版。苏联翻译成多种民族文字，日本重译很多，许多作品有三种以上译本。加上我国外文出版社出版的各种文字译本，赵树理的作品在四十多个国家流传"[①]。在文学已经走向边缘化的当今文坛，在文学普遍失去轰动效应的今天，对赵树理小说的改编进行传播学的解读，总结其有效传播的成功经验，或许会让我们有所启发。

传播是人类借助一定的传播媒介交流信息的活动，传播者、接受者、传播内容、传播媒介、编码与译码构成了传播活动最基本的要素。赵树理小说由纸质文本到其他多种艺术形式的改编，在具体传播过程中，对上述基本要素都需做成功的把握，这样才能保证传播活动的有效开展。

一、传播的政治环境

赵树理的小说从发表到改编，所面对的大的政治环境就是《在延安文艺座谈会上的讲话》所确立的文艺规范，由于赵树理小说与这样的文艺规

① 朱庆华：《论传播学意义下的赵树理小说》，《文学评论》，2003年第2期，第148页。

范既有契合又有分歧，这就造成了不同时代的改编者在进行改编时对原著精神或多或少有一些偏离。

1942年，毛泽东在延安发表了著名的《在延安文艺座谈会上的讲话》，"《讲话》是对'五四'以来新文学运动经验教训和解放区文艺创作实践的总结，更是规定党的文化艺术的基本秩序和原则的重要文本。《讲话》及其指引下的延安文学创作及传播活动直接形成了我国现代文学史上新的文学秩序"[①]。新的文艺规范的确立，使解放区文艺界急需新的范例来响应党的文化政策，而赵树理于1943年创作出版的《小二黑结婚》无论是内容还是形式都与《在延安文艺座谈会上的讲话》不谋而合。"毛主席的《讲话》传到太行山区之后，我像翻了身的农民一样感到高兴。我那时虽然还没有见过毛主席，可是我觉得毛主席是那么了解我，说出了我心里想说的话。十几年来，我和爱好文艺的熟人们争论的、但始终没有得到人们同意的问题，在《讲话》中成了提倡的、合法的东西。我心里有一种说不出的高兴。"[②]正是这样一种与毛泽东话语的内在契合，使得以《小二黑结婚》为代表的赵树理的作品在解放区广泛流传，经由彭德怀、周扬、茅盾、郭沫若等人的热情推荐而传播至全国，晋冀鲁豫边区并于1947年提出了"赵树理方向"。可以说，赵树理是《在延安文艺座谈会上的讲话》之后最为成功的作家，甚至可以说赵树理是代表了20世纪40年代到20世纪50年代转型后新话语秩序的典型作家。周扬在1946年就宣称，赵树理的作品"是毛泽东文艺思想在创作实践上的一个胜利"[③]。因此，赵树理的作品被树为群众文艺运动的榜样。正是在这种背景下，赵树理的小说不断地被改编和传播，各种艺术形式也正是依照《在延安文艺座谈会上的讲话》精神在动员广大文艺工作者和贯彻党的文艺工农兵方向方面不断地起着积极的推动作用。如话剧剧本结尾处特别注明的政治性话语，就是要强调艺术作品的实用性和教育作

---

① 李明德等：《延安文学的传播学意义初探》，《西安交通大学学报》（社会科学版），2007年第27卷第4期，第75页。

② 戴光宗：《赵树理传》，北京：北京十月文艺出版社，1987年，第174页。

③ 黄修己编：《赵树理研究资料》，第189页。

用,“使文艺很好地成为整个革命机器的一部分,作为团结人民、教育人民、打击敌人、消灭敌人的有力武器,帮助人民同心同德地和敌人作斗争”[①]。在这个传播环境下,文学艺术担负了一定的社会功能和政治功能并发挥了宣传和鼓动的作用。

然而,“赵树理方向”的提倡和毛泽东文艺思想之间的内在分歧也同样明显,毛泽东是基于政治家的考虑,用文艺整风的形式,试图将文艺队伍置于组织化领导下,将文艺家的思想统一起来,为现实的革命斗争服务,而赵树理则是基于对农村和农民的感情,是为了夺取旧的封建小说和小唱本的阵地,成为一位真正的“文摊文学家”。虽然毛泽东基于普及宣传的需要而选择了大众化、通俗化道路,赵树理也因此认为批准了他的创作,但是,当时的赵树理忽视了其中的政治目的和内涵,在描写英雄人物、歌颂和暴露、普及与提高等诸多问题上,出现了“不合时宜”的行为,表明他和新的文艺规范之间仍然貌合神离。正因如此,就造成了当代文学不同时期对赵树理的不同评价,甚至批判。同时,也造成了不同时代的改编者在改编赵树理的作品时,都不能严格尊重原著精神,对原著精神或多或少有一些偏离,力求符合《在延安文艺座谈会上的讲话》精神,力求与当时的文艺规范靠拢,保持一致。如内地版电影《小二黑结婚》,影片一开始就立场鲜明地为故事确立了一个政治救赎的基本框架,把小二黑结婚的故事纳入到民族政治解放的时代主题中,强化了阶级矛盾,突出了正面人物的反抗斗争,将小说演绎成了一出政治救赎下的现代婚姻传奇。根据《三里湾》改编的电影《花好月圆》,更是将小说中细致复杂的入社动员工作转换成了简单直接的政治立场的对决,强化了正面人物形象,突出了两条路线斗争等。

二、传播的影响模式

阿特休尔在《权力的媒介》中提出,所有的传播都不是独立自主的,他们总是会受到某种权势的约束和限制,从而成为这种权势的吹鼓手。这些

① 毛泽东:《毛泽东选集》第三卷,北京:人民出版社,1991年,第848页。

控制传播的媒介可能是宗教、党派、商业集团或职业、阶级/阶层所造成的利益团体等。他分析了操纵传播的四种形式:官方形式、商业形式、利益形式和非正式形式。[①]

赵树理的小说从一开始就具备了官方形式和自发的利益形式相互交错的传播影响模式,后又逐渐转换到以官方形式为主。《小二黑结婚》在解放前,尤其是赵树理被树为典型之前,因为其通俗、喜闻乐见和隐含的民间因素而被农村剧团自发改编,改编者具有某种适应时代需要、满足大众对文艺审美的功利性需求,当然,这其中也不乏官方的助力,如彭德怀的题词,但到了20世纪五六十年代,这种利益形式的传播影响已经有所弱化。一方面传播者的改编已经自觉地把意识形态内容置于首要地位,另一方面官方意识形态通过组织化的程序把小说的改编纳入了强力控制范围,小说的民俗空间则在改编中被一步步压缩。

由沪剧《罗汉钱》的改编过程,可以看出权力在小说传播中起到的重要作用。1952年,上海沪剧团排演《罗汉钱》,准备赴京参加第一届全国戏曲观摩演出大会,原来计划由石筱英与解洪元分饰小飞蛾与张木匠,丁是娥与邵滨孙分饰艾艾与小晚,但名单确定上报后,角色分配没有得到相关领导的完全认可,上海市文化局戏曲改进处副处长刘厚生指定由丁是娥出演小飞蛾,不久,刘厚生又宣布:《罗汉钱》中的李小晚改由顾智春饰演,由邵滨孙、蓝流分别辅导和排戏。"没想到到北京后彩排时,北京有几位领导、专家出于对上海的关心,认为她(指丁是娥——笔者注)形象稍老,演20岁上下的小青年不妥,建议换人。"[②]可见,当时的戏曲改编已经是一个国家工程,从小说到剧本的改编到人物、角色的确定都是由权力意志决定的,是隐藏的文化权力控制了全程的传播。相比解放前带有自发倾向的改编和上演,大环境下对由赵树理小说改编的戏剧上演的审查机制也已经日趋严密,已经显示出向"文化大革命"时期的样板戏改编模式靠近的趋势。呈现在人们眼前的剧目已经经过层层审核和删削,官方意识形态对传媒的控制

① 李彬:《传播学引论》,北京:新华出版社,2003年,第179页。

② 唐文其:《赵树理小说的经典化与传播》,厦门:厦门大学,2007年,第33页。

占据了主要位置。

相对于戏剧改编，电影的改编在这方面的表现可能更为突出。北京电影制片厂摄制的电影《小二黑结婚》，把原著中提倡自由恋爱、反对封建迷信的主题置换为阶级矛盾，就显示了新中国成立后的主流意识形态，由于当时政治形势的微妙变化和阶级意识的进一步绝对化，对解放区一些作品的评价已经有所改变。根据《三里湾》改编、于1958年完成的电影《花好月圆》，通过叙事上的删减、转换和增添，加上电影独有的镜头语言，三里湾中两条道路的斗争已经呈现为纯粹意识形态层面上的不可调和的敌我冲突。这里的官方意识显然起了决定性作用。

三、传播的艺术形式

赵勇在谈及赵树理的文艺传播观时，曾经有过这样一段论述：当时的"文艺必须成为革命机器上'不可缺少的有力的武器'。而抗日救亡的主题和最终目的又决定了文艺必须采用老百姓喜闻乐见的形式，简洁、迅捷、便利、有利的传播手段，直指人心、事半功倍的传播效果等等作为其技术保障"[①]。因此，赵树理采用了大众化、民族化的艺术形式，"增强了作品'说'的功能以符合听众'听'的接受特点"[②]，从而达到宣传教育农民的目的。但由于当时大多数农民的不识字，没文化，赵树理精心设计的传播方案并未落到实处。广大农民熟悉他小说中的故事，记住了他作品中的人物，主要不是通过他的小说，而是通过由他的小说而改编成的其他更易被当时农民所接受的艺术形式，这就是前面提到过的四种类型——戏剧，电影，曲艺，连环画。因此，赵树理的小说功能，实际是通过被改编的艺术形式来替代实现的。

与赵树理小说的平面传播相比，被改编的各种艺术作品则是一种立体展示。

① 赵勇：《完美的假定 悲凉的结局——论赵树理的文艺传播观》，《浙江学刊》，2001年第3期，第102页。

② 同上，第105页。

先说戏剧，赵树理只有极少数的几篇小说被改编成了话剧，如《小二黑结婚》《三里湾》，但改编的这两部话剧作品都不是很成功，影响也非常小。还有极少数小说被改编成歌剧，其中《小二黑结婚》是改编得最为成功的歌剧作品。与其失败的话剧改编完全不同的是，歌剧《小二黑结婚》取得了极大的成功，其影响范围之广大、影响时间之久远，都称得上是中国文艺史上极其罕见的现象。而赵树理小说被改编最多的戏剧形式还是戏曲——各种地方戏。《小二黑结婚》改编的地方戏有：豫剧、评剧、花鼓戏、上党梆子、武安落子、中路梆子、沁源秧歌、襄垣秧歌、武乡秧歌等。《登记》被改编的戏曲种类也很多，曾先后被改编为评剧、秦腔、眉户剧、沪剧、豫剧、粤剧、潮剧等剧种，被改编的次数甚至创下了纪录。其他如《三里湾》曾被改编为花鼓戏、评剧、粤剧，《李有才板话》曾被改编为襄垣秧歌，《传家宝》曾被改编为豫剧和河北秧歌，等等。

赵树理小说被改编成电影的只有两部作品，一是《小二黑结婚》，一是《三里湾》，但这两部电影改编得都比较成功，已然成为中国电影史上的经典作品。

与小说的平面传播形式的静态相比，戏曲和电影更富动感，在传递信息时声音、画面、文字俱全，使得受众接受起来更加便捷，也更容易增加受众在接收过程中的乐趣，更容易吸引人们的视觉注意力，也因此具有了更为强大的传播功能。

赵树理的小说还有很多被改编成了曲艺形式，如评书、鼓词、评弹等。如《小二黑结婚》相继被改编成了鼓词、弹词、快板等，并以通俗读物的名义通过书面形式出版，或通过现场演出或广播形式进行传播。高元钧曾多次在中央人民广播电台和北京人民广播电台演播山东快书《小二黑结婚》，朱琴香、高美玲演唱过弹词《小二黑结婚》，毕来作过快板《小二黑结婚》，刘天韵曾将《小二黑结婚》改编为弹词并演唱，吕白侍曾把《小二黑结婚》改编成鼓词，等等。除了《小二黑结婚》，赵树理的其他小说作品也有不少被改编成曲艺形式，比如，包明把《小经理》改编为新书词，王尊山把《传家宝》改编为鼓词，蔡连贵在北京人民广播电台播出过西河大鼓《传家宝》，陈灵犀把

《登记》改编为评弹《罗汉钱》，等等。

无论是借助书面的出版，还是通过主流媒体的传播，基于赵树理小说原著改编后的曲艺作品得到了大面积的普及，赢得了更多的爱好者。改编后的曲艺形式突破了小说书面形式对读者文化程度的要求，即便不识字的农村大众也可以依靠听觉领略到小说的魅力，并从中受益。也正是在这一过程中，曲艺独特的传播方式为赵树理小说的普及和经典化做出了贡献。

赵树理小说被改编的艺术形式中还有一种要特别提一下的就是连环画。赵树理凡是被改编的小说几乎都有连环画形式，如《小二黑结婚》，罗工柳、徐淦、米谷、贺友直、洪波、苗地等，都曾把它改编为连环画，有的甚至进行过多次改编，如贺友直就分别于1959年、1980年、1996年和2010年，四次绘作《小二黑结婚》。其他如《李家庄的变迁》，先后有荒烟和尚文、吴其柔改编的连环画作品。《登记》有洪岳、里柯改编，武德祖绘的连环画《结婚登记》，有杨兆麟编、胡柏华绘的连环画《罗汉钱》，还有周成正改编的连环画《罗汉钱》。《三里湾》有王补庆、田衣改编，毋振元等画的连环画作品。有些被改编的小说甚至只有连环画形式，如《福贵》（徐淦改编，古一舟、刘振邺等绘图）、《灵泉洞》（蔡传业、尚文改编，任伯宏、任伯言绘图）、《套不住的手》（钤广礼改编、尚君砺绘）等。

四、传播的接受对象

文艺大众的接受需求是艺术传播的重要因素。赵树理心中的文艺受传者即为处于农村社会的普通农民。他说："我每逢写作的时候，总不会忘记我的作品是写给农村的读者的。"[1]赵树理追求的是一种"文摊"文学的理想，在创作的技术、方法和手段上，都是为农村读者看与听这个总目标服务的，所谓的主题、感情、人物、情节、叙述和描写，莫不如此。赵树理曾经说，"我写的东西，大部分是想写给农村中的识字人读，并且想通过他们介绍给不识字人听的，所以在写法上对传统的那一套照顾得多一些"，"例如农民

① 董大中主编：《赵树理全集》第六卷，第163页。

在传统上也听评书，也听鼓词，也听识字人读章回小说或说唱脚本，也听口头故事，也唱民歌，也看戏；有创作才能的人，也把现实中的特殊人物、特殊事件加以表扬或抨击，加油加醋说给人听，编成歌曲到处传唱。这一切都是他们自在的文学生活，我究竟继承了什么呢？我以为我都照顾到了，知道了他们的嗜好，也知道这种自在文艺的优缺点，然后根据这种了解，造成一种什么形式的成分对我也有点感染，但什么传统也不是的写法来给他们写东西"[①]。"我也是尽量照顾群众的习惯：群众爱听的故事，咱就增强故事性；爱听连贯的，咱就不要因为讲求剪裁而常把故事割断了。我以为只要能叫大多数人读，总不算赔钱买卖。至于会不会因此就降低了作品的艺术性，我以为那是另一个问题。"[②]

尽管如此，但赵树理还是悲哀地发现："不久前我才明白了一件事，就是农民买书的机会很少。""工人、干部、学生都需要一部分，下到农村的就没几本了。"[③]"过去我写的小说都是农村题材，尽量写得通俗易懂，本意是让农民看的，可是我做了个调查，全国真正喜欢看我的小说的，主要是中学生和中小学教员，真正的农民并不多。这使我大失所望。"[④]打青年时代就立志为农民写作的赵树理，到头来却发现农民尚不具备基本的阅读条件。

解放前自不必说，即使是新中国成立后，虽然经过了识字运动，但广大群众尤其是农民对小说、诗歌、散文接触依然很少，最接近的是那些只需听和看就能懂得的艺术形式，如戏剧、曲艺、连环画。即使是戏剧，也并非京剧这一类大戏，而是老百姓喜闻乐见、随处可演的地方戏，甚至草台戏，即地方戏中的小戏，以及传统折子戏。赵树理本人也进行了这方面的努力，在他的作品中，小说只是少数，而且还是更接近曲艺的评书体小说（赵树理认为评书就是小说），戏曲文本则占了绝大部分。翻检他的全部创作，说唱类文体要多于他的小说，如快板、书词、相声、剧本，有的小说如《小二黑结

① 董大中主编：《赵树理全集》第四卷，第378页。

② 董大中主编：《赵树理全集》第三卷，第350～351页。

③ 董大中主编：《赵树理全集》第六卷，第180页。

④ 戴光中：《赵树理传》，北京：北京十月文艺出版社，1987年，第438页。

婚》发表时还特别注明为"通俗故事"。

正是由于赵树理作品独特的文本特点,也为了使赵树理的小说得到更为广泛的传播,赵树理小说的改编者们在进行改编时大多采用了更易为大多数受众接受的艺术形式。戏曲不必说,在我国已经有着悠久的历史,是中国老百姓喜闻乐见的艺术形式,可听可看,接受起来更加便捷;电影在中国虽然历史较短,但由于不受地域限制(如方言、唱腔)、不受场地限制(以前的电影大多是露天放映),其受众面更广;曲艺是说唱艺术,也是听觉艺术,接受者无须识字,只要能听即可;至于连环画,更是无论老幼妇孺、文化高低,只要视力正常,人人看之能懂。因此,通过改编,赵树理的小说内容被更多的群众所接受,有了更广的传播范围。

五、传播的具体内容

王卓异在《〈三里湾〉:多元冲突中的电影改编》一文中论述多元冲突对电影意义的形塑时说过这么一段话:

> 多变的政策方针、电影工作者的多样背景以及政治运动中的权力重组无不左右了电影改编的过程和结果。从对这些多元冲突的分析中可以看到,共和国早期的权力秩序一直在各种力量的斗争和制衡中震荡,这给政治文化语境带来了大量的不确定性。在高度流动的权力关系中,各级别的干部和领导,背景各异的电影工作者、批评家,不同地区、不同形式的发行放映单位,以及情况千差万别的观众等等,都不可能像"小螺丝钉"一样单纯受制于人,而是会以各自不同的形式向每一个具体的革命电影文本以至革命文化的整体性质和方向施加影响。每一部电影文本都会在这种多方博弈、多元冲突的变局中获得自己独特的构成和使用方式,从而产生复杂多样的意义。[①]

① 王卓异:《〈三里湾〉:多元冲突中的电影改编》,《文艺研究》,2013年第2期,第86~87页。

电影改编如此，其他艺术形式的改编同样如此。如果说有区别，只是影响的因素多少、影响的大小不同而已。在赵树理小说被改编的四种艺术形式里，电影改编表现得最为突出，其次是戏剧。相对而言，曲艺和连环画受影响较小，但同样也会因改编者个人的理解和表现风格的差异而存在着与原著或大或小的不同。

在同一篇文章中，王卓异就是以赵树理小说的《三里湾》被改编为电影《花好月圆》为例来说明这个道理的。王卓异认为，《三里湾》发表后，主流评论界普遍把这部小说看成是一部以合作化运动中社会主义与资本主义两条道路的斗争为主线的作品，赵树理本人也接受这种说法，但赵树理认为这种两条道路的斗争，实际上不是指意识形态层面上的暴风骤雨，而是通过细致平实的工作让农民看到，走正确路线能够给大多数人带来实际利益，从而逐渐发生思想上的转变。而这种农民看得到的实际利益，正是促使赵树理写作《三里湾》的原因。这样的表现，虽然也受到当时政治意识形态的影响，但还是比较符合当时的农村现实的，没有多少过分的夸大。但到了《花好月圆》里，由于时代政治发生了变化，在各种因素的影响下，电影通过叙事上的删减、转换和增添，加上电影独有的镜头语言，三里湾中的两条道路斗争就呈现为纯粹意识形态层面上的不可调和的敌我冲突了，赵树理在《三里湾》中所表现的渐进而实际的路线斗争变成了《花好月圆》中激进而夸大的路线斗争。

再如《小二黑结婚》，新中国成立前后的戏曲改编都与宣传新婚姻法直接有关，在各种戏曲作品里也就特别强化了贯彻新政权的政策法令和宣传政府颁布的新婚姻法的内容。话剧剧本结尾处的特别注明及1951年的重新上演，也都着重加强了宣传新婚姻法的意义。评剧直接以三仙姑逼迫小芹嫁给一个老地主的婚姻题材为蓝本，这一改变和故事原型以及小说的内容相差很大，也完全是为了配合宣传党的新婚姻政策而作。电影改编则是为适应阶级斗争的政治需要突出了二元对立的阶级矛盾。《小二黑结婚》的改编还受到《在延安文艺座谈会上的讲话》的影响，各种改编本正是依据讲话精神强调了其实用性和教育作用，担负了一定的社会功能和政治功能，并发挥了宣传和鼓动的作用。

小说《登记》在改编为沪剧《罗汉钱》时，甚至出现了政治领导的直接干预，整个改编过程，权力起到了重要作用，从剧本的改编到人物、角色的确定都由权力意志来决定，文化权力控制了全程的传播。

由于三晋文化中“实”的浸染，由于底层人生阅历中对“实”的体认，也由于最初文艺创作中为生计的实践，赵树理逐渐形成了重“实”利的价值观，无论是进行文艺创作，还是参加革命实践活动，他都把这种“实”利的追寻当成了自己最高的价值取向。正是在这种文艺价值观的基础上，赵树理把自己的目光投向乡村生活时，很自然地把农民的“实”利问题作为了他文学关注的核心。也正由此，在赵树理的笔下，我们看到的农民就是现实生活中求“实”利的农民，无论是深受封建思想毒害还未觉醒、背负着沉重历史传统的老一代农民，还是发生变化的年轻一代农民，甚至包括农村新人的形象。就拿赵树理笔下公认的农村新人形象为例，在赵树理的小说里，他们从来没有什么崇高的政治觉悟与远大的革命理想，在现实贫困的生活境遇中，他们的人生目标也十分简单，也非常务实。《小二黑结婚》中的小二黑和小芹只是因个人的婚姻自主受到金旺、兴旺兄弟的现实压迫后才与新政府发生了联系。《三里湾》中的灵芝在权衡有翼与玉生后，最终选择了“没文化”但却“创造了好多别人做不出来的成绩”的玉生。就连地主人物，固然具有许多革命语义所规定的许多反革命特征，但赵树理更注意揭示的是他们身上对“实”利的追逐性，即他们的反革命选择与其说是反革命立场的选择，不如说是对物质“实”利占有、囤积的一种心理性行为的表现。赵树理这种一开始写农民就已经把农民对“实”利的体验倾注到他笔墨下的价值取向，使赵树理与农民之间没有距离，也使赵树理成为一个真正能够了解乡村世界价值取向的“农民代言人”，这是生活在都市的知识分子所无法体验的。[①]因此，赵树理笔下的乡村世界更符合当时的农村实际，是一个符

① 郭文元：《对沉默者“实”利的坚守——论赵树理对农民的关注视角》，《重庆工商大学学报》（社会科学版），2004年第21卷第5期，第115～116页。

合当时时代特点的真实的乡村世界。

但到了各种改编作品中，除了上文提到的政治语境的影响外，还有改编者及全体主创人员甚至文艺领导者各种因素施加的影响，最终呈现给观众和听众的，与赵树理小说所表现的内容就有了或多或少的差异。如正面人物被拔高，小二黑不仅仅是一个敢于争取婚姻自主的新时代青年，更是抗日英雄，是敢于与黑恶势力勇敢斗争的进步青年的带头人；小芹也是积极参加抗日拥军工作的进步青年，不只是小说中所表现的争取个人幸福的女性形象；王金生在《花好月圆》中代表的是党的领导者形象，电影中使用了各种手法突出了其正确高大的一面。与此相反，反面角色则被丑化，如电影《花好月圆》中的范登高、糊涂涂等。即使是爱情描写，如果我们比较一下《三里湾》和《花好月圆》，就可以明显看出二者的不同。小说《三里湾》中的爱情，表现得朴实、含蓄，甚至略显简单，而到了电影《花好月圆》中，不是花前月下，就是卿卿我我，根本不是当时农村人的爱情，而是城里人的爱情，甚至是城里知识分子的爱情，是导演郭维理解的爱情。

可见，改编作品所表现的内容与赵树理小说原著所表现的内容是有区别的，一个是被主流意识形态整合后多元冲突而形成的乡村理想世界，另一个则是个人化叙事下的乡村真实世界。

当然，既然是改编，就应该允许"多个赵树理"的存在，在戏曲舞台、在影视屏幕上、在曲艺说唱中、在连环画册里，每个人都有解读赵树理的权利和自由，每个人都有解读赵树理的方法和标准，只是改编者要更多的从艺术的、审美的角度出发，少一些不符合艺术规律的其他干预就行了。

第十章 歌剧《小二黑结婚》在新世纪重新走红的文化意义

歌剧《小二黑结婚》自1953年1月首演于北京实验剧场以来，一直获得人们的喜爱，并影响了几代中国观众。它是继歌剧《白毛女》之后，又一部影响极大的中国民族歌剧，也是在中国最受欢迎的民族新歌剧之一。歌剧中的唱段《清凌凌的水蓝莹莹的天》，更是被后人作为独唱歌曲广为传唱。但遗憾的是，不知是何原因，20世纪60年代之后，歌剧《小二黑结婚》的完整版本就很少被观众看到了，而在1983年演了最后一场之后，便完全消失在中国歌剧舞台上了。

进入新世纪以来，经过近六十年风雨历程的民族歌剧《小二黑结婚》，又重新得到排演，并依然得到广大观众的喜爱，再续芬芳，再度走红。

2008年，为纪念马可诞辰九十周年，中国音乐学院开始复排歌剧《小二黑结婚》，由表演教研室主任陈蔚担任总导演。2008年底，音乐会版的《小二黑结婚》首先在中国音乐学院国音堂上演，得到了观众和专家的普遍认可。2010年5月，中国音乐学院应国家大剧院邀请参加歌剧季，歌剧《小二黑结婚》在国家大剧院小剧场上演，著名女高音歌唱家吴碧霞扮演小芹，中国音乐学院教师周强扮演小二黑，演员们为观众呈现了一台充满新意的演出，一连演了五场，场场爆满，应邀观看演出的老艺术家们非常满意。2011年，国家大剧院又邀请歌剧《小二黑结婚》进入大剧场，在戏剧场参加歌剧季，中国音乐学院为此下拨专项资金支持，扮演小二黑的演员也换成了著名男高音歌唱家王宏伟。经典民族歌剧《小二黑结婚》最终以完整的面貌重放异彩(以下简称学院版)。

晋城版歌剧《小二黑结婚》剧照，王小桃（中）饰演小芹

2011年7月，山西晋城职业技术学院师生为了纪念本地文化名人、中国现当代文学史上的著名作家、人民艺术家赵树理，同时也为了让更多的人了解赵树理家乡——山西晋城，复排了民族歌剧《小二黑结婚》。重排的民族歌剧《小二黑结婚》首先与晋城周边乡镇的农民见面。学院师生携剧下乡，得到广大农民朋友的认可与喜爱，此后，于晋城市、太原市等地相继演出，均是好评不断。后来，晋城职业技术学院请来中国评剧院导演韩剑英、中国民族乐团女高音歌唱家谢琳、国家一级作曲家任新等专家重新打磨此剧。2011年11月24日，《小二黑结婚》代表山西省参加首届中国歌剧节，一举荣获文化部颁发的集体演出奖、优秀导演奖、优秀表演奖等七项大奖。2012年4月5日至8日，《小二黑结婚》又在各界领导和专家的帮助下走进北京，分别在国家大剧院和天桥剧场连演四场，《清凌凌的水蓝莹莹的天》等经典唱段、别具风格的上党民曲和透过舞美灯光表现出来的秀美太行山川、民风民俗等成为观众的兴趣所至，热情的北京观众把最热烈的掌声送给了来自赵树理家乡的老师和学生（以下简称晋城版）。

时隔近六十年后，歌剧《小二黑结婚》重新走红，笔者以为，这其中一定有其独特的文化意义。

一、发展民族文化，增强文化自信

文化是一个民族的精神和灵魂。党的十七届六中全会通过《关于深化文化体制改革推动社会主义文化大发展大繁荣若干重大问题的决定》，做出进一步兴起社会主义文化建设新高潮的战略部署。十八大报告在全面建成小康社会的新要求中，专门强调“文化软实力显著增强”；在论述扎实推进社会主义文化强国建设时，提出要“建设面向现代化、面向世界、面向未来的，民族的科学的大众的社会主义文化”。文化的战略地位得到了进一步彰显，充分体现了我们党高度的文化自信。

所谓文化自信，是一个国家、一个民族、一个政党对自身文化价值的充分肯定，是对自身文化生命力的坚定信念。中华民族素有文化自信的气度，正是有了对民族文化的自信心和自豪感，才在漫长的历史长河中保持自己，吸纳外来，形成了独具特色、辉煌灿烂的中华文明。但同时我们也要看到，在对待自身文化的态度上，伴随着民族兴衰、国运沉浮，不时出现自卑自弃和自大自傲两种倾向，或多或少地对文化发展产生这样那样的影响。在这样的背景下，更加需要我们以理性、科学的态度进行文化的反思、比较、展望，正确看待自己的文化，正确对待别人的文化，充分认识中国文化的独特优势和发展前景，进一步坚定我们的文化信念和文化追求。[①]

歌剧《小二黑结婚》最突出的特点就是浓郁的民族色彩。内容上，它以中国革命为题材，描写了小二黑与小芹反对父母包办、争取婚姻自主，终于结合的恋爱故事，表现了解放区农村复杂的斗争生活，反映了民族的风俗习惯、性格、品德、心理、精神风貌等。艺术上，它汲取了山西民歌和“三梆一落”的音乐素材，广泛运用了戏曲板腔体手法；继承了民间歌舞的传统，在秧歌剧基础上，创造了新的民族形式，为民族新歌剧的建设开辟了一条富有生命力的道路。歌剧《小二黑结婚》克服了西洋歌剧唯唱工为重的传统，沿袭和继承了

① 云杉：《文化自觉 文化自信 文化自强——对繁荣发展中国特色社会主义文化的思考（中）》，《红旗文稿》，2010年第16期，第4页。

中国传统戏曲的故事性和完整性，与西洋歌剧相比，内容更为丰富，情节更为曲折动人，更符合中国人民群众的审美心理和情趣，更能赢得中国观众的心。20世纪五六十年代的演出证明了这一点，新世纪的重排重演同样证明了这一点。歌剧《小二黑结婚》首演距今已六十多年，在六十年之后，它的重排重演仍然受到那么多人的喜爱，让我们充分认识到，在这个经济全球化、文化多元化的时代，体现了非常鲜明的民族性特征的民族歌剧《小二黑结婚》，依然有着无穷的魅力，我们应当继续发扬和创作这种具有民族风格的艺术作品。正如学院版总导演陈蔚在经典民族歌剧《小二黑结婚》的继承与发展研讨会上所感触的那样："通过排这个戏，我个人受到一次中国歌剧的再教育。这部戏告诉我们，中国歌剧要树立自己的风格、树立自己的风骨。作为一个歌剧导演，我希望在中国歌剧多元化的进程当中，中国歌剧能够有属于自己的作品，无论是复排还是原创的作品。"[①]歌剧《小二黑结婚》在新世纪的重新走红给予我们最大的启示就是，在实现文化大发展大繁荣的进程中，我们应当保持文化的定力，对我们优秀的传统文化保持足够的自信。

二、传统经典还需进行现代转化

正如晋城老艺术家柏扶疏先生所言："21世纪的台下，虽然稀奇而喜悦地接受了那股'清凌凌的水'的清新，但美学胃口毕竟多元化了，蓝色浓了，科幻热了，加重了色彩，醉上了刺激。不考虑这些因素，即便是神圣的经典，芳香的泥土，同样会步入'死胡同'。"[②]歌剧《小二黑结婚》是20世纪50年代就改编而成的经典民族歌剧，距今已经六十多个年头，今天要重排重演，就必须考虑当今的时代因素和今天观众的欣赏口味。无论是学院版还是晋城版，新世纪的歌剧《小二黑结婚》都没有完全照搬原版，而是在许多方面都进行了改变和创新。

其一，适应现代生活的快节奏，减少角色数量，缩短演出时间。学院版

① 游暐之：《〈小二黑结婚〉——让中国歌剧接接地气》，《歌剧》，2011年第7期，第16页。

② 柏扶疏：《地方的 大众的 现代的——晋城职业技术学院排演歌剧〈小二黑结婚〉的点滴评析》，《太行日报》，2012年5月27日，第1版。

在剧本创作上，梳理老剧本，删减枝蔓，使整个故事重点突出，演出时间由原来的近三个半小时缩短为一小时四十分钟左右；[1]相应地，唱词也做了精简，由原来的三十九段之多，精简为二十五曲（其中还包括两段纯音乐乐曲）。晋城版的演出时间更是缩短到一小时十五分钟左右，人物角色也由原来的十多个精简到九个（群众演员除外），唱词更是精简到十九段（其中八段为新写唱段）。[2]

其二，适应现代人的审美观，充分利用现代舞台艺术手段，丰富舞台效果。学院版舞台呈现有新意，更具时代品位，也更具生活的意境；舞美采用了中国年画和线描的表现手法，使舞美设计既有写意风格，又具中国乡村趣味；舞台的灯光干净清澈；服装设计兼具原作风貌和喜歌剧风格。[3]晋城版更是充分利用现代舞台艺术手段与戏、歌、舞、乐相融合的大趋势，大量增加舞蹈演员、合唱演员，实施分区调度，营造氛围，打造气势，全剧从头到尾场面大、人气旺，歌中有舞，歌舞一体，气势恢宏，明显地增加了舞台艺术的厚重感，满足了观众的视觉享受。[4]

其三，适应现代人的欣赏趣味，精选演员，精心表演。学院版小芹的扮演者是著名女高音歌唱家吴碧霞，小二黑的扮演者是著名男高音歌唱家王宏伟。吴碧霞被称为“中国的夜莺”，她能用民族唱法和美声唱法演唱，并在国内外比赛中赢得过大奖，被认为是声乐界的奇观。她在歌剧中的演唱音色优美，既体现了乡音乡情，又带有时代性。王宏伟被誉为“新西部歌王”，第九届全国青年歌手电视大奖赛获专业组民族唱法金奖，曾参加中央电视台春节联欢晚会，演唱《西部放歌》。歌剧中王宏伟的演唱充满激情，同时又不失淳朴，正符合原剧中敢于追求自己幸福婚姻的青年小二黑形象。吴碧霞和王宏伟在当今乐坛拥有众多的粉丝，他们的加盟无疑会吸引更多的观众走进剧场。晋城版的主要演员基本上都是晋城职业技术学院

① 张婷：《小二黑“再婚”记》，《中国文化报》，2011年7月14日，第6版。

② 霍霍：《关于改编名著的思考和尝试》，《上党戏剧》，2013年第2期，第20页。

③ 同①。

④ 阎书广：《歌剧〈小二黑结婚〉这样火起来》，《上党戏剧》，2013年第2期，第17页。

的师生，虽然名气不大，但他们虚心学习，精心排演，力求与时俱进，同样受到了当今观众的欢迎。

其四，适应现代人对原生态的追求，渗透地方元素，还原浓香的“山药蛋”味道。看够了灯红酒绿的现代人，大多都有一种乡土情结，越是土气，越是原始，越是亲切，越是喜欢。学院版导演陈蔚说：“继承经典就要突显它的民族音乐原汁原味的特性，但是还是要在舞台上做出新意，比如此次的舞美设计就选用了大量乡村场景，通过不同景象的相互组合，展现出中国乡间的田野风情。”[①]除了舞台上还原了“山药蛋派”的意韵，学院版歌剧在音乐方面则选用了民族乐队伴奏，实现了完全民族化的风格。晋城版更是打造了太行山的乡土风味，无论是启幕时呈现的太行峡谷，还是第五场凸显的黄土高坡；无论是三仙姑家的香案神像，还是二诸葛家的窑洞火炕，再加上在全国颇有影响、人们耳熟能详的《亲圪蛋下河洗衣裳》等山西民歌，无不展现出太行山独特的自然景观和民俗风情。

三、独特的名片意义

小说《小二黑结婚》最初被改编成歌剧，是1953年由中央戏剧学院的师生完成的，其策划者马可当时是中央戏剧学院歌剧系主任，他亲自领衔，担当歌剧作曲，最终完成了歌剧《小二黑结婚》的创作，而这部歌剧也成了中国歌剧史上里程碑式的作品，被看作是中国民族歌剧的经典作品之一。中国音乐学院成立后，马可担任了副院长，也把歌剧《小二黑结婚》带到了中国音乐学院。这次复排《小二黑结婚》，原因之一就是为了纪念马可，马可算得上是《小二黑结婚》的“亲娘”了。当然，之所以选择《小二黑结婚》，除了因为该剧是马可的代表作之一外，也是因为该剧是中国音乐学院历史上的歌剧代表作品之一，因作品在中国歌剧史上的突出地位而已然成为中国音乐学院的一张名片，代表了学院当年的辉煌。因此，本次复排，中国音乐学院完全拿出了“娘家人出头”的架势，选用了强大的阵容来组织排演，其

① 雅因：《山药蛋味道仍然浓香》，《中国文化报》，2010年4月20日，第8版。

目的正如导演陈蔚所说:“我希望把中国歌剧的种子不遗余力地传给学生,不单要传给他们作为一个歌剧演员的技能,更要传给他们作为一个歌剧工作者的思想境界。同时,我更希望《小二黑结婚》作为中国歌剧的一个经典和中国音乐学院的品牌,能够一直‘结婚’下去。”①

其实,要说“娘家人”,晋城才更为名副其实。歌剧所依据的小说原著《小二黑结婚》的作者赵树理,是一个土生土长的晋城人,小说的故事就取材于当地附近的一个真实事件,因此晋城职业技术学院的师生正是以赵树理同乡人的身份排演了这部歌剧,其目的一方面是为纪念本地文化名人赵树理,另一方面也是通过歌剧的演出使更多的人了解赵树理家乡——山西晋城特有的地域风情、文化内涵、音乐特质、语言元素,使更多的人认识晋城、走近晋城。可见,排演这样一部歌剧,既能够传承经典,又能够树立晋城的文化形象,可谓一举多得。在2013年晋城召开的两会上,市政协委员司芳琴在分组讨论中就提出建议:将民族歌剧《小二黑结婚》打造成晋城市的特色旅游项目!将歌剧《小二黑结婚》打造成晋城新名片!司芳琴就此罗列了六大理由,认为《小二黑结婚》等文艺作品是浓缩了几代人的优秀传统剧目,也是晋城精神的体现。作为晋城人,我们要把得天独厚的文化资源优势转化为产业优势和发展优势,让晋城文化焕发出新的生机和活力。②

四、赵树理当年的创作理念对当今的艺术创作仍有着现实意义

歌剧《小二黑结婚》是根据赵树理的同名小说改编而成的,原小说典型地体现了作者赵树理的创作理念。改编后的歌剧,仍然保留了小说文本的艺术风格,而正是保留的这些风格,成为无论是当年还是当今观众喜爱的重要原因,也是重排重演的歌剧《小二黑结婚》之所以获得成功的主要因

① 张婷:《小二黑“再婚”记》,《中国文化报》,2011年7月14日,第6版。

②《市政协委员司芳琴建议:将歌剧〈小二黑结婚〉打造成晋城名片》,《太行日报·晚报版》,2013年3月29日,第6版。

素。因此，赵树理当年的创作理念在21世纪的今天或许并不过时，依然能给我们一些有益的启发。

（一）文艺作品必须贴近生活，连接地气，才会具有长久的生命力

坚持先进文化的前进方向，使文艺创作贴近实际、贴近生活、贴近群众，这是文艺创作所遵循的道路，也是实现文艺为人民服务、为社会主义服务的根本途径。生活是文艺创作的源泉。离开了生活，创作就成了无源之水，无本之木。但是，我们必须看到，如今的艺术创作，脱离实际、脱离生活、脱离群众的现象比较普遍，有时甚至达到了使观众愤怒的程度。

而歌剧《小二黑结婚》则是连接地气的好作品，这一点也正是其能获得成功、受到欢迎的重要原因。在晋城版歌剧《小二黑结婚》的座谈会上，许多专家都提到了这一点。南京艺术学院年轻的副教授满新颖认为，歌剧《小二黑结婚》能够获得成功首先得益于创作者根植于人民、根植于群众，因而能在过了半个世纪以后仍然赢得现在观众的青睐。中国国家话剧院舞美设计周英认为，山西晋城排演的歌剧《小二黑结婚》能够获得巨大成功，是因为晋城职业技术学院的师生站在了赵树理的肩膀上，而赵树理是一个贴近现实、贴近群众的基层作家。原总政歌剧团团长、中国歌剧研究会主席王祖皆认为，歌剧《小二黑结婚》能够演出成功，原因在于它的生活气息非常浓厚，具有很广泛的群众性。这种群众性第一得益于赵树理长期在农村生活，因而他的小说群众基础非常深厚；第二得益于当时的创作人员具有非常严肃的创作态度。田川、杨兰春他们曾经亲自到山西省太行山一带去体验生活，因而在忠实于生活的基础上创作出歌剧《小二黑结婚》，贴近了老百姓，有着广泛的群众基础，最终为老百姓所喜闻乐见。[①]中央歌剧院原院长刘诗嵘在看了歌剧节的演出后评价说：这次很受欢迎的歌剧《小二黑结婚》，它的原著作者的生活底子很厚，赵树理是山西人，非常熟悉

① 张春娟：《民族歌剧的永恒魅力——歌剧〈小二黑结婚〉座谈会综述》，《歌剧》，2012年第6期，第20页。

那里的农村生活。正是因为作品的生活基础非常厚，所以就经得住推敲。通过这部戏，我们也可以看出一些新创作的作品，哪怕是描写现代生活的，生活的底子不行，作品的震撼力就不够了。[①]

（二）“老百姓喜欢看”仍应是艺术作品追求的目标

赵树理的创作思想和文学主张可以概括成两句话：“老百姓喜欢看，政治上起作用。”早在20世纪30年代初，赵树理就“发下宏誓大愿，要为百分之九十的群众写点东西”[②]，做一个专写通俗化小册子的“文摊文学家”。凭着他终生的探索和奋斗，赵树理最终实现了自己的文学理想。他的小说一经出版，就受到广大普通老百姓的欢迎，尤其是《小二黑结婚》，更是一版再版，供不应求。赵树理说：“只要能叫大多数人读，总不算赔钱买卖。”

歌剧《小二黑结婚》继承了原小说的通俗化、大众化风格，同样受到了广大普通老百姓的欢迎，其在新世纪之所以能够重新走红，原因之一就是老百姓喜欢看。在看了晋城版的歌剧《小二黑结婚》后，许多专家学者都特别指出了这一点。首届中国歌剧节评委会召集人之一、原中央民族乐团团长顾夏阳认为，歌剧的定位，其一为殿堂艺术，其二为百姓艺术。有些歌剧创作水准确实很高，但未必是百姓喜闻乐见的。他说：“歌剧《小二黑结婚》的故事很生活，表演很质朴。该剧虽然没有绚丽的舞美灯光、没有明星大腕，但依然赢得观众的青睐。当然，此剧原本底子就好，这是基础。只有了解观众、了解社会、了解生活，根据百姓喜好创作，才能使作品真正获得群众认可。”[③]中国歌剧研究会副秘书长王道诚说：“不管歌剧还是音乐剧，立足点都应该是让人看得懂，听得懂。好看好听，这就是我对歌剧、音乐剧的标准。歌剧《小二黑结婚》之所以受欢迎，就是因为它的剧本和原创音乐都很美、很亲切。”湖南省歌舞剧院一级作曲刘振球指出：“这次《洪湖赤卫队》

① 丁子：《〈小二黑结婚〉为何受欢迎》，《中国文化报》，2012年3月26日，第8版。

② 黄修己编：《赵树理研究资料》，第30页。

③ 夜如墨：《清凌凌水蓝莹莹天——记民族歌剧〈小二黑结婚〉》，《中外文化交流》，2012年第5期，第21页。

和《小二黑结婚》那么受欢迎，就再次证明了作品本身的魅力能够让它常演不衰。所以，我们一定要根据国情，满足老百姓的喜好。各个方面的实验都可以做，但最后要落实到老百姓喜不喜欢看、喜不喜欢听。”[①]

（三）雅而俗，俗而雅，优秀的文艺作品应该是雅俗共赏

我们现在都知道，为了让普通老百姓特别是广大农民能够看懂和听懂，赵树理的创作从20世纪30年代开始，就一直追求通俗化、大众化的艺术风格，为了实现这一目的，他在创作中主要采用了中国传统和中国民间的文学形式和表现手法。在赵树理看来，歌剧显然是一种洋玩意儿，是大城市里少数知识分子才能欣赏的所谓高雅文化，它与普通老百姓是无缘的。正因为如此，当歌剧《小二黑结婚》剧本执笔者田川、杨兰春拿着初稿兴致勃勃去拜访赵树理请他做指导时，被赵树理当头浇了一盆冷水：“你们艺术学院的洋学生，搞不了我那个土玩意儿！新凤霞改成了评剧，在前门已经演了一年多了，你们的本子要是能演一年多，你们就改。先把本子放在这儿吧！”但当赵树理认真地看了一遍剧本后，觉得还不错，而后就亲自跑到中央戏剧学院来谈进一步的修改意见了。之后，赵树理还给歌剧创作者提出了两条建议：一是让他们到《小二黑结婚》的故事发生地——山西太行山区农村体验生活，二是将民间戏曲融入歌剧创作中。经过半年的不断修改，歌剧本的《小二黑结婚》最终得以定稿，并成功排演。赵树理对歌剧《小二黑结婚》非常满意，尤其是对一些演唱的歌词内容和旋律大为欣赏，他称赞这是一部“土中带洋”的好作品，既符合老百姓的审美需求，又契合了新唱法的需求，是一部非常有味道的作品，一定能够吸引更多人的眼球。[②]事实上，正如赵树理所说，歌剧《小二黑结婚》因其生动的故事情节、朴实的生活气息、鲜活的人物形象一下子在全国范围内引起了轰动，无论是在城市，还是在农村，经典的旋律响彻大街小巷。

---

① 丁子：《〈小二黑结婚〉为何受欢迎》，《中国文化报》，2012年3月26日，第8版。

② 杨永华，周田坤：《经典歌剧〈小二黑结婚〉的幕后故事》，《党史纵横》，2011年第8期，第43页。

那么，是什么原因让赵树理由反对到同意并进而大加赞赏呢？笔者以为，起初的未看剧本就表示反对，可能来自赵树理对歌剧这种洋玩意儿的本能抵触情绪。赵树理文学观中的一个重要特色是既不同于古雅艺术，也有别于新雅艺术，与洋味艺术更是隔膜甚深。因此，赵树理在面对中西艺术传统时，对古代士人文化文学传统、五四以来的新文人文化文学传统及西洋文化文学自觉不自觉地做了不同程度的趋避。后来之所以又同意了，则应该是被剧本中通俗生动的道白和唱词打动了，赵树理欣赏的正是其与原小说一致的通俗化、大众化风格。“歌剧作者忠于原著精神”，“剧词与剧诗生动通俗，风趣的戏剧情节和充满精彩的群众语言”，“在语言上，歌剧的对白是提炼过的大众化口语，自然、淳朴，常使用民间谚语、俗语或歇后语”，再加上音乐上歌剧采纳了赵树理的建议，“吸取了山西民歌和山西梆子等戏曲音乐的创作手段和语言”，使得《小二黑结婚》这部歌剧作品真正实现了“古为今用”、“洋为中用”这一开放的歌剧现代化的创作思路，成为一部“土中带洋”、“洋中带土”、雅俗共赏的好作品。[①]

学院版导演陈蔚希望《小二黑结婚》作为中国歌剧的一个经典和中国音乐学院的品牌，能够一直“结婚”下去。晋城有识之士建议，要将歌剧《小二黑结婚》打造成晋城新名片。可见，歌剧《小二黑结婚》具有永恒的艺术魅力，“人民艺术家”赵树理也具有永恒的文学史价值！

---

① 尹雪峰：《感悟中国民族歌剧的真谛——走进〈小二黑结婚〉》，《戏剧文学》，2010年第5期，第79页。

附一　赵树理小说改编一览表[1]

表一:《小二黑结婚》改编一览表

改编时间	艺术形式	改编者	出版社或演出地点	备注
1943年7月	秧歌剧	李森秀、李琪鸣	山西襄垣	
1943年秋天	秧歌剧	张万一	不详	
1947年春节	秧歌剧	新华剧团	山西阳城	
1947年12月	鼓词	宋镜容	东北书店	通俗文艺丛书
1948年7月	话剧	于村	北平(上演)	六幕
1948年11月	喜剧	王逸	香港孔圣堂演出	三幕
1948年	歌剧	人民剧社二队	晋绥军区	
1949年6月	山东快书	高元钧、何慢	山东演出	后在《文汇报》发表
1949年6月	弹词	朱琴香等	不详	后在《文汇报》发表
1949年7月	快板	毕来	香港	次年由新华书店出版
1949年12月	木刻连环图画	罗工柳	晨光公司	书名为《李有才·小二黑》
1950年2月至3月	评弹	李隆基	上海	
1950年3月	电影	黄若海	香港大光明影业公司拍摄	10月开始在北京上映
1950年4月	评剧	曹克英	东北文艺出版社。1950年7月25日晚,新凤霞领导的凤鸣社在长安剧院开始演出	
1950年11月	连环画	洪波、苗地等	人民美术出版社出版	
1950年12月	歌剧	曹克英、贾容阅、徐汲平	山西	十六场
1950年	弹词	刘天韵	1963年编入《群众演唱小丛书》	由刘天韵亲自演唱
1950年	琴戏	青岛文联文工团	《青岛广播》第22期载有全部曲文	
1950年	(新)川剧	马淑娴	重庆群众剧院上演	

① 此表主要依据1994年北岳文艺出版社出版的董大中《赵树理年谱》整理而成。

表一:《小二黑结婚》改编一览表(续)

改编时间	艺术形式	改编者	出版社或演出地点	备注
1951年1月	歌曲(剧)	高介云、张万一	《人民音乐》上发表,1955年天津通俗出版社出版	马可作曲
1951年4月	鼓词	吕白俦	山东人民出版社出版	
1951年4月	连环画	徐淦改编,洪波、丁鱼、苗地、皮知先、杨伯达绘图	大众图画出版社出版	
1952年4月	讲唱戏(曲)	王伯俊	由四川南充市实验剧团演出,川北人民出版社出版	
1952年6月	日本戏	京都大学学生	日本	
1953年春节(2月)	粤剧、潮剧	秦似	广西人民出版社出版	
1953年4月	歌剧	中央实验歌剧院	北京(演出)	
1953年12月	豫剧	河南省实验剧团	开封(演出)	
1954年2月	蒙文连环画册		民族出版社出版	
1954年9月	新编歌剧		山西人民歌舞剧团在太原演出	
1954年9月	评剧		中国评剧团在北京中和剧院演出	
1954年10月	歌剧	张万一等	山西人民歌舞剧团在太原演出	六场
1955年4月	歌剧	高介云、张万一	天津通俗出版社出版	
1955年8月	眉户剧	浦雁	长安出版社出版	
1955年9月	连环画	米谷	美术读物出版社出版	
1957年1月	歌剧	中央戏剧学院歌剧系集体改编	中国戏剧出版社出版	五场
1957年	蒲剧		晋南蒲剧团	《赵树理年谱》未记
1958年9月	花鼓戏	湖南邵阳花鼓戏剧团艺委会	湖南人民出版社出版	
1960年	连环画	贺友直	1961年上海人民美术出版社出版	分格年画的形式,《赵树理年谱》未记
1963年1月	豫剧	田川、杨兰春	河南人民出版社出版,1979年再版	七场
1964年1月	电影	石一夫、干学伟	北京	1965年完成并发行

表二:《登记》改编一览表

改编时间	艺术形式	改编者	出版社或演出地点	备注
1950年	各种地方戏		少数剧本得以出版	大都易名《罗汉钱》
1951年9月	连环画	洪岳、里柯改编,武德祖绘图	人民美术出版社出版	易名《结婚登记》
1951年12月	评剧	端木蕻良	《说说唱唱》第24期,1953年2月宝文堂书店出版	易名《罗汉钱》
1952年5月	秦腔、眉户剧	甘肃人民出版社编辑部	甘肃人民出版社	是否易名不详
1952年10月至11月	沪剧	上海市文化局编审科	1955年9月编入《华东地方戏曲丛刊》,由新文艺出版社出版;同年12月,由上海文化出版社编入《戏曲小丛书》出版;1959年11月由中国戏剧出版社出版,又载《戏曲选》第2卷	易名《罗汉钱》,1959年11月又由上海文艺出版社出版
1952年12月	连环画	杨兆麟编,胡柏华绘	美术读物出版社出版新版本	易名《罗汉钱》
1952年	剧本	苏南文化事业管理局审定		易名《太平钱》
1952年	豫剧	周孝武	河南人民出版社出版	易名《罗汉钱》,1963年再版
1953年2月	豫剧、河南梆子		河南人民出版社出版	易名《罗汉钱》
1953年4月	粤剧	广东粤剧团编导室	人间书屋出版	易名《罗汉钱》
1953年7月	秦腔、眉户剧	王槐蔚	长安出版社出版	易名《罗汉钱》
1953年12月	眉户剧	陕西省眉户剧团	西北人民出版社出版	易名《罗汉钱》
1954年3月	评剧	宗华	华北人民出版社出版	易名《罗汉钱》
1954年7月	评剧	李凤阳	宝文堂书店出版	易名《罗汉钱》
1954年9月	曲艺		北京曲艺团在北京前门曲艺厅演出	易名《罗汉钱》,魏喜奎主演
1954年11月	沪剧	上海市文化局创作研究室	作家出版社出版	易名《罗汉钱》

表二:《登记》改编一览表(续)

改编时间	艺术形式	改编者	出版社或演出地点	备注
1954年12月	评剧	中国戏曲研究院	载《评剧丛刊》第九集,后由通俗读物出版社出版	易名《罗汉钱》
1954年12月	歌剧	湖北省地方歌剧团	湖北人民出版社出版	易名《罗汉钱》
1956年1月	秦腔	王槐蔚	修订本由长安出版社出版	易名《罗汉钱》
1956年3月	评弹	陈灵犀	编入《戏曲小丛书》,由上海文化出版社出版	易名《罗汉钱》
1957年9月	连环画	周成正	中国电影出版社出版	易名《罗汉钱》
1957年	沪剧		戏曲艺术片《罗汉钱》拍成	
1959年3月	评剧	吴坚等	宝文堂书店出版	易名《罗汉钱》
1959年	沪剧《罗汉钱曲谱》	宗华等作词,刘如增编曲	上海文艺出版社出版	易名《罗汉钱》
1963年	湖北地方歌剧	湖北省实验歌剧团	湖北人民出版社出版	易名《罗汉钱》

表三:《三里湾》改编一览表

改编时间	艺术形式	改编者	出版社或演出地点	备注
1956年11月	话剧	宋词	江苏人民出版社出版	
1957年3月	电影	郭维	剧本发表在《中国电影》1957年6月号,电影于1958年上映	易名《花好月圆》
1957年4月	连环画	王补庆、田衣改编,毋振元等绘图	上海人民美术出版社出版	
1957年8月	评剧	江风、高琛、薛恩厚	中国戏剧出版社出版	
1958年4月	湖南花鼓戏	许在民	湖南人民出版社出版,又由中国戏剧出版社出版、宝文堂书店出版(本年11月)。其修订本1962年由湖南人民出版社出版	
1958年12月	粤剧	广东粤剧团艺术室	编入《粤剧丛刊》,由广东人民出版社出版	根据湖南花鼓戏演出本改编
1959年6月	评剧	江风等	中国戏剧出版社出版	
1964年1月10日	评剧	江风、高琛	《农村文化通讯》第1期介绍的春节演唱、宣传材料	改编部分章节,剧名《袁天成革命》
1964年3月	评剧	江风等	编入《北京市戏曲剧目选》,由北京出版社出版	

表四：其他小说改编一览表

小说原著	改编时间	艺术形式	改编者	出版社或演出地点
《李有才板话》	1943年冬	多幕秧歌剧	襄垣农村剧团	山西
	1948年9月	影词	胡青	东北书店
《李家庄的变迁》	1950年3月3日之前	评弹	潘伯英	
	1950年10月9日	连环画	荒烟编绘	北京《新京报》连载，次年4月6日载完
	1961年	连环画（上册）	尚文、吴其柔改编，孙铁生绘图	上海人民美术出版社
	1963年	连环画（下册）	尚文、吴其柔改编，孙铁生绘图	上海人民美术出版社
	2012年	连环画（上、下册）精装本	尚文、吴其柔改编，孙铁生绘图	上海人民美术出版社
《福贵》	1950年12月	连环画	徐淦改编，古一舟、刘振邺等绘图	人民美术出版社出版，次年4月又有北京大众图画出版社出版
	1951年	泰文话剧	泰国作家兼导演奈素越·哇啦里洛	泰国上演
《传家宝》	1949年9月	戏剧	冀中十一分区地委文艺工作团集体改编	在冀中上演
	1949年10月20日至22日	剧本	黄宗英、吴茵、程漠	上海《大公报》连载
	1949年12月下旬	秧歌剧	石家庄专区文工团	河北联合出版社出版
	1950年4月20日	鼓词	王尊三	《说说唱唱》第4、5期连载
	1950年8月2、3日	西河大鼓	蔡连贵	在北京人民广播电台播出
	1965年	豫剧	所云平、王景中	河南人民出版社出版
《小经理》	1949年11月22日	连环画	宋肖虎	《浙江日报》连载
	1950年	鼓词	赵树理	
《邪不压正》	1949年	鼓词	不详	
《考神婆》	1950年	录音段子		7月27日起中央广播器材厂录制
	1963年	唱词集	中国戏曲家协会编	农村读物出版社出版
《灵泉洞（上）》	1962年	连环画	蔡传业、尚文改编，任伯宏、任伯言绘图	上海人民美术出版社出版
《套不住的手》	1962年	连环画	铃广礼改编，尚君砺绘图	河北人民美术出版社出版

附二　赵树理与晋东南地域文化研究[1]

一方水土养一方人。晋东南养育了赵树理，也成就了赵树理。赵树理出生于晋东南的沁水县，一生中的大部分时间工作生活在晋东南地区。在他身上，散发着无比浓烈的晋东南文化的芳泽。晋东南地域文化不仅铸就了赵树理的人格精神，也影响了他的全部创作。正是赵树理作品中浓郁的地方色彩给五四后的中国新文学带来一股清新的气息，并开创了中国现当代文学史上一个独特的流派——“山药蛋派”，也使赵树理成为中国文学史上一位里程碑式的人物。

一、晋东南地域文化影响下的赵树理人格精神

赵树理饱受晋东南地域文化的熏陶、浸染，潜移默化，他陶醉其中，并且过分溺爱甚至痴迷于这种文化，形成了其独特的精神特质，这就是晋东南地域文化所养育的求实、求真、淳朴、倔强、坚韧不拔、威武不屈，为了人民的利益不惜牺牲自己生命的人格精神。

（一）赵树理的人格精神之一：求实

晋东南地域文化中山的厚重感化了这一地区的一代又一代的人民。在赵树理身上最突出的就是求实的人格精神。

赵树理的求实，首先表现在他敢说真话上。其爱人关连中曾这样说赵

---

①《赵树理与晋东南地域文化研究》为2010年山西省社科联重点课题，课题编号：2010128。此文为课题结题报告。

树理:“老赵就是太实惠,太死心眼,信奉什么,一条道跑到黑。”[1]其小儿子三湖也曾回忆说,赵树理在“文化大革命”中曾多次讲道:“近年来,我几乎没有写什么,因为真话不能说,假话我不说,只好不写。”[2]20世纪60年代中国作协在大连召开农村题材短篇小说创作座谈会,这个会后来被称之为说真话的会议。赵树理在会上多次发言,反思我国农村工作中的种种错误,他对统购以后越贴越窄的实际状况,敢于发出“人把日子过成这样,就没有情绪生产”的呼声。在这次会议上,赵树理对农村生活实情所说的真话和他几年来创作上不随风倒的精神,受到了高度的评价。

这种精神不仅体现在他的做人上,也体现在他的创作中,赵树理始终遵循现实主义创作原则。其一,他绝不写自己不熟悉的题材。其二,他的创作是为解决问题而写,因而其小说常常被称为问题小说。其三,他的文学创作必要时候可以让位于实际工作,即典型的重利轻文的思想。其四,他作品中的景物描写大多是白描。

(二)赵树理的人格精神之二:求真

赵树理的求真主要表现在他所具有的一身正气。

当常文郁介绍赵树理入党时,赵树理找到王春说:“入党可以,但不能绝对服从党的命令,只有我认为合理的命令我才接受。”[3]言外之意,所谓合理就是正确的意思。随即王春给他指出来,说不能那样想,对党就要绝对服从。赵树理对王春是言听计从,也就放弃了原来的想法。但作家一旦清醒地认识到共产党就是真的化身时,他便不折不扣地跟着党走,毫不怀疑。

但政治有时相当复杂,当政治正确时,赵树理当然是满腔热情地紧随其后为其呐喊,而当政治出错时,赵树理则能保持清醒的头脑,尽可能地不为其所左右,显示出不趋炎附势求真的高贵品质来。“大跃进”时期,赵树理毅然向《红旗》杂志写了万言书《公社应该如何领导农业生产之我见》,对时

---

① 李士德:《赵树理忆念录》,长春:长春出版社,1990年,第4页。

② 同上,第310页。

③ 董大中:《赵树理评传》,天津:百花文艺出版社,1986年,第30页。

局发表了石破天惊的尖锐看法，以致后来惨遭迫害，付出了生命代价。20世纪50年代到20世纪60年代，当全国都掀起了浮夸之风时，农民出身的赵树理清醒地看到这股坏风气给农民带来的苦难，写下了《套不住的手》《实干家潘永福》《"锻炼锻炼"》这样的篇章，委婉含蓄地倡导实干精神，以表达自己的真实意愿。随着政治气氛的日益紧张，在真话说不得、假话不想说的复杂心态下，赵树理宁可辍笔不写，也绝不进行赶时髦的创作。"文化大革命"时期，赵树理威武不能屈，临终之前仍手书毛泽东《卜算子·咏梅》词以明志。

（三）赵树理的人格精神之三：淳朴热情

据王春在《赵树理是怎样成为作家的》一文中说："他家原先种着十来亩地，但地上都带着笼头，就是说举地指债，到期本利不齐，债主就要拿地管业。从有他到抗战开始的三十年间，他的家和他自己是一直呻吟在高利债主的重压下的。"[①]对此赵树理自己也承认过，在《挤三十——农村旧话之一》一文里，作家记述了他为债主所逼的苦况："我是被债务挤过十几年的，经我手写给债主的借约（有自己的，也有代人写的），在当时，每年平均总有百余张，其中滋味，有非今日青年所能理会者。"[②]可见他家中的生活情况有多么艰难。

正是这样的生活体验，让赵树理养成了一种淳朴热情的人格精神。赵树理身上的淳朴体现在他的衣食住行上，体现在他在农民朋友们面前不摆领导架子、与农民朋友们和睦相处上。无论走到哪里，他都是一身农民打扮。1949年，赵树理被选为全国文联常务委员、中华全国曲艺改进会筹备会副主任委员和全国文协常务委员。赵树理离开了他那落后贫穷的小山村来到了北平，但赵树理仍然穿着农民的服装去逛天桥。和农民在一起，他没有当领导的架子，和农民一样下地干活，社员干啥他干啥，放下杈子拿扫把。场上没人记账他记账，没人打算盘他来打，有时候场子里有小孩调

① 董大中：《赵树理评传》，天津：百花文艺出版社，1986年，第12页。

② 董大中主编：《赵树理全集》第六卷，第62页。

皮打闹，影响大人做活，他不但不打骂，反而把他们叫到一边给他们讲故事，猜谜语，甚至休息的时候，还给农民朋友们来一点笑料。1957年，赵树理又一次来到晋东南，农民们的生活水平比以前有所提高，他在普通百姓家吃饭，社员们总是另外给他做好饭好菜，但都被他一概谢绝了，社员吃什么他吃什么。那年秋天回到家乡，刚走到村口就听人说，社员们正在修水库，他立即放下行礼，直奔水库工地，和社员们一起抡镐头、拉平车。不仅如此，这种优良品质还体现在他的作品中。在他的作品《李有才板话》中所写到的小字辈农民就大都具有这样的传统美德。小元受恒元、广聚等人整治，被派往县里受训，家中老母亲无人照看，于是这些小字辈们就伸出了援助之手，小明、小顺、小保等一伙人到小元家帮他家干农活，照顾他的老母亲。此外，在《邪不压正》《灵泉洞（上）》等作品中也有相似的情节。

（四）赵树理的人格精神之四：倔强

赵树理的倔强首先表现在他的艺术追求上。他一生都在文艺大众化的道路上辛勤耕耘。从他刚开始写作之时，便立志要做一个"文摊文学家"，创作出农民自己能够读得懂、看得懂的通俗文学来，堪称是继鲁迅五四时代第一次白话小说革命之后，所出现的第二次通俗小说革命。为此，他用自己的一生努力实践着，并且取得了巨大成就，最终成为中国20世纪文学中里程碑式的人物。

赵树理的倔强还表现在他无法更改的乡土习性上。赵树理十一岁入村私塾，十二岁辍学在家，随父习农活，此时正是他求知欲极浓的阶段，赵树理积极地汲取着民间乡土文化的养料。如在《与青年谈文学》中，谈到他儿时对地方戏从内容到形式上的爱好；在《新食堂里忆故人》一文中，谈到村上一家姓吕的，"非常爱好民间音乐，八音会的乐器长期存在他们家"，赵树理本人的"爱打打锣鼓大半也是在他家学会的"，赵树理还在这个村里人聊闲天的场所经常听到各种故事、传闻等。这些对养成赵树理的乡土性情、眼光、心态、语言和趣旨都具有重要意义。

在赵树理身上，乡土习性的难以更改，不仅体现在他本人明确意识到并执意固守的诸如“吃小米和爬山”的生活习惯上，而且还常常体现在他自己并未明确意识到的一些生活小事上。如买香烟，赵树理只买价格为单数的香烟等。

乡土习性不仅体现在生活琐事上，还明显地反映在作家的审美偏好上。最突出的就是赵树理对家乡上党梆子的偏爱，甚至最后发展成一种地方偏见，对其他剧种和唱腔产生了本能的排斥，如对芭蕾舞以及美声唱法的非议等。

这种偏见一定程度上妨碍了作家去熟悉、了解、表现异于山西乡土的其他生活的内容，赵树理在北京时就曾想去了解工人的生活，写工人的生活，但最终都以失败而告终。最终他明白“如果去写山西乡村之外的生活，是‘舍己之田，耘人之田’”[①]。

此外，赵树理的倔强还表现在他笔下的人物塑造上。如《灵泉洞(上)》中的金虎娘性格刚强，《李家庄的变迁》中的二妞，性格则更为刚烈、倔强等。

二、赵树理小说与晋东南地方的乡村政治风情

赵树理小说没有写革命斗争中的风云人物，他写的只是在革命势力推动下那些被动接受的乡村人；赵树理小说也不去写革命斗争中尖锐的矛盾冲突，他所关注的是看似平静的乡土生活下的人们面对推动自己去抗争的力量的表现。赵树理小说创作是和中国农村土改同步展开的，从最初的根据地土改，到新中国成立后的农村社会主义改造，赵树理既是亲历者，也是旁观者和宣传者。在他的笔下没有宏大的叙事，没有尖锐的斗争，也没有血雨腥风的风云突变，有的只是一座村庄、几户人家，三两个人物面对革命的忐忑。他用轻巧的笔锋触到了老百姓柔弱的心底，用素朴的语言，用一个亲历者的心态，写出了他生活的地域特有的政治风情——晋东南地方的乡村政治风情。

① 朱晓进：《“山药蛋派”与三晋文化》，长沙：湖南教育出版社，1995年，第245页。

（一）独特的晋东南村落政治形态

晋东南学者冯潞曾经说过这样的意思：晋东南是山地中国的一个缩影，其中起伏多变的地势、崎岖不平的地形，产生了独特的文化内容。赵树理在其小说《盘龙峪》中是这样介绍盘龙峪这个晋东南村庄的："没有进过山的人，不知道山里的风俗。盘龙峪这个地方，真算是个山地方了：合四十多个庄落算一里，名叫盘龙里，民国以来，改为一个联合村。北岩是这一里中的最大村——虽不过有三百余户人家，但在这山中就不可多得了。"同样出生于晋东南沁水县的赵树理同乡、当代晋东南本土小说家葛水平，在其成名作《喊山》中这样描述晋东南乡村："太行大峡谷走到这里开始瘦了，瘦得只剩下一道细细的梁，从远处望去赤条条的青石头儿悬壁上下，绕着几丝儿云，像一头抽干了力气的骡子，瘦得肋骨一条条挂出来，挂了几户人家。"[①]一个"瘦"字就形象地描绘出了这个山区村落的险要、闭塞与贫瘠。

山多、户少、贫穷，这就是山西晋东南的农村。这里的一个村，有时候就是一个家族，最多也只有两三个家族。赵树理小说中的人们就生活在这样的环境中，他们在这家族权力控制下的相对孤立的乡村中感受着近代中国革命的政治变迁。

乡村的政治不同于城市，不同于政治教材中的宏大描述，它是静静发生在生活中的每一件具体事件，在这些事件中的每个人都有着强烈的冲突。冲突的对抗者，对抗的不是一个明确的政权、明确的反动团体，他要面对的首先是自己人。《小二黑结婚》描写刘家峧有一对青年为自由恋爱而斗争，表面上是因为在革命斗争中借机掌握了村政权的乡村流氓的纠缠，而实际上他们面对的是一个不明确的组织的反对，这个组织的主要成员是双方的父母、家人，是这个乡村长期稳定的族群关系（据戴光中《赵树理传》，在故事原型中，这些流氓也是受了他父亲的授意来反对他们的恋爱的）。因此，最大的阻挠不是乡村政权，他们对乡村的影响还没有大到足以决定乡村命运的程度。随着革命的深入，血缘文明的解体和乡村经济结构的变

① 葛水平：《喊山》，《人民文学》，2004年11期，第34页。

化，村级政权才真正开始影响乡村的命运。

《小二黑结婚》写出了乡村政治影响力的变迁，生活在乡村中人们的革命意识几乎是源于生活本能而自发产生的，这种本能的反抗总是表现为对血缘为基础的乡村政治的反叛。小说中写了两个人——二诸葛与三仙姑，赵树理让这两个人在革命影响下发生变化的乡村展现出最完满的表演，这样的表演让他们出尽了风头，丢尽了脸，实际上也是在宣布，家族权力在新时代背景下的农村正在逐渐失去其原有的效力。周扬在《论赵树理的创作》中指出："作者是在这里讴歌自由恋爱的胜利吗？不是的！他是在讴歌新社会的胜利（只有在这种社会里，农民才能享受自由恋爱的正当权利），讴歌农民的胜利（他们开始掌握自己的命运，懂得为更好的命运斗争），讴歌农民中开明、进步的因素对愚昧、落后、迷信等等因素的胜利，最后也最关重要，讴歌农民对封建势力的胜利。"[①]这是就全国革命大形势来讲的，客观上，小说也起到了这样的效果。《小二黑结婚》出版后，在农村引起了极大的轰动，这本标着"通俗故事"字样的小说在解放区"风行一时，不日就卖完了"，新华书店"连续印了两万册还是供不应求"，后来又"重新排印、再版两万册"。四万多册，就在今天也是一个不小的数字。戴光中这样评介："这本薄薄的小书，奇妙地打破了新文学与农民之间一直存在的隔膜。"[②]赵树理真正懂得生于斯、长于斯的这片乡土，他用他的理解，将深藏于山村中国农民内心的、在革命形势影响下本能生成的欲望引导出来，形成了具有中国特色和中国气派的、有着鲜明晋东南山地文化特色的政治风情小说。

（二）独特的晋东南乡村政治风情

1937年底，八路军第一二九师与新组建的山西新军决死第一纵队，以太行山为依托，开赴晋东南地区，发动群众，建立党的组织及各种群众团体，组建人民武装自卫队和抗日游击队。经过1938年初的晋南战役和临汾战役，收复县城十八座，奠定了晋东南抗日根据地的基础。晋东南这个偏

① 黄修己编：《赵树理研究资料》，第178页。

② 戴光中：《赵树理传》，北京，北京十月文艺出版社，1987年，第167页。

僻山区,成为中国革命的主战场。这对于长期生活在这个封闭山区的人们来讲,充满了未知的想象。费孝通这样说道:“乡土社会在地方性的限制下成了生于斯、死于斯的社会。……这是一个‘熟悉’的社会,没有陌生人的社会。”[①]晋东南山村革命就在这“没有陌生人的社会”中向前推进着。

赵树理在小说《李有才板话》中这样描述:“恒元不耐烦了,发话道:‘这么大一点事也问我?那有什么难办?他要那么执拗,就把他派到个最穷的家——像老槐树底老秦家,两顿糠吃过来,你怕他不再找你想办法啦?’广聚道:‘老槐树底那些人跟咱们都不对,不怕他说坏话?’恒元道:‘你就不看人?老秦见了生人敢放个屁?每次吃了饭你就把他招待回公所,有什么事?’”不难看出,赵树理对革命运动对乡村的影响有着最直接、最深刻的理解。革命者就是外乡人,这样的外乡人在村里人眼里并不会有多大的号召力。山村政治风云就在这外来的革命势力和固有的乡村权力的斗争中展开,这也是最贴近中国农村革命实际的。德国汉学家顾彬认为:“在艺术上赵树理并不是属于五四传统。他来自农村,操着农民的语言并且把自己看成他们的传声筒。……他的农民形象显著地区别于五四代表者。他强调的不是苦难,而是乡村中人们的活力。”[②]在这场斗争中主角不是外来人,而是乡村中富有活力的新生代力量。整篇小说借李有才把阎家山的矛盾展开后,李有才、小元、章工作员、老杨同志、阎恒元、阎家祥、喜富、广聚等人物,这许许多多人的活动便产生了阎家山大大小小的许多故事,构成了阎家山生活的本真面貌。在这场政治变革中起着主要动力的是那些来自于一个乡村内部的反叛者,只有真正理解乡村实际的人,才能引导这股力量,创造真正的乡村革命。赵树理说过:“那时我们的工作有些地方不深入,特别是对于狡猾地主还发现不够,章工作员式的人多,老杨式的人少,应该提倡老杨式的做法,于是我就写了这篇小说。”

新中国成立初期,赵树理又以欢快的笔调写出了《登记》《求雨》等作品,真实地反映了农村新旧思想的消长;在农业合作化运动初期,赵树理的

① 费孝通:《乡土中国》,上海:上海人民出版社,2013年,第9页。

② 顾彬:《二十世纪中国文学史》,范劲等译,上海:华东师大出版社,2008年,第199页。

《三里湾》既真实描写农业社在解放生产力、增加农民集体财富方面的优越性，又实事求是地反映了这场运动的艰巨性，深刻地提出用社会主义思想教育与改造农民是一项长期的任务。

正是意识到无论是外来政治的强烈干预，还是新生政治力量的斗争，在一个相对封闭的乡村世界中都有着他自身演变的轨迹。乡村政治风云不是像众多革命文学描述的那样容易渗透进去，并轻易地破坏掉其旧有的结构，更不会是“雄鸡一唱天下白”那样壮观。赵树理在表现乡村世界政治风云时，其重心并不放在表现外来新思想意识如何强制性地介入乡村生活、改变乡村生活上，而是放在了乡村内的人们在接受或抵制外来思想的过程中产生的变化或不变的层面上。

解读赵树理的小说，我们必须放下对宏大叙述的渴望，融入富有风土人情特色的琐碎细节中，将大大小小的事件整合为乡村生活本身，才能真正读懂其小说中关于乡村政治生活的写作。换句话说，不理解晋东南地区山地文化特色，没有融入晋东南区域独特的乡村气象中，也就不可能真正读懂赵树理的小说，因为这种乡村气象是那些不熟悉乡村生活的作家难以表现出来的。

三、赵树理作品中的晋东南民风民俗

赵树理是一个深深浸润于民间生活的人，他的创作有意无意地表现了许多地域特色的东西，构成了一种本土的底色。可以这样说，赵树理的作品在真实地展现了晋东南农民在特定时代的思想变化和精神面貌的同时，也为我们刻画了一幅幅绚丽多彩的晋东南民俗风情画卷。赵树理笔下的民俗，或是作为一种宏观的背景，用它来淡化时代烙印；或是利用民俗来展开冲突推动情节的发展；或是用来刻画人物性格，对作品起到非常重要的建构作用。

在赵树理的作品中，我们经常能看到作家明确地反映地方民俗的意识，如在作品中经常出现的“这地方的习惯是……”、“这地方的风俗是……”、

"按地方习惯……"等句式,熟悉赵树理作品内容的人就会很明确地想到,所谓这地方,就是赵树理长期生活和工作的晋东南地区。

赵树理的作品几乎涉及了晋东南民俗的各个方面,举凡生产劳动、饮食居住、婚丧嫁娶、宗教信仰、民间文艺等都有描写,最突出的有以下几个方面:

(一)人生礼仪风俗

人生礼仪包括很多方面,比如《盘龙峪》写到了结拜礼仪,小说写十二个男青年结拜干弟兄,从怎样摆供、怎样点香、怎样敬神,到怎样磕头、怎样起誓、怎样唱戏,写得非常详细,仪式虽然并不见得怎样规范,敬神也并不十分严肃,但却符合晋东南地方习惯,也写出了这一帮晋东南小伙子的真诚、义气和豪情。比如《盘龙峪》写到的新的亲友关系的称呼:"按地方的习俗,人和人发生了新的亲友关系,把辈子闹错了时,往往还依旧日的称呼,这唤做'各依各'……"比如《金字》里写到的"被提升的县、区长离任的时候,地方士绅便向老百姓收一笔钱,请他吃顿饭,送些礼物。礼物是用绸缎之类的料子,写上几个恭维性质的金字,名叫'帐子'……"其实送帐子这种习俗,在晋东南普通老百姓之间也有,如遇结婚葬礼、金榜题名、职务升迁等大事,朋友亲戚邻里之间常常有送帐子的习惯,只是老百姓送帐子花的是自己的钱,地方士绅花的则是老百姓的钱。还有,"这地方的习俗,姐夫小舅子见了面,总好说句打趣的话"(《邪不压正》),"孩子多了的时候,常好按着大小叫他们'大伙子、二伙子、三伙子……'因此便把媳妇们叫成'大伙家、二伙家、三伙家'……"(《三里湾》),等等。

赵树理描写最多的还是婚丧嫁娶的风俗。赵树理作品中直接描写葬礼的很少,只在个别作品中有所表现。如《福贵》,小说写到,福贵娘死后,福贵"只顾央人抬棺木,请阴阳,顾不得照顾家里。幸亏有个东屋婶,帮着银花缝缝孝帽,挂挂白鞋,坐坐锅,擀擀面,才算把一场丧事忙乱过去"。这段叙述虽然非常简单,但也使我们对晋东南葬礼的一些风俗习惯有了一个大致的了解。

相对于简单的葬礼描写,赵树理作品中的恋爱婚姻习俗却几乎是随处可见。

《邪不压正》是赵树理1948年写的一部中篇小说。作品写下河村王聚财的闺女软英,跟本村财主刘锡元的儿子刘忠订了婚,刘家在这一天给聚财家送礼,作品用了近十二页的篇幅来写这次纳聘的全过程。这十二页的描写,典型地再现了晋东南地区的纳聘风俗。这种风俗大致可以概括为这么几点:一是找媒人的习惯。男方找媒人往往注意找比较厉害的,这里的厉害一般是指有地位或有威信,这样和女方谈起事情来可能会好说些。小说里刘家安排的媒人是小旦,虽然没有什么威望,但却是个谁也惹不起的人。二是规范的送礼仪式,如送礼队伍的组成,报信的、迎接的,对媒人和抬脚的不同安排等,有条不紊。三是两顿饭的安排。"这地方的风俗,遇了红白大事,客人都吃两顿饭——第一顿饭是汤饭,第二顿是酒席。第一顿饭,待生客和待熟客不同,待粗客和待细客不同——生客细客吃挂面,熟客粗客吃河落(也写作"饸饹"——笔者注)。"所谓的汤饭,就是指河落和挂面。晋东南尤其是晋城一带,这种饭浇的菜都是汤菜(河落也有叫清汤河落),所以叫汤饭。吃汤饭比较随便,而吃酒席就必须上桌了。这种两顿饭的安排及河落或挂面与酒席的饭食品种,至今仍是晋城一带农村办红白喜事时的习俗。四是开食盒的风俗。"这地方的风俗,送礼的食盒,不只光装能吃的东西,什么礼物都可以装——按习惯:第一层装的是首饰冠戴,第二层是粗细衣服,第三层是龙凤喜饼,第四层是酒、肉、大米。"还有"开食盒先得烧香"。五是"行礼每较厚薄"的惯例。"这地方的风俗,礼物都是女家开着单子要的。男方接到女家的单子,差不多都嫌要得多,给送的时候,要打些折扣","送来了自然要争吵一会"。

《登记》是赵树理的一篇短篇小说,描写了两对青年男女如何争取自由恋爱的故事。这篇小说是以晋东南地区流行的一个习俗为主线的,那就是青年男女私定终身的罗汉钱。据说,罗汉钱在一个落后偏僻的农村来说是一件极珍贵的礼物,对青年男女来说,则是一种爱情的信物。《登记》中的艾艾是一个在旧礼俗中长大,而又恰逢时代变迁的女子。所以,在她的恋爱过程中，一方面有传统的习俗，另一方面又体现出新时代婚姻自主的特征。在沿袭传统习俗的过程中，她在无意识中已继承了上一代的自由方式，即像她母亲一样把自己的戒指悄悄地送给了一位叫小晚的男青年，而自己得到了一枚证明爱情的罗汉钱，时刻珍藏在身边。《登记》除写到了恋爱习俗外，还写到了新媳妇拜年的礼俗："第二天是大年初一，按这地方的习惯，用两个妇女搀着新媳妇，一个小孩在头里背条红毯儿，到邻近各家去拜个年——不过只是走到就算，并不真正磕头。"

在《福贵》中，作家给我们描写了另一类型的娶新仪式。银花九岁来到福贵家做童养媳，十五岁时福贵母亲要"趁我还睁着眼给她上上头(指姑娘结婚前，要绞脸，盘髻，当地习惯叫'上头'——作品原注)"，紧接着就是结婚："七月二十六是福贵与银花结婚的日子，银花娘家哥也来送女。银花借东屋婶家里梳装上轿，抬在村里转了一圈，又抬回本院，下了轿往西屋去，客堂里坐着送女客，请老家长王老万来陪。福贵娘嫌豆腐粉条不好，特别杀了一只鸡，做了个火锅四碗。"福贵家里虽然比较贫寒，且娶的又是童养媳，但娶新的仪式仍是当地的风俗习惯。

在《李家庄的变迁》里，作家写到了娶新时亲朋好友的送礼和主家酬客的礼俗：修福老汉要为独生子白狗娶亲，"大家都知道他破费不起，自己也都是些对付能过的小户人家，就凑成份子买了些现成的龙凤喜联给他送一送礼；这地方风俗，凡是送这种对联的，酬客时候都是有酒无饭，一酒待百客。事过之后，修福老汉备了些酒，在刚过了阴历年的正月初三日酬客"。

赵树理写到的晋东南婚姻习俗还有许多，比如闺女回娘家是正月初二，《邪不压正》里的二姨是这天，《传家宝》中的小娥也是这天；新媳妇外出、走娘家多是骑驴，由丈夫跟着，《邪不压正》中的二姨是这样，《小二黑结婚》中的三仙姑是这样，《登记》中的小飞蛾也是这样。

通过赵树理作品中展示的婚丧嫁娶的习俗，我们不难看出晋东南地区在这方面所显示出的特点：一是奢靡，好多穷人因此而欠债，甚至陷入困境而走向堕落，福贵就是一个典型的例子；二是婚姻更注重"实"利，《三里湾》中无论是马多寿为儿子有翼物色对象，还是范灵芝最终选择王玉生，都更多的是从“实”利出发考虑问题的。

赵树理不仅写婚俗，还关心婚姻的延伸和结果，即热衷于对家庭关系方面的传统习俗进行描写。赵树理关注的主要是新旧交替中的家庭，他曾构思过一部名为《户》的小说，计划集中描写这方面的内容，但因故未能写出。不过，他在《孟祥英翻身》《传家宝》等小说中，对这一问题已经有了精彩的描写。在这两篇小说中，侧重描写的是家庭关系中最难处理好的婆媳关系，而横在婆媳之间的老规矩也成了作品引人注目的亮点：家庭中的媳妇没有自己独立的人格，孟祥英甚至不能有自己的名字，只能以婆家、娘家的姓氏即牛门孟氏而称谓。“婆媳们的老规矩是当媳妇时候挨打受骂，一当了婆婆就得会打媳妇，不然的话，就不像个婆婆派头；男人对付女人的老规矩是‘娶到的媳妇买到的马，由人骑来由人打’，谁没有打过老婆就证明谁怕老婆”。孟祥英挨了婆婆、丈夫的打不仅不能还手，而且躲都不能躲，还几乎被婆婆卖到外乡。《传家宝》中的李成娘，将“一把纺车、一个针线筐和这口黑箱子”当作传家的“三件宝”，并想以这些针线活和自己的生活习惯来管住媳妇金桂。而守旧规矩的婆婆和打破旧规矩的媳妇之间的冲突构成作品独特的艺术张力，也使作品拥有了厚实的文化内蕴。

（二）民间信仰习俗

晋东南地区向有敬神信巫的民俗。赵树理认为，乡民们“敬神的原因大概不外三种：一是本村掌殿之神的出生、逝世等纪念日，一是遇上了水、旱、瘟疫等灾情求神保佑许下的愿，而最普遍的一种则是常年和丰年秋收之后的酬神”[①]。

赵树理生活的沁水山城，历来是“敬神信巫，有不平必质于神。故乡多庙祀，醮赛纷举”[②]。仅是官方祭祀的庙坛，就有先农坛、风云雷雨坛、舜坛、城隍庙、河神庙、马神庙、黑虎庙等，其他民间的庙宇更是星罗棋布在群山众村，难以计数。沁水县形形色色的宗教、会道门多如牛毛，它们各自以其

① 朱晓进：《“山药蛋派”与三晋文化》，长沙：湖南教育出版社，1995年，第194页。
② 戴光中：《赵树理传》，北京：北京十月文艺出版社，1987年，第8页。

荒唐的迷信仪式和来世报应的预言蛊惑百姓，广收门徒，扩大自己的势力范围。

赵树理的家庭也是一个宗教气味极为浓厚的家庭，祖父和祖母信奉三圣教道会；母亲及娘家是清茶教的虔诚信徒；父亲则是彻底迷信传统的阴阳卦术。赵树理从小就生活在这种迷信气氛中，耳濡目染。他自小接受祖父教育，是个非正式教徒，他上长治读书时仍还比较迷信，如不吃肉，敬惜字纸，直到二十一岁才开斋吃肉。祖父为他启蒙的读物，都是些不伦不类的三圣教道会经，而热衷卦术的父亲先向他传授天干地支、五行八卦、六十四卦名，进一步便是《百中经》《玉匣记》《增删补易》《麻衣神相》《奇门遁甲》《阴阳宅》等算命先生的经典著作。迷信的社会环境和迷信的家庭一方面把赵树理约束得胆小怕事，另一方面却也培养了他与人为善、助人为乐的品质。

这种敬神信巫的信仰民俗在赵树理的作品中也多有表现。《小二黑结婚》中的二诸葛，"抬脚动手都要论一论阴阳八卦、看一看黄道黑道"，用算卦占卜来决定自己和家人的行动，以致出现了不宜栽种的笑话；三仙姑摆香案，装天神，是一个装神弄鬼的老神婆，米烂了的笑话揭穿了其为人求财看病完全是骗人的把戏。一个村子竟然出现了两位"神仙"，神灵崇拜风气之盛可见一斑。《假关公》里写到了敬拜关公庙会，这种风俗本意是通过给关老爷找替身，让真神显灵，从而惩恶扬善，彰显民意，虽有迷信色彩，但至少是一种善意的行为，后来却成为以假乱真、坏人作恶、社首谋财的荒唐戏法。《求雨》中写到了龙王庙祈雨，这是一种隆重的、虔诚的民间求雨仪式，本来是具有鼓舞人心、抵抗旱灾作用的，但在流传过程中，却成为地主敲诈农民、掠夺土地的契机。《开渠》里也写到了少数乡民可笑的祈雨活动。《三里湾》中还写到了一般农民家庭的一些迷信禁忌，如对马多寿一家迷信行为的描写，"马家的人，不论谁有点头疼耳热，都以为是中了邪"，"马家的规矩，凡是以为有人中了邪，先要给灶王爷和祖宗牌位烧个香，然后用三张黄表纸在病人身上晃三晃，送到大门外烧了，再把大门头上吊一块红布条子，不等病人好了，不让生人到院里来"。马家的这种迷信行为在今天的晋东南农村仍然可以经常见到，特别是遇到有些疾病医生一时看不好的情况下就往往采取所谓的“看外症”。

当然，和对婚丧嫁娶习俗的热衷展示不同，赵树理对这种迷信习俗虽然也进行了活灵活现的描绘，但却是抱着一种或批评或讽刺的态度，同时还展现了这种风俗在新时代浪潮下逐步土崩瓦解的趋势。

（三）民间文化娱乐习俗

赵树理在他的多篇作品中写到农村的唱戏、闹红火、办八音会，把民间的文化娱乐活动渲染得有声有色，妙趣横生，其中写得最多的是唱戏的习俗。

在晋东南地区，尤其是乡村，庙宇遍布，而且庙宇中多设有舞亭或戏台，供祀神、赛会、演戏之用。祀神、赛会时总要“多聚娼优，扮演杂剧”[①]，因而随着“赛醮纷举”而起的是晋东南地区演剧活动的兴盛。在晋东南地区，几乎村村有戏台，甚至一村两三台，并且动辄演戏，不仅是祀神，凡节庆、婚丧寿喜等都要演戏。赵树理曾在《地方戏和年景》一文中这样讲述过自己家乡地区的一些演戏习俗和惯例：“在解放之前，这地方演戏还没有卖票制，只演敬神的戏——哪个村敬神由哪个村包场，外村人则是白看”；“这地区演戏的习惯是每日两场——下午的一场似乎是专给老年人和小孩子演的，青壮年只看夜场”；“在过去演酬神戏的时候，往往贴着这样的通告：‘滋以三时无害，万宝告成，皆赖神圣之灵，风雨之助。报恩崇德，人所应然。本村谨择于×月×日起，洁治樽俎，虔修牲馔，兼督俳优，献戏三日，以酬圣泽，而明感戴……此项费用，按以地亩均摊——每亩耕地，应摊×角×分，仰阖村居民，于三日之内如数扫缴，以光神事！……’看明之后，就须在三日之内出卖新谷，了此冤债。”他还具体说到他家乡地区一个叫嘉峰的村子，“村里每年的端午节都起一次庙会，并且要演戏祀神”。由此可知，演戏活动已构成晋东南地区的一个重要的地方习惯和民俗现象。

人们对戏曲的热情既表现在看戏方面，也表现在演的方面。在晋东南

① 朱晓进：《“山药蛋派”与三晋文化》，长沙：湖南教育出版社，1995年，第212页。

地区，除了有各种形式的专业化戏曲班社外，更多的是村社中组建的以自演自娱为主的自乐班。赵树理曾在一篇文章中回忆起他家乡村子里的一个自乐班："我生在农村，中农家庭，父亲是给八音会里拉弦的。那时'八音会'的领导人是个老贫农，五个儿子都没有娶过媳妇，都能打能唱，乐器就在他们家里，每年冬季的夜里，和农忙的雨天，我们就常到他家凑热闹。"[①]这里的八音会就是一种自乐班性质的组织。赵树理还曾在《盘龙峪》这篇作品中更详细地介绍了自乐班的演出、自娱情况，在《福贵》中作者也写到了自乐班的情况："村里有自乐班，福贵也学会了唱戏——从小当小军(跑龙套)，长大了唱正生，唱得很好。""每年正月十五或是庙会，自乐班都要演戏。"从这些描述中可以看出，乡村自乐班的演出不仅比较正规，而且还会产生群众所喜爱的"大把式"。《三里湾》的袁小旦被村上的姑娘戏称为小女婿，是因为他"在村里演戏时候扮演过'小女婿'这角色"。《李有才板话》中的李有才，显然也是村上自乐班的"大把式"，是个演戏的行家老手。成年人有自己的自乐班，儿童也有自己的演戏活动，在赵树理的《刘二和与王继圣》中就写到一群放牛的小孩子们在野地里的演戏游戏："大家都找了些有蔓的草，这些草上面有的长着黄花花，有的长着红蛋蛋，盘起来戴在头上、连起来披在身上当盔甲；又在坡上削了些野桃条，在老刘地里也削了些被牛吃了穗的高粱秆当枪刀"，"嘴念着'冬仓冬仓……'六个人在一腿深的青草上打开了。"从这种儿童的游戏中，也多少可以看出晋东南地区演戏活动的普及程度。

人们不仅有演戏的热情，更有唱戏的热情。在《刘二和与王继圣》中写到的聚宝，"原来是一个磙磨子的石匠，可是很懂戏——也会看也会唱。他磙起磨来也是手里磙着嘴里唱着，锤就是他的梆子，磙得慢了唱流水，磙得快了唱垛板，附近几个戏班子里都有他的熟人，哪一班唱什么戏得手他也都知道，因此本村每逢唱戏，大家都愿意请他来挑。"村民们对戏的喜爱程度极高，甚至在地里做活儿时，"嘴里都好唱几句戏"。《三里湾》中写道："柳

① 董大中主编：《赵树理全集》第六卷，第474页。

树林边另一块地里割谷子的青年妇女们，用不高不低的嗓门，非正式地唱着本地的‘小落子’戏，另有个十五六岁的小男青年，用嘴念着锣鼓点儿给她们帮忙。”

另外，从赵树理作品中人物的绰号上也能看出戏曲对普通百姓生活的影响，如《三里湾》的袁小旦的小女婿绰号就是由演戏而来。糊涂涂这一外号，也是如此。糊涂涂本不会唱几句戏，但自从不知跟谁学了一句“糊涂涂来在你家门”之后，便隔一会儿唱一句，并因此而给自己带来了这个外号。还有《登记》中的小飞蛾，也是因为长得活像本地一个梆子戏班里的、被观众叫作小飞蛾的、很有点名气的武旦而得名的。

需要特别说明的是，赵树理在他的作品中写到的唱戏习俗中的戏就是晋东南地方戏。所谓的干梆戏，指的就是上党梆子；所谓的落子，指的是上党落子，这一点我们从他的具体描写中所用的一些词语就可以清楚地看出来，罗成戏、张飞戏、盔甲让我们很容易想到上党梆子的传统武戏，垛板更是上党梆了特有的唱腔形式。当然，赵树理所说的八音会也是指流行于晋东南地区的上党八音会。

赵树理也写到了晋东南地区的传统节日习俗，如在《李有才板话》里写到了添仓节：“小顺坐到炕上道：‘不多吧，总不能像启昌老婆，过个添仓，派给人家小旦两个糕！’”虽只有短短的一句话，却也写出了当地农民添仓节吃糕的习俗。

赵树理写得最多的节日则是元宵节。元宵或曰上元，原是一个重要的祭神日，主要祭天地，祀蚕姑、谷神。在晋东南很多地方，元宵节庆更加普遍地受到乡民们的重视。在赵树理笔下，元宵节已经没有了祭神的气氛，而是农民们闹红火娱乐的节日。《小二黑结婚》写小二黑长得帅，“每年正月扮故事，不论去到哪一村，妇女们的眼睛都跟着他转”，这里的“正月扮故事”就指的是当地的元宵节娱乐活动；在《登记》里，作家更详细地给我们描写了元宵节的娱乐项目：

张木匠一家就这么三口人——他两口子和这个女儿艾艾……

今年阴历正月十五夜里，庄上又要玩龙灯，张木匠是老把式，甩尾巴的，吃过晚饭丢下碗就出去玩去了。艾艾洗罢了锅碗，就跟她妈相跟着，锁上院门，也出去看灯去了。后来三个人走了三个岔：张木匠玩龙灯，小飞蛾满街看热闹，艾艾可只看放花炮起火，因为花炮起火是小晚放的。

这一段写到元宵节的玩龙灯、放焰火、看热闹，非常富有情趣。

除了以上三方面的地方风俗外，赵树理作品中还有其他方面的地方风俗描写，如居住风俗，在《李有才板话》和《三里湾》中，都写到了窑洞，但都是靠崖窑，没有平地而起的锢窑，这与晋东南多山、农村里大多高低不平的地势特点是相关的。在《三里湾》里，更按东西南北的顺序介绍了窑洞房子及使用习俗。例如西边四孔窑洞的分工是这样的：金生、玉生兄弟俩已娶妻成家，各住一孔。王宝全老两口住一孔。女儿玉梅住一孔，但却是套窑，与父母住的那孔窑相通，有窗无门，进进出出必须经过父母的门。这表明，一方面闺女大了，需和父母分开居住；另一方面又因她未出嫁，要谨防越轨乱礼，和父母的窑洞串在一起，一举一动都可受到父母的监督、约束。另外，《三里湾》里还写到马多寿家的院子与房间布局及马多寿用碗口粗的腰栓和木楔子、顶门杈关门的习惯，也是很具有晋东南地方特色的。当然，作者通过这种习俗的描写，还起到了刻画人物性格的作用。在这里，无论是窑洞还是院落，或者关门的习惯，已不是简单的物质客体和个体行为，而是寄寓了传统的民俗心理，是一种综合的文化现象。

再比如饮食习俗，《小二黑结婚》里三仙姑有一个米烂了的笑话，她正在做的正是晋东南所特有的小米捞饭。还有前面提到的婚丧大事第一顿汤饭的河落和挂面，主要是晋城一带的习惯。还有吃烙饼习俗，甚至包含了更多的文化意蕴。以前的晋东南因小麦产量较低而种植较少，白面显得非常珍贵，纯白面的食物普通人家很少敢吃，只有在过节办事和待客时才敢偶尔吃上一次，烙饼就是其中的一种（另外还有拉面等），晋城一带农村就流传一句谚语："家有千财万贯，不敢吃烧馍（即烙饼）蘸蒜。"因此，区区烙饼，在晋东南就具有了特别的功能：它可以用来结拜兄弟盟誓（《盘龙峪》），可以用来标志身份地位（《李有才板话》），也可以用于请人说理和公断是非曲直的场合（《李家庄的变迁》）。可以说，烙饼在这里已不是单纯的食物，而是一种与某种传统的乡俗联系在一起的符号，具有了特别的含义。

四、晋东南地域文化影响下的赵树理作品的语言建构

茅盾说过："如果把他（指赵树理——编者注）的作品的片段混在别人的作品之中，细心的读者可以辨别出来。凭什么去辨认呢？凭它独特的文学语言。独特何在？在于明朗隽永而时有幽默感。"这句话道出了赵树理作品语言的独特之处，那就是"明朗隽永而时有幽默感"。诚然，形成这种独特语言的因素是多方面的，但赵树理长期生活和工作的晋东南地区的地域文化，对其作品语言风格的形成也有着非常重要的作用。在这种地域文化的影响下，赵树理作品的语言显得平实、质朴、晓畅、凝练，遣词造句不事修饰，并"时有幽默感"。这种语言特点也成为赵树理区别于其他作家的重要名片。

那么，晋东南地域文化中的哪些因素影响了赵树理的语言建构呢？

（一）晋东南的地理特征直接影响了作家的语言建构

1.晋东南地区的地理特征影响着赵树理小说中地名的命名。晋东南是一个多山环抱，与外界相隔的封闭盆地。古代所辖潞、泽、沁、辽四州皆在险山急水之中，各县多被阻隔在高山之间。除了高山，晋东南还有河流，如沁河，是晋城市境内最大的河流，属黄河支流，发源于山西省沁源县西北太岳山东麓的二郎神沟，向南经安泽，流经晋东南晋城市的沁水、阳城、泽州，切穿太行山，流入河南省济源市，在武陟县汇入黄河。东河、丹河、芦苇河、蟒河等都是沁河的支流。俗话讲，有山必有沟，有沟必有河，有河就有黄沙和泥土，从而构成了晋东南特殊的地域特征。这里的地名常带有山、沟、坡、坪、湾等字，显然与这种地理特征有关。

这对于生于斯、长于斯的赵树理来说是最熟悉不过了，因而在其作品

的地名建构中都离不开类似晋东南地形特征的地名。如《三里湾》中的三里湾、《灵泉洞(上)》中的田家湾、灵泉沟,《李有才板话》中的阎家山,《盘龙峪》中的盘龙峪、西坪上,《田寡妇看瓜》中的南坡庄,《刘二和王继圣》中的黄沙沟、三角坪等。赵树理借用晋东南的地形特征为其小说中的地名命名,这不仅表明了作家无比鲜明的现实主义创作原则,而且表明了作家深受晋东南地域文化的影响。

2.晋东南地区的地理特征影响着赵树理作品中方言的运用。朱晓进在《"山药蛋派"与三晋文化》一书中特别指出了"山药蛋派"作品中的圪字方言的使用。在晋东南的方言中,就有很多与圪相关的词语,如圪台(台阶)、圪栏(木棒)、圪淡话(闲话)、圪溜(闲逛、溜达)、圪弹(动弹)、圪吵(吵嘴)、圪仰(形容走路姿势不正的样子)等。

作为长期生活在晋东南的作家赵树理,其作品自然会有许多具有晋东南地方特点的圪字方言的运用。如:

> 长的是矛子枪短的是剑,还有那铁火柱枣木圪栏。(《万象楼》)
>
> 东圪嘴上那块写的是:"圪嘴上至崖根,共三亩二分八厘。"(《李有才板话》)
>
> 福贵从此好像两腿插进沙窝里,越圪弹越深,第四年便滚到九十块钱了。(《福贵》)
>
> 孟祥英打回柴来了,婆婆嘴一歪,悄悄说:"圪仰圪仰,什么样子!'"(《孟祥英翻身》)
>
> 这种歌,在阎家山一带叫"圪溜嘴",官话叫"快板"。(《李有才板话》)

(二)晋东南农民的语言习惯影响着作家的语言建构

赵树理一生大部分时间在家乡晋东南度过,长期地方农村工作的经历，使他了解本地农民的痛苦和欢乐，通晓本地农村的各种艺术，熟悉本地农村各方面的知识、习惯、风土人情，当然也包括本地区农民的语言习惯。这使他成为一位真正懂得和熟悉、热爱和尊敬农民的艺术家。赵树理不仅了解和熟悉自己的描写对象，而且坚持不懈地使自己的创作适合农民的口味和兴趣。他说："我是农村出身，是在华北和太行山区长大的。我每逢写作的时候，总不会忘记我的作品是写给农村的读者看的。"还说过："'然而'听不惯，咱就写成'可是'；'所以'生一点，咱就写成'因此'；不给他们换成顺当的字眼儿，他们就不愿看。字眼儿如此，句子也是同样的道理——句子长了人家听起来捏不到一块儿，何妨简短些多说几句；'鸡叫''狗咬'本来就很习惯，何必写成'鸡在叫，狗在咬'呢？"[①]显然，赵树理在进行创作时有意寻求切合农民身份的语言，来表现他们的思想情绪。

1.晋东南方言影响着作家的语言建构。鲁迅说过："方言土语里，很有些意味深长的话，我们那里叫'炼话'，用起来是很有意思的，恰如文言的用古典，听者也觉得趣味津津。各就各处的方言，将语法和词汇，更加提炼，使他发达上去的，就是专化。这于文学，是很有益处的，它可以做得比仅用泛泛的话头的文章更加有意思。"[②]赵树理正是把晋东南地区的方言中生动活泼、富有表现力的成分吸收到自己的语言中，使作品增添了浓烈的地方色彩。

熟读赵树理小说，你会发现他对晋东南地区的乡村土语可以信手拈来。这种语言形式使其文本创作中塑造的人物形象更具艺术魅力，不同的人物形象操着同一言说方式，而语言的不同又恰如其分地彰显出了农民程度不等的思想觉悟水平，可以说其文本创作所运用的本色的晋东南地区方言将彼时彼地农民可喜、可笑、可悲、可叹的情态，巨细无遗地展示了出来。

在赵树理的作品中，除了前文提到的"圪"字方言外，晋东南地区的其他方言，同样在他的作品中有所体现。在他较早创作的小说《盘龙峪》中，这一点体现得尤为明显。据赵树理自己讲，他写过一个十几二十万字的长

① 董大中主编：《赵树理全集》第三卷，第350页。

② 鲁迅：《鲁迅全集》第六卷，北京：人民文学出版社，1981年，第97页。

篇(即《盘龙峪》),在一个朋友办的小报上发表了,没全发,也没按顺序发,因为每一章都可以独立,连起来即成为一本。一个朋友拿了第一章去看完弄丢了,后来人们又找见了,这就是发表在1935年《中国文化建设协会山西分会月刊》第一卷上署名“野小”的那一章。这章显然只是这部长篇的序幕。主要写了十二个农村青年歃血结盟的情形,再现了20世纪30年代晋东南农村的一角,富有浓郁的生活气息和晋东南农村的地方色彩。作品中有很多地地道道的晋东南方言。如:

> 我们称呼惯了,只能各依各。
> 你们这些没有受过“制”的人。
> 土成道:“你还要说嘴,你不早些来预备?”

“各依各”即人和人发生了新的亲友关系,把辈分弄错了时,往往还依旧日的称呼;“受过制”即遇到难事,在作品中指受到金钱逼迫;“说嘴”即光说不行动。

2.晋东南地方俗语影响着作家的语言建构。赵树理的小说可以说是成功地摄取俗语的典范,他塑造的人物之所以呼之欲出,他描绘的环境之所以带着浓郁的泥土气息,与他准确地使用晋东南地方俗语有极大的关系。例如:

> 前世姻缘由天定,不顺天意活不成。(《小二黑结婚》)

这是三仙姑威胁小芹与别人订婚时说的话,是由“前世姻缘一线牵”衍化来的,是一句充满了宿命思想的俗语。由于三仙姑是个没有文化的农村妇女,所以在说的时候就自然而然地做了一些改动,这样听起来更贴切,更符合一个装神弄鬼的人的身份。

> 娶到的媳妇买到的马,由人骑来由人打。(《孟祥英翻身》)

在《孟祥英翻身》里，赵树理描写了一个山高皇帝远的偏僻农村，女主人公的翻身主要就是翻掉一个陈年的老规矩，这个老规矩就是“当媳妇时候挨打受骂，一当了婆婆就得会打骂媳妇，不然的话，就不像个婆婆派头”，而男人对付女人的老规矩则可以用一句俗语概括，即“娶到的媳妇买到的马，由人骑来由人打”。一句俗语就把一个丑陋的乡村习俗展现了出来。

再如：“一头抹了，一头脱了”、“说媒三家好，过后两家亲”、“娶个媳妇过继出个儿”、“黄狗吃了米，逮住黑狗剁尾”、“骂死公公缠死婆，拉着丈夫跳大河”等，这些俗语几乎都是产生于晋东南，流行于晋东南，反映了晋东南农村的乡土风貌、人情世态。

赵树理长期和农民生活在一起，他不但熟悉农民的生活，而且也熟悉农业生产，因此小说中所用俗语，有一些是反映农副业生产的谚语，如“伏不掩籽”、“头伏萝卜二伏菜，三伏荞麦不用盖”、“一亩园十亩田”、“要想赚钱，误了秋收过年”等。这些谚语都是当地农副业生产的经验总结，是晋东南山地上开出来的智慧之花，散发着浓郁的泥土芬芳。

（三）晋东南地方的日常生活影响着赵树理语言的建构

赵树理喜欢用农民所熟悉的事物打比喻，尤其是他所熟悉的晋东南农村的事物。赵树理喜欢用晋东南农民所熟悉的动物、日用品和人们的活动来做喻体，因而他的比喻也就更显得通俗化，更显生动、形象、幽默。如：

> 三仙姑却和大家不同，虽然已经四十五岁，却偏爱当个老来俏……只可惜宫粉涂不平脸上的皱纹，看起来好像驴粪蛋上下上了霜。（《小二黑结婚》）
>
> （阎家祥）这个人的相貌不大好看，脸像个葫芦瓢子……（《李有才板话》）
>
> 按旧习惯，婆婆找媳妇的事，好像碾磨上寻驴蹄印，步步不缺。（《孟祥英翻身》）
>
> 想借范登高做个顶门杈。（《三里湾》）

“驴粪蛋上下上了霜”，是以驴作比。驴是晋东南地区常有的牲畜之一，既可帮助运输，又可以帮助农耕，还可以帮助加工粮食。在20世纪三四十年代，靠农业生活的晋东南人民仍然以牲畜作为他们农业生产的得力助手，如牛、马、驴、骡等，所以驴粪蛋成了晋东南农村常见的东西。三仙姑本来年纪大了，却偏要像年轻姑娘一样涂脂抹粉，结果呢，就像“驴粪蛋上下上了霜”，宫粉涂不平脸上的皱纹，显得外光里毛糙!从这个比喻中人们马上就能在脑海中想象出三仙姑这副可笑的装扮来。“碾磨上寻驴蹄印”，也是以驴作比。机器加工粮食在晋东南还没有兴起的时候，人们碾米磨面都是在石制的磨上套上牲口如牛、驴等一圈圈碾压出来的。磨盘就那么大，碾一次米或磨一次面，碾磨驴需要转上几十甚至几百圈，驴蹄印自然是非常好找，非常之多，自然是“步步不缺”了。

葫芦瓢子和顶门杈，都是晋东南农家常用常见之物，日常生活必不可少。过去晋东南农村常用葫芦瓢子舀水盛面，说阎家祥长相像葫芦瓢子，是形容他眉眼不清，相貌丑陋；顶门杈是晋东南农村加强院(房)门防护的辅助用具，使偷盗者不至于轻易地破门而入，在这里是指让范登高顶住不入社的事。

(四)晋东南地区流行的传统文学样式影响着赵树理的语言建构

戏曲是晋东南老百姓千百年来喜欢的文学艺术之一。在晋东南地区，除了有各种形式的专业戏曲班社外，更多的是村社中组建的以自演自娱为主的自乐班。赵树理喜欢自己的家乡戏——上党梆子，甚至到了痴迷的程度，几十年来从未与它断绝关系。赵树理从小就喜欢唱上党梆子，十五岁就学会了打上党梆子戏的鼓板，之后又多次为上党梆子创作剧本。除上党梆子外，他也喜欢晋东南地方曲艺，如快板、地方小调(他曾创作过多个地方小调)等，有些曲艺内容甚至能够记诵。对戏剧和曲艺的爱好、熟悉以及亲身拉唱的经历，使他在小说创作中自觉不自觉地受到了影响，对其小说的语言建构产生了重要的作用。

1.赵树理作品中的人物绰号有许多直接来自于地方戏曲。前文已经说过，如《三里湾》中袁小旦被村上姑娘戏称为小女婿，马天寿的外号糊涂涂，《登记》中张木匠的媳妇小飞蛾，均与戏曲有关。

2.赵树理善于用语言的谐音形式表现讽刺和幽默。晋东南地方戏曲和曲艺的说唱内容十分注重句子的音韵谐和，这种句子说唱起来朗朗上口，读听起来韵律优美，而且还非常容易记诵，因此很受当地农民喜欢。比如《李有才板话》中李有才的原型李乃顺，就是原属晋东南的李家岩村的一个农民，他平时就喜欢说一些快板。赵树理在他的小说创作中就借鉴了地方文学的这种语言特点，用语言的谐音形式来描写人物，叙述故事。

在《李有才板话》中，赵树理写了多段快板以及近似快板的其他韵文，除了内容的诙谐幽默外，音韵谐和本身就显示出奇巧，使人读来趣味无穷。相同韵脚的回旋反复不但奇巧，而且通过声音的反复又使语势增强，从而引导人们在反复回荡的旋律中深刻体味，使人感受到无限的情趣。如讽刺刘广聚的一段快板："刘广聚，假大头，一心要当人物头，抱粗腿，借势头，拜认恒元干老头。大小事，强出头，说起话来歪着头，从西头，到东头，放不下广聚这颗头。"这里用的谐音手法，全部用头字押韵，头的音同而义各异，读来使人忍俊不禁。

《"锻炼锻炼"》开头也写了两段快板，用来引出矛盾，揭示人物性格，造成讽刺幽默的效果。

有时候谐音与顶真或回环连用，更是趣味横生。《登记》中就用这种手法介绍人物："有个农村叫张家庄，张家庄有个张木匠，张木匠有个好老婆，外号叫个'小飞蛾'。"

赵树理也很擅长用上递下接的语言形式来表达幽默讽刺的情趣，有时是肯定形式与同义的否定形式的上递下接，如"张得贵，真好汉，跟着恒元舌头转；恒元说个'长'，得贵说'不短'；恒元说个'方'，得贵说'不圆'。"

晋东南地域文化是多元的，对赵树理作品语言的影响也是多方面的，更重要的是它成就了赵树理，使其成为一代语言大师。他的语言明白晓畅、生动活泼，极大地增强了作品的艺术魅力。周扬说赵树理的语言“是真正从群众中来的，又是经过加工洗练的，那么平易自然，没有一点矫揉造作的痕迹”[①]。赵树理以说话为基础，把生活中的原话修饰得更准确，更鲜明，更生动。以晋东南农民的语言为基础，并对口头语言进行艺术加工，同时也吸收了说唱艺术的语言精华，使得小说语言丰富多彩，贴切传神，朗朗上口。

五、赵树理对晋东南地方文化的影响

晋东南地域文化影响了赵树理，并给赵树理带来了巨大的荣誉，但当我们今天重新来谈论赵树理时，我们发现，赵树理自从成名之后，就开始持续不断地影响着晋东南的地方文化。赵树理丰富了晋东南文化，给晋东南乃至整个山西带来了荣耀。赵树理已经成为晋东南文化的一部分。

（一）赵树理是晋东南文化名人的代表

从古至今，晋东南出了很多文化名人，但真正有全国性影响的却寥寥无几。无论是晋城的祁贡、陈廷敬、王国光、郝经、荆浩，还是长治的吴王典，都无法与赵树理相提并论。2009年9月，晋城市开展了晋城市十大城市名片评选活动，当年底，通过群众投票，赵树理以102977张的高票毫无疑义地当选为晋城市历史人物名片。评选结果揭晓时，对赵树理有这么一段说明文字：“作为一个晋城土生土长的人民作家，赵树理植根于家乡，用老百姓喜闻乐见的语言和形式，通过自己的审美加工，把淳朴的民俗变成活生生的文学创作题材，为世人展现了一幅散发着浓郁乡土气息的、生动鲜活的农村生活画卷，成为我国现当代文学史上小说‘山药蛋派’的开创者，更是最具影响力的晋城人物。”

当晋东南人走出山西，走到异地他乡，有人问及老家是哪儿时，无论是说沁水，说长治，还是说晋城，或没有听说，或知之甚少，但当说到赵树理的

① 周扬：《新的人民的文艺》，《人民文学》，1949年第1期，第24页。

名字时,却几乎没有人不知道。显然,如果我们能够把赵树理与晋东南、与晋城、与沁水挂起钩来,我们的晋东南、晋城,甚至沁水,很可能会名闻天下,就如浙江绍兴之于鲁迅、湖南凤凰古城之于沈从文、浙江桐乡之于茅盾一样。可惜这一点我们做得还远远不够。

(二)赵树理的人格力量影响了一代又一代晋东南人

原晋城市委书记、现山西省政协副主席李雁红在纪念赵树理诞辰一百周年座谈会上的发言中指出:"回顾赵树理的一生,留给我们的不仅仅是历史记载下的丰功伟绩,更重要的是作为一名优秀共产党员和伟大人民作家的人格魅力、思想品质和精神风范。他像一座不朽的丰碑,将永远昭示后人,激励我们前进。"[①]事实也的确如此,特别是与赵树理同乡的晋东南人,受赵树理人格精神的影响更为广泛,也更为深远。这一点我们在阅读许多回忆赵树理的文章时都会有深刻的体会。

2008年9月13日的《太行日报》(晚报版)发表过一篇文章,题目是《记录历史 求真人生——记摄影家吴向周先生》。吴向周是晋东南沁县人,文章记述了他亲身经历的一件事:1964年4月,晋东南专区举办全区戏曲会演,赵树理要从北京赶来长治参加。按预定的时间,赵树理先从北京坐火车到邯郸然后再坐汽车到长治。不料天公不作美,那几天一直下雨,从长治到邯郸有一段路特别难走,班车停开了。于是,晋东南专区文化局决定由吴向周坐车去邯郸接赵树理。车到邯郸,雨下得更大了,连小车也不能走了。于是他们又坐火车绕道新乡、焦作才到了长治。一路上,赵树理坐火车不坐卧铺而坐硬席,与普通老百姓随和地谈笑;住旅馆不住单间而住十几人的大通铺,吃饭啃烧饼,住宿费从不让公家报销……桩桩件件,都给吴向周留下了深刻的印象。三十多年后,吴向周仍历历在目,并写下了深情回忆的长文《与赵树理同行》。这一次难忘之旅,让吴向周对赵树理的为人充满了无限的敬佩。

① 张晓峰主编:《纪念赵树理诞辰100周年暨创作研讨会文集》,太原:山西人民出版社,2008年,第8~10页。

这样的事例在许多晋东南人身上发生过，可以说是举不胜举。

（三）在赵树理的影响下，晋东南出现了许多有影响的作家

赵勇在《在公共性与文学性之间——论赵瑜与他的报告文学写作》一文中指出："在中国现当代文学史上，山西的文学传统是由赵树理开创并由'西李马胡孙'为代表的'山药蛋派'继承而发扬光大的。而赵树理对于山西作家的重要性正如柳青对于陕西作家、孙犁对于河北作家的重要性一样，他不仅影响了老式的'山药蛋派'，而且也不同程度地影响到了80年代中期崛起的'晋军'。"[①]作为出生于山西晋东南沁水县的赵树理，他对老乡兼同行的晋东南文人自然是影响更大，也更为深远。

事实也的确如此。赵勇在上面提到的那篇文章中，就用了整整三分之一的篇幅，论述了赵树理对长治人赵瑜的影响，并特别用了一个小标题：《精神传承：赵瑜的文学之根》。文章写道："写报告文学的赵瑜也应该是赵树理的传人。赵瑜是通过报告文学接通了赵树理写故乡、讲真话、从问题入手等方面的实录精神。"[②]然后，文章从题材选择、调查功夫、实录精神、问题写作和人物塑造等五个方面论述了赵树理对赵瑜的影响。同时，文章还引用了赵瑜自己的说法："赵树理是我最尊敬最热爱的作家之一。我小的时候，父亲在长治做宣传文教工作，父亲和赵树理因工作互有来往，赵树理也多次到地委家属院去，我在家中见过他几次；'文革'之初又见过一两次。但我与他并没有直接的接触。""在我们的家乡，乡亲们一直把老赵（赵树理）和小赵（赵瑜）同样都看作是家乡的骄傲的……乡亲们对老赵和小赵有一个相同的评价，说他们'都是最有良心的作家'。"[③]

刘潞生在他写的《长治文学六十年（1949—2009年）》一文中写道："新中国成立后，在赵树理、韩文洲等作家的影响带动下，一丁（张文君）、李云

① 赵勇：《在公共性与文学性之间——论赵瑜与他的报告文学写作》，《中国作家》，2010年第19期，第221页。

② 同上。

③ 同上。

秀、申修福、冀光明、白芷(郭王甫)、钱筠、吕振邦、毕应俊等一批文学新人成为活跃在50至60年代中期长治文坛的骨干力量。”其中,一丁等几位老师还在赵树理研究方面做出了突出贡献。

近几年被评论界誉为葛水平现象的主角葛水平,已经走出晋东南,走出山西,跻身于全国优秀作家的行列。她使晋东南文坛自赵树理之后,又一次引来全国文学界的注目,标志着晋东南文学发展出现了又一高峰。葛水平的成功因素是多方面的,但对葛水平产生了直接影响的应该是她的同乡赵树理,她本人曾经说过:“小时候常听人说:半河腰出了个赵树理。半河腰子上出的事情太多,但是,知道赵树理是一个编故事的,我知道了就很激动。因为,我们同喝一条沁河水!”[1]

因“同喝一条沁河水”而走上文学创作之路的还有很多,乃至崛起了一个沁水作家群。除上面提到的葛水平外,20世纪80年代,沁水县出现了田澍中、潘保安、张道德、一丁、王之元、翟国良等一批中青年作家,使得沁水县赢得了文化大县的美名。近年来,沁水县又涌现出了张春和、张仁德、贾广臻、铁柔、宗夫、王新福、梁大位、罗琦、牛广兴等一大批实力派作家,他们不断有新作问世。这无疑是受赵树理精神影响的巨大收获,这是谁也不可否认的事实(张春和就写过一篇文章,题目就是《赵树理影响我当作家》)。

(四)赵树理及其文学作品成为晋东南作家的创作素材

1979年,潘保安的短篇小说《老二黑离婚》先发表在《汾水》,继而又在《山西日报》连载,单从名字上看,我们就能明白,《老二黑离婚》就是赵树理《小二黑结婚》的续篇。很显然,这篇小说的故事情节和人物都延续了赵树理的短篇小说《小二黑结婚》,可以说,它的创作素材就源自《小二黑结婚》,其引起轰动的重要原因,正如作者潘保安本人所说,“这篇小说沾了赵树理同志的光”。

《三里湾新传》是王之元写的一部长篇小说,讲的是一个名为三里湾的

---

① 翟少颖:《葛水平:赵树理家乡走出的女作家》,中国作家网:http://www·chinawriter·com·cn/2005/2005-05-11/15082·html.

小康村的故事，或者说描述了每天发生在那样一个村子里的日常生活。虽然书中所写与当年赵树理笔下的三里湾已物是人非，但故事发生地名之曰三里湾，显然也是受了赵树理《三里湾》的影响，当然，也是表明了作家誓作赵氏传人的一种决心和愿望。

赵树理的一些代表作品，在其发表之后，也不断地被改编成晋东南地方艺术作品，如《小二黑结婚》《李有才板话》《登记》《三里湾》等，曾多次被改编成上党梆子、上党落子、长治鼓书、泽州鼓书等。在晋东南的许多县市，每年正月十五元宵节的社火活动，我们经常能看到小二黑、小芹、二诸葛、三仙姑、小飞蛾等出自赵树理作品中的或可爱或可笑的形象。

除了赵树理的作品被改编外，赵树理本人也成了晋东南艺术作品描写的对象。特别是2006年，为了纪念赵树理诞辰一百周年，晋城市拍了二十集电视连续剧《赵树理》，并在央视一套首播，获得了广泛好评；排演了上党梆子戏《赵树理》，其中的一些唱段，已经和许多传统戏名段一样，成为许多票友喜爱的必选曲目。

（五）赵树理是晋东南地方戏上党梆子的第一功臣

赵树理有句名言："生于《万象楼》，死于《十里店》。"意思就是说，他的文学创作道路，就是以这两个上党梆子剧本为始终的。

赵树理从小就和上党梆子结下了不解之缘，他和许多上党戏老艺人都保持着情谊深厚的交往，是上党戏剧界尊敬的赵老师。他除了小说创作外，在戏曲方面的贡献也非常突出，他毕生致力于推动上党梆子走向全国。

首先，赵树理自己创作过多个上党梆子剧本，如现代戏《万象楼》，古装戏《邺宫图》《韩玉娘》，现代戏《十里店》《焦裕禄》（未完成）和协助整理的《三关排宴》等。

其次，其他剧作家们根据赵树理的小说改编了许多上党梆子剧本，如《小二黑结婚》《李有才板话》等，久演不衰，传唱至今。

再次，赵树理从内容到形式再到唱腔，对上党梆子进行了大胆的改革。特别是在剧本创作中，赵树理仍然坚持他一贯的现实主义思想和大众化艺术风格，他把农民写进了他的剧本中，让农民形象占据了上党梆子舞台的中心，改变了传统上党梆子帝王将相、才子佳人一统天下的现状；他一改上党古装剧唱词和对话高雅艰涩、农民难懂的书卷气，用农民的口语，表达农民的思想，使上党戏成为普通老百姓喜爱的大众艺术。

第四，在赵树理的影响和指导下，晋东南出现了一批又一批上党梆子知名编剧和名角演员。他曾动员上党戏老艺人段二森参加抗战剧团，他也曾带领王聪文、程联考、张万一等排演他创作的剧作。栗守田经他指导编写出了一幕幕上党戏剧本，并最终成为上党戏著名编剧和上党梆子研究专家。吴婉芝、郝聘之经他帮扶排演了一本又一本上党梆子经典剧作，并最终成为上党梆子承前启后的著名表演艺术家，带来了上党梆子的繁星满天。

第五，是赵树理最先把上党戏带进了北京，推向了全国。他曾带领上党梆子剧团、上党落子剧团进京演出《皮秀英打虎》《茶瓶计》，并灌成唱片；他曾两赴长春电影制片厂讨论和修改《三关排宴》剧本，并于1962年4月被拍成电影，把上党梆子剧目首次搬上银幕，扩大了上党梆子的知名度。在《三关排宴》拍摄期间，周恩来总理、朱德委员长、罗瑞卿副总理等党和国家领导人先后观看了演出，接见演员并合影留念。《三关排宴》电影上映后，受到观众的一致好评，《人民日报》《山西日报》分别发表了评介文章，成为上党梆子的一大盛事。

晋城市赵树理文学馆有两副对联：一副是“铁笔书变迁李有才板话，圣手写翻身小二黑结婚”（成葆德撰书），一副是“赵树理铁笔圣手万象楼颖出才隽，文曲星盛年华章十里店陨落霜秋”（李才旺撰书），言简意赅地概括了赵树理的文学创作成就和对上党梆子戏曲的杰出贡献。晋城市连续举办的六届凤鸣春晓——赵树理戏剧奖优秀剧目展演活动，就是人民永志不忘赵树理的见证。

赵树理，不愧是上党梆子的第一功臣！

此外，赵树理还对晋东南的其他一些地方剧种的发展做出过贡献，比如上党落子、泽州秧歌、襄垣秧歌等（他的剧本《开渠》原先就是一部泽州秧歌剧，后来他又将其改为上党落子进京进行汇报演出）。

（六）赵树理及其作品内容成为晋东南珍贵的旅游资源

沁水赵树理故居现在是晋城市旅游线路上的一个重要景区，目前这个景区已经得到了很好的开发。除原有的赵树理出生和家人居住的房间和院落外，在尉迟村外的赵树理陵园经过三次修建和扩建后，现已修建有赵树理铜像、赵树理墓冢、纪念赵树理的汉白玉碑和碑亭，铜像两侧墙体上镶嵌了赵树理的成名作《小二黑结婚》连环画石刻等景点。如今的陵园，苍松翠柏，树密林茂，庄严肃穆，环境优雅，以崭新的面貌和更深的文化底蕴，迎接海内外来客前来瞻仰、悼念文学大师赵树理。

2006年9月，一组具有历史意义的建筑群——赵树理文学馆在赵树理百年诞辰之际正式建成开馆。赵树理文学馆位于晋城市区南端凤城路西，所处的原流碑亭公园已改名叫赵树理公园，毗邻的大街叫赵树理大街，公园内的广场叫赵树理广场。这里是晋城市文联、晋城市赵树理研究会的办公地点。赵树理文学馆目前已经成为晋城市乃至山西省的赵树理研究基地，是中小学生受教育的良好场所，也是人们休闲、游览的好去处。

2009年，在长治平顺县城南的川底村，修建了三里湾爱国主义教育基地，完成了三里湾文化系列工程：三里湾文化广场、赵树理与郭玉恩大型铜质雕塑、三里湾展厅、赵树理原住所、古旗杆、合作社旧址、旧农具陈列展厅以及到处可见的与赵树理或者《三里湾》有关的路标文字等。

2009年12月24日，赵树理文学研究基地、赵树理旧居、赵树理塑像在长治县东南的琚寨村揭幕。

早在1988年，长治就成立了长治赵树理研究会；2008年11月，晋城市也成立了晋城市赵树理研究会。

2006年，晋城市主持出版了六卷本的新版《赵树理全集》。

还有，三里湾的品牌农业、三里湾饭店等。

可以这样说，在晋东南，当年赵树理足迹所到之处，如今的人们都在想方设法留下一些印记，是传承赵树理的人格精神，也是营造赵树理文化氛围，更是要最大限度地发挥赵树理这一名人效应。

赵树理是晋东南宝贵的文化精神财富，打造赵树理品牌文化，是提升晋东南文化形象的有力之举，晋东南的晋城市和长治市的有识之士，正越来越深刻地认识到赵树理对本地区的意义。

宣传赵树理，研究赵树理，不仅仅是要纪念赵树理，更重要的是要通过赵树理来丰富和深化晋东南的地方文化。

主要参考文献

1.董大中主编:《赵树理全集》,北京:大众文艺出版社,2006年。

2.陈荒煤、黄修己、董大中等:《赵树理研究文集》(上、中、下),北京:中国文联出版公司,1998年。

3.黄修己编:《赵树理研究资料》,太原:北岳文艺出版社,1985年。

4.戴光中:《赵树理传》,北京:北京十月文艺出版社,1987年。

5.董大中:《赵树理年谱》,太原:北岳文艺出版社,1994年。

6.钱理群、温儒敏、吴福辉:《中国现代文学三十年》(修订本),北京:北京大学出版社,1998年。

7.樊星主编:《永远的红色经典》,武汉:长江文艺出版社,2008年。

8.张宗伟:《中外文学名著的影视改编》,北京:中国广播电视出版社,2002年。

9.朱晓进:《"山药蛋派"与三晋文化》,长沙:湖南教育出版社,1995年。

我是怎样走上赵树理研究之路的（代后记）

我与赵树理最早发生关联，大概是在我上高中的时候。

我出生于20世纪60年代初期，到我记事的时候，“文化大革命”已经爆发，那时，赵树理正在接受批斗，我自然也无缘“认识”赵树理。

我第一次有幸感受赵树理小说的魅力是一次很偶然的机会。那是在我高中阶段（1979年至1981年）一个暑假的中午，我在家收听中央人民广播电台的小说连播节目，听到的正是赵树理的小说《李有才板话》。我一连听了几天，完整地听完了整篇小说，那一段段幽默风趣的快板，那一个个鲜活生动的人物，听得我如痴如醉。

高中毕业，我顺利地考上了大学，在填报志愿选择专业时，我无一例外地选择了中文系汉语言文学。这种选择当然与我从小喜欢阅读小说有关，但与这次偶然收听广播的经历，或许也不无关系。

但对赵树理及其作品有意识地进行研究，则是大学毕业参加工作之后的事了。

那是1996年，纪念赵树理诞辰九十周年学术研讨会在长治师专（即现在的长治学院）召开，我当时正在长治的另一所专科院校工作，经研讨会组织者之一的赵勇（当时为长治师专中文系副主任）推荐，我有幸参加了这次研讨会，并提交了我生平第一篇关于赵树理的研究论文，随后发表在当年《山西师大学报》（社会科学版）第二十三卷上。

但这样的研究并未形成常态，我的研究方向仍然是模糊的。这样的状态一直持续到2006年。

2006年9月，晋城市为纪念赵树理诞辰一百周年，开展了一系列活动，已随单位迁回晋城的我参加了研讨会的部分活动，并申请加入了晋城市赵树理研究会。特别是不久有幸与赵魁元会长见面之后，经他指点，我的研究方向才逐渐明朗起来，也就是从那时起，我才真正开始了我的赵树理研究之路。

2007年，我在我们学院申请开设了公共选修课赵树理研究；2009年，根据学生的实际接受情况，我把这门课改名为文化名人赵树理。截至2014年，该选修课已开设七年之久，每学期都有不少学生选报，受到相当多学生的欢迎。

2006年至2008年，我在北京师范大学攻读在职硕士学位，在准备毕业论文选题时，我自然选择了赵树理，最终确定的论文题目是《赵树理小说中的村霸形象》。

从2008年起，我在省内外学术期刊上发表了《“农民作家”还是“知识分子”作家》《熟悉而陌生》《歌剧〈小二黑结婚〉在新世纪重新走红的文化意义》等多篇有关赵树理的研究论文。

2010年至2011年，我主持研究了山西省社科联2010年重点课题《赵树理与晋东南地域文化研究》，荣获优秀奖；2012年至2013年，我主持研究了山西省社科联2012年重点课题《赵树理与乡村文化建设研究》，再一次荣获优秀奖。

2011年，我所工作的单位晋城职业技术学院艺术系师生重新排演了民族歌剧《小二黑结婚》，并于当年11月代表山西省参加了文化部在福建福州举办的首届中国歌剧节，一举夺得集体演出奖等七个大奖。作为赵树理研究会的一名会员，同时，作为学院的一名中文教师，我想怎么也应该写一点东西才对。写什么呢？我最初想到的是写一篇歌剧与小说原著的文本比较分析，但动笔之后却最终没有能够完成，主要原因是没有及时看到歌剧《小二黑结婚》的剧本，后来虽然托人找到了，但由于查找资料时看到了更多的东西，心里就有了更大的想法，对这一个单篇文章反而兴趣不大了。这个想法就是：对赵树理所有小说的改编情况进行分析，而最终确定的题目就是《赵树理小说的改编与传播》。令人高兴的是，课题被确定为晋城市赵树理研究会的研究课题，我被确定为课题负责人，课题成果要正式出版。

经过两年多的努力，我的研究成果最终形成了这一份书稿。在书稿的写作过程中，好多人都给予了我莫大的帮助。尤其是赵魁元会长，可以这样说，如果没有赵会长的支持和鼓励，还有他的一再督促，我的这份书稿恐怕很难完成，更不用说出版了。还有晋城市赵树理研究会的刘长安和许纪庸老师、我的同学赵勇和杨新敏先生，他们都亲自审读了我的书稿，并提出了许多宝贵意见，赵勇还专门为本书写了序言。河南的小郭(我至今还不知道他的真实姓名)，我在查找资料时偶然看到了他的一篇博客文章，是一组新排豫剧《小二黑结婚》的剧照，我想在我的书稿中使用其中的一幅。和他取得联系后，不但得到了他的同意，还意外地收到了他无偿提供的一幅更为珍贵的豫剧名角柳兰芳和王善朴当年演出《小二黑结婚》的剧照。晋城市赵树理文学馆的刘晋苗馆长、工作人员和赵树理的孙女赵飞燕提供了馆藏资料的目录和赵树理小说改编本的原文，晋城市赵树理研究会的丁百禄老师联系了书稿的排印等事宜，我们学院王小桃和张宏老师提供了部分剧照。对以上所有给予我帮助的老师、同学和朋友，在此表示我深深的谢意。

我还要特别感谢山西人民出版社的吕绘元老师。几经修改后，我把书稿寄给了吕老师，不到一周时间，吕老师就给我打来电话，肯定了书稿的学术价值，同时也指出了存在的问题。几天后，我收到了吕老师寄回的书稿，打开一看，我不禁大吃一惊。我向来认为自己是一个比较认真的人，文字功夫也还说得过去，但让我没有想到的是，短短的只有十几万字的稿子，几乎每页上都布满了吕老师密密麻麻的勾画，大到内容和材料，小到句子、用词和用字，还有标点的使用，注释序号的位置，插图的版权，脚注的格式，等等，让我真正意识到自己欠缺的东西还是很多。在对吕老师勾画的地方逐一进行核对、修改、补充的同时，对吕老师的敬意也油然而生。

我写本书的初衷是想对赵树理小说的改编情况从整体上进行一下梳理，然后再对其传播情况做一些分析，以期获得一些规律性的东西。但在写作过程中，虽然进行了多方面努力，听取了多方面意见，但由于本人水平所限，不足和缺憾之处在所难免，至于深度和高度，恐怕是力所难及了。不过，以本书的出版为契机，我想会在今后的赵树理研究工作中进一步深入下去，能有一个新的提高。因此，还望各位专家、读者不吝赐教，批评指正，以便及时修正，不断完善。

段文昌

2014年10月31日